国际贸易系列教材

国际服务贸易

GUOJI FUWU MAOYI

主　编○李大鹏　李　延
副主编○（排名不分先后）
蒋兴红　陈京晶　廖　欢
杨馥蔚　王雅佳

西南财经大学出版社
Southwestern University of Finance & Economics Press
中国·成都

图书在版编目(CIP)数据

国际服务贸易/李大鹏,李延主编．—成都:西南财经大学出版社,2018.1

ISBN 978-7-5504-3339-7

Ⅰ.①国… Ⅱ.①李…②李… Ⅲ.①国际贸易—服务贸易—教材 Ⅳ.①F746.18

中国版本图书馆 CIP 数据核字(2017)第 325796 号

国际服务贸易

李大鹏　李　延　主编

策划编辑:冯　梅
责任编辑:高小田
责任校对:张特丽
封面设计:何东琳设计工作室
责任印制:朱曼丽

出版发行	西南财经大学出版社(四川省成都市光华村街 55 号)
网　　址	http://www.bookcj.com
电子邮件	bookcj@foxmail.com
邮政编码	610074
电　　话	028-87353785　87352368
照　　排	四川胜翔数码印务设计有限公司
印　　刷	四川五洲彩印有限责任公司
成品尺寸	185mm×260mm
印　　张	13
字　　数	288 千字
版　　次	2018 年 1 月第 1 版
印　　次	2018 年 1 月第 1 次印刷
印　　数	1—2000 册
书　　号	ISBN 978-7-5504-3339-7
定　　价	32.50 元

前 言

国际服务贸易是在一国生产力发展和产业结构调整的基础上随着国际分工的细化与世界市场的形成而逐渐发展起来的。现代科学技术日新月异，世界经济正向着知识经济迈进。随着资本和劳动力从物质生产领域向服务领域的转移加速，国际服务贸易得到了迅速发展。1986年达成的《服务贸易总协定》（GATS），标志着代表国际经贸关系新趋势的国际服务贸易在国际经济关系中的重要性在不断增强，引起了各个国家的重视。中国作为发展中国家，服务贸易发展起步较晚，但在改革开放以后，我国在服务业发展的同时，服务贸易也得到了较快的发展。尤其是加入世界贸易组织以来，服务贸易领域不断扩宽，贸易结构也发生了很大的变化。同时，随着中国经济结构的改革，服务贸易发展潜力巨大，将成为推动未来中国对外贸易长期持续发展的重要力量。

全书共十一章。第一章为国际服务贸易概述；第二章为国际服务贸易的分类与统计；第三章为国际服务贸易理论；第四章为国际服务贸易政策；第五章为国际服务贸易规则体系；第六章为国际服务贸易竞争力；第七章为服务业的国际直接投资；第八章为国际服务贸易与知识产权保护；第九章为服务贸易产业；第十章为国际服务外包；第十一章为中国服务贸易。

本书具体编写分工如下：第一章、第四章由重庆工商大学李大鹏编写；第二章、第十一章由重庆工商大学廖欢编写；第三章、第六章、第九章由重庆工商大学陈京晶编写；第五章、第八章由重庆工商大学王雅佳编写；第七章、第十章由重庆工商大学杨馥蔚编写。全书由李大鹏、李延、蒋兴红统稿。

本书在编写过程中，得到了重庆工商大学及经济学院各级领导的大力支持，特别是得到了经济学院国际经济与贸易系特色专业建设的支持，在此致以诚挚的感谢。

由于时间关系和编者水平所限，书中不当之处在所难免，恳请广大读者批评指正。

编 者

2017年7月

目 录

第一章　国际服务贸易概述

第一节　国际服务贸易的基本概念

一、对服务和服务业的理解

“服务”从字面上讲是履行一项任务或是从事某种业务。在有些国家，也赋予了这一概念“为公众做事、替他人劳动”的含义。每一个人可能对“服务”一词都不会陌生，但是如果要求准确地回答服务的内涵却可能有些困难。

（一）服务的内涵

“服务”在古代是“伺候”“服侍”的意思，随着时代的发展，服务被不断赋予新的意义。现在，服务已成为整个社会不可或缺的人际关系的基础。社会学意义上的服务是指为别人、为集体的利益而工作或为某种事业而工作，如毛泽东同志提出的“为人民服务”。经济学意义的服务是指以等价交换的形式，为满足企业、社会团体或其他公众的需要而提供的劳务活动，它通常与有形的产品联系在一起。

早在 1977 年，希尔提出了为理论界所公认的服务内涵。他指出：“服务是指人或隶属于一定经济单位的物在事先合意的前提下由于其他经济单位的活动所发生的变化……服务的生产和消费同时进行，一种服务一旦生产出来就必须由消费者获得或不能储存，这与其物理特性无关，而只是逻辑上的不可能……”20 世纪 80 年代中期，巴格瓦蒂、桑普森和斯内普相继扩展了希尔的关于服务的内涵，他们把服务分为两类：一类为需要物理上接近的服务，另一类为不需要物理上接近的服务。虽然关于服务的具体定义有所差别，但他们对于服务的描述都涉及其共有的特点。

1. 服务的无形性

商品与服务之间最基本也是最常被提起的区别是服务的无形性，因为服务是由一系列活动（而不是实物）所组成的过程。在这个过程中，我们不能像感觉有形商品那样看到、感觉或者触摸到服务。对于大多数服务来说，购买服务并不是等于拥有其所有权，如高铁公司为乘客提供服务，但这并不意味着乘客拥有了高铁上的座位。

2. 生产和消费的同步性

大多数商品是先生产，然后储存、销售和消费，而大部分服务却是先销售，然后同时进行生产和消费。这通常意味着服务产生的时候，顾客是在现场的，而且会观察甚至参加到生产过程中来。有些服务是很多顾客同时消费的，即同一个服务由大量消费者同时分享，比如一场篮球比赛。这也说明了在服务的生产过程中，顾客之间往往会有相互作用，因而会影响彼此的体验。

服务生产和消费的同步性使得服务难以进行大规模的生产，服务不太可能通过集中化来获得显著的规模经济效应，问题顾客（扰乱服务流程的人）会在服务提供过程中给自己和他人造成麻烦，并降低自己或者其他顾客的效用满意度。另外，服务生产和消费的同步性要求顾客和服务人员都必须了解整个服务的传递过程。

3. 异质性

服务是由人表现出来的一系列行动，而且员工所提供的服务通常是顾客眼中的服务。由于没有两个完全一样的员工，同时没有两个完全一样的顾客，因此就没有两者完全一致的服务。

服务的异质性主要是由员工与顾客之间的相互作用以及伴随着这一过程的所有变化因素导致的，同时它使得服务质量取决于服务提供商不能完全控制的许多因素，如顾客对其需求的清楚表达能力、员工满足这些需求的能力和意愿、其他顾客的到来以及顾客对服务需求的程度。由于这些因素，服务提供商无法确知服务是否按照原来的计划和宣传的那样提供给顾客；有时，服务也可能会由中间商提供，那样更加大了服务的异质性，因为从顾客的角度来看，这些中间商提供的服务仍代表着服务提供商。

4. 易逝性

服务的易逝性是指服务不能被储存、转售或者退回的特性。比如一辆500座位的动车，如果在某次只搭载450名顾客，它不可能将剩余的50个座位储存起来留待下次销售；一个律师提供的咨询服务也无法退货，无法重新咨询或者转让给他人。

由于服务无法储存，服务分销渠道的结构与性质和有形产品的差别很大，为了充分利用生产能力，对需求进行预测并制订有创造性的计划就成为了重要和富有挑战性的决策问题。此外，由于服务无法像有形产品一样退回，因而服务组织必须制定强有力的补救策略，以弥补服务失误。尽管顾客无法退回律师的咨询，但咨询企业可以通过更换律师来重拾顾客对企业的信心。

（二）服务与服务业

既然服务产品是一种个体的行为和活动，那么服务业就是生产服务产品的产业部门。

服务业是随着社会生产力的发展以及商品生产和交换的发展，继商业之后产生的一个行业。商品的生产和交换扩大了人们的经济交往。为了解决由此产生的人的食宿、货物的运输和存放等问题，出现了饮食、旅店等服务业。

服务业最早主要是为商品流通服务的。随着城市的繁荣、居民的日益增多，不仅人们在经济活动中离不开服务业，而且服务业也逐渐转向以人们的生活服务为主。社会化大生产创造的较高的生产率和日趋精细的生产分工，促使生产企业中某些为生产服务的劳动从生产过程中逐渐分离出来，加入了服务业的行列，成为生产服务的独立行业。

服务业从为流通服务到为生活服务，经历了一个漫长的历史过程。服务业的社会性质也随着历史的发展而变化。在前资本主义社会，服务业主要是为奴隶主和封建地主服务，大多由小生产者经营，因此具有小商品经济性质。资本主义服务业以营利为目的，资本家和服务劳动者之间的关系是雇佣关系。社会主义服务业是以生产资料公有制为基础，以提高人民群众的物质文化生活水平为目的，是真正为全社会的生产、流通和消费服务的行业。

二、服务贸易的定义

服务贸易又称劳务贸易，是指国家（地区）与国家（地区）之间相互提供服务的经济交换活动。服务贸易有广义与狭义之分，广义的服务贸易既包括有形的活动，也包括服务提供者与使用者在没有直接接触下交易的无形活动。狭义的服务贸易是指一国（地区）以提供直接服务活动的形式满足另一国（地区）的某种需要以取得报酬的活动。一般情况下，服务贸易都是指广义的服务贸易。

国际服务贸易和货物贸易的发展史一样漫长，它随着各国经济特别是国际货物贸易的发展而发展。长期以来，它作为辅助国际货物贸易的补充性角色，在世界经济发展中发挥着越来越重要的作用。

虽然服务业作为一个传统的产业部门已有几千年的发展史，但服务贸易这一概念的提出相对于古老的货物贸易而言，则是近现代的事情。

国际货币基金组织在进行各国国际收支统计时，一直把服务贸易列入“无形商品贸易”一栏中，这种情况直到 1993 年才得到了调整。中国过去一直把服务贸易称为“劳务贸易”。在 1986 年 9 月乌拉圭回合多边贸易谈判之前，服务贸易只是在发达国家的有限范围内开展，还谈不上作为国际贸易的普遍问题引起人们的高度关注。后来，乌拉圭回合多边贸易谈判最终签署了《服务贸易总协定》（GATS），这标志着服务贸易与货物贸易一样，成为世界贸易组织（WTO）多边协定管辖的范围，因此备受世人瞩目。GATS 为各国开展别具特色的服务贸易提供了所需的法律基础和行为准则。

下面基于 WTO 的《服务贸易总协定》框架，介绍几种世界市场现行的且具有代表性的定义。

（一）《美国和加拿大自由贸易协定》关于服务贸易的定义

《美国和加拿大自由贸易协定》是世界上第一个在国家间贸易协议上正式对服务贸易进行定义的法律文件。

服务贸易是指由一方或代表其他缔约方的一个人，在其境内或进入一缔约方提供所指定的一项服务。这里的“指定的一项服务”包括：

（1）生产、分销、销售、营销及传递一项所指定的服务及其进行的采购活动。

（2）进入或使用国内的分销系统。

（3）以商业存在（并非一项投资）形式为分销、营销、传递或促进一项指定的服务。

（4）遵照投资规定，任何为提供指定服务的投资及任何为提供指定服务的相关活动。这里提供服务的“相关活动”包括公司、分公司、代理机构、代表处和其他商业经营机构的组织、管理保养和转让活动；各类财产的接受、使用、保护及转让以及资金的借贷。

进入一缔约方提供服务贸易包括过境提供服务。缔约方的“一个人”是指法人或自然人。

这种对服务贸易说明性、非规范性的定义，说明了服务贸易活动的复杂性。

（二）联合国贸易与发展会议（UNCTAD）关于服务贸易的定义

联合国贸易与发展会议从过境现象这一视角来阐述国际服务贸易，它将国际服务贸易定义为：货物的加工、装配、维修以及货币、人员、信息等生产要素为非本国居民提供服务并取得收入的活动，是一国与他国进行服务交换的行为。狭义的国际服务贸易是指有形的、发生在不同国家之间的、符合严格服务定义的、直接的服务输出与输入。广义的国际服务贸易既包括有形的服务输入和输出，也包括服务提供者与使用者在没有实体接触的情况下发生的无形的国际服务交换。

一般来说，人们所指的服务贸易都是广义的国际服务贸易，只有在特定的情况下，国际服务贸易或服务贸易才是狭义的国际服务贸易的概念。

（三）传统进出口视角下服务贸易的定义

传统的定义是从传统的进出口角度进行定义的。

当一国（地区）的劳动力向另一国（地区）的消费者（法人或自然人）提供服务，并相应获得外汇收入的全过程，便构成服务的出口；与此相对应，一国（地区）的消费者购买他国（地区）劳动力提供服务的全过程，便形成服务的进口。各国的服务进出口活动就构成国际服务贸易，其贸易额为服务总出口额或总进口额。

这样的定义涉及国籍、国界、居民、非居民等问题，即人员移动与否、服务过境与否及异国国民之间的服务交换等问题。因此，需要注意以下几点：

（1）这里的劳动力含义较广，它既可以单个形式提供服务，也可以集体形式提供服务。

（2）劳动力在提供服务时，一般要借助一定的工具、设备及手段。

（3）劳动力与消费者的不同国籍（地区）问题也应做广义的理解。比如跨国公司在境外设立分支机构，雇佣当地居民并向当地消费者提供服务时，这时的劳动力应理解为该外商机构的股权持有人，单个的本地劳动力在向本地消费者提供服务时是以集体形式，代表外商机构在提供服务。

（4）这里的服务进出口是相对的过境，未必发生真正的过境。因为服务贸易一般涉及人员、资本及技术信息的流动，比如电信服务只需要服务过境，而无需国民移动。因此，只要有一种要素发生移动，往往就会构成贸易。

（5）对于劳动力的智力成果，也应视作劳动力提供服务。

（四）乌拉圭回合《服务贸易总协定》（GATS）关于服务贸易的定义

关贸总协定乌拉圭回合多边贸易谈判的一个重要成果是在 1994 年 4 月 15 日产生了《服务贸易总协定》（GATS），该协定的第一条第二款将服务贸易定义为通过以下四种方式提供的服务：

(1) 跨境交付。术语中又称“第一种方式”，即自一成员领土向其他成员领土提供服务，如视听、金融服务等。

(2) 境外消费。术语中又称“第二种方式”，即在一成员领土内向其他成员的服务消费者提供服务，如旅游、境外就医、留学等。

(3) 商业存在。术语中又称“第三种方式”，即一成员的服务提供者在其他成员领土内以商业存在提供服务，如银行或保险公司通过设立分支机构向当地的消费者提供服务，某国的一家公司到外国开饭店、零售商店或会计事务所等。

(4) 自然人流动。术语中又称“第四种方式”，即一成员的服务提供者在其他成员领土内以自然人的存在方式提供服务，如艺人演出，某国教授、高级技术人员或医生到另一国从事以个人身份提供的服务等。

另外，GATS 第一条第三款还指出，其所规范的服务是指除行使政府职权时提供的服务之外的包括任何部门的任何服务。

由此可见，GATS 中关于服务贸易的定义是相当宽泛的。宽泛的概念规定有利也有弊。其有利的一面表现在：GATS 的界定是目前为止对服务贸易的定义中最简单明了、最有助于对服务贸易进行分类和描述的定义，它的确定对服务贸易的发展和管理产生了重要影响。同时，其有弊的一面表现在：这样宽泛的定义会产生一些复杂的问题，比如使人们难以确定交易服务的原产地，这种情况所造成的混乱突出表现在投资方面。

三、服务贸易的特点

服务贸易作为非实物劳动成果的交易，与货物贸易相比，通常表现出如下不同的特点：

(一) 贸易标的的无形性

贸易标的的无形性是服务贸易的最主要特征。由于服务贸易所提供的很多服务产品是无形的，即服务产品在被购买之前，人们不可能去品尝、感觉、触摸、观看、听见或嗅到服务，所以大部分服务产品属于不可感知性产品，消费者对它们的价值很难评估，因为即使在消费或享用之后，顾客也无法根据消费经验感受到这种产品所带来的效用，只能通过服务者提供的介绍和承诺，并期望该服务确实能给自己带来好处。

(二) 不可储存性

由于消费者与生产者个体差别的存在，使得服务产品不可能像有形产品那样被储存起来，以备出售。对于服务产品来说，如果服务的生产、消费不是同时进行的，那么服务产品就会受到损失，而这种损失就是机会损失或者价值的贬值。

(三) 不可分离性

实物产品贸易从其生产、流通，到最后的消费过程，要经过一系列的中间环节。例如，出口人要将货物交给承运人，承运人要委托海运公司进行托运，最后承运人交给进口人，这中间存在着一系列复杂的过程（如贸易术语的选用、装运、保险、检验、索赔等问题）。

服务贸易与之不同，它具有不可分离的特征，即服务的生产过程与消费过程同时进行。服务发生交易时间，也就是消费者消费服务的时刻，这两个过程同时存在、不可分割。与此同时，顾客在消费者消费服务产品的时候，必须或者只有加入到服务的生产过程中，才能最终消费到服务，而且这种服务特征随着科学技术的发展、全球一体化进程的加快，越来越显示出国际化的趋势。这种不可分离性特征是服务贸易的另一个主要特征。

（四）贸易主体地位的重要性

服务的卖方就是服务产品的生产者，并以消费过程中的物质要素为载体提供相对应的服务。服务的买方往往就是服务的消费者，并作为服务生产者的劳动对象直接参与到服务产品的生产过程中。

（五）贸易保护方式的隐蔽性

由于服务贸易标的物的特点，各国无法通过统一的国际标准或关税进行限制，主要通过国内政策、法令的制定进行限制，比如进口许可证制、国内税、外汇管制、技术性贸易壁垒等非关税壁垒形式。

（六）服务贸易的差异性

服务贸易的差异性表现为，服务生产者生产的服务产品的质量水平不同。对于同一种服务，由于其生产者不同，提供给消费者的产品也可能不同。即使是同一个服务的生产者，由于其不同的服务产品生产周期，也会出现不同质量水平的产品。此外，这种服务产品的质量很难像有形产品一样用其质量标准进行规范，所以很难统一界定。大多数向劳动力要素提供服务产品的服务贸易，至今没有关于其所提供服务产品的统一标准。究其原因，主要有：①服务生产者的自身因素的影响，比如医疗服务人员面对自己的家属，往往表现出与治疗其他普通患者不同的医疗质量水准；②服务产品的消费者，由于其不同的个人偏好，也会直接影响服务的质量与效果。例如，由于患者对医疗人员的偏见或者不信任，往往直接影响其治疗效果。所以，服务质量和效果产生不同的结果，要受两方面因素的影响——生产者和消费者。

（七）服务贸易市场的高度垄断性

国际服务贸易在发达国家和发展中国家表现出严重的不平衡性，主要因为服务市场所提供的服务产品受各国历史特点、区域位置及文化背景等多种因素的影响。例如，医疗工程、航空运输、网络服务及教育等直接关系到国家的主权、安全和伦理道德等敏感领域，也许就受到外界或自身的限制。因此，国际服务贸易市场的垄断性较强，表现为少数发达国家对国际服务贸易的垄断优势以及发展中国家的相对优势。例如，从国际服务贸易总额来看，发达国家与发展中国家的比例约为 3∶1。另外，对国际服务贸易的各种壁垒也比商品贸易多出约 2 000 种，从而严重阻碍了国际服务产品进行正常的交易。

（八）国际服务贸易的约束条款相对灵活性

GATS 条款中规定的义务分为两种：一般义务和具体承诺义务。

一般性义务适用于 GATS 缔约国的所有服务部门，不论缔约国这些部门是否对外开放，都对其有约束力，包括最惠国待遇、透明度和发展中国家更多参与。具体承诺义务经过双边或多边谈判达成协议之后才承担的义务，包括市场准入和国民待遇，并且只适用于缔约方承诺开放的服务部门，不适用于不开放的服务部门。

对于市场准入来说，GATS 规定可以采取循序渐进、逐步自由化的办法。例如，允许缔约方初步进行承诺并提交初步承诺书，然后再进行减让谈判，最终到达自由化。对于国民待遇来说，GATS 允许根据缔约方自身的经济发展水平选择承担国民待遇义务。总之，GATS 对于服务贸易的约束是有一定弹性的。

（九）服务产品的营销管理具有更大的难度和复杂性

无论是从国家宏观方面来看，还是从微观方面来看，将国际服务贸易产品的营销管理与实物产品的营销管理相比，都有较大的难度与复杂性。从宏观层面上讲，国家对服务贸易的管理，不仅是对服务产品载体的管理，还必须涉及服务的提供者与消费者的管理，包括劳动力的衣食住行等各项活动的管理，具有复杂性。

另外，国家对服务形式采取的管理方式主要是通过法律的形式加以约束，但立法具有明显的滞后性，很难紧跟形势发展的需要。从微观层面上讲，由于服务本身的特性，使得企业在进行服务产品营销管理过程中经常受到不确定因素的干扰，因而控制难度较大。如前所述，由于服务产品质量水平的不确定性，所以服务产品不可能做到“三包”。

与此同时，商品贸易可以通过供求关系的协调，使其达到供求平衡，从而使消费者与生产者达到均衡；而服务贸易就不可能通过时间的转换来完成或解决供求矛盾，实现供求平衡。

第二节　国际服务贸易的产生与发展

国际服务贸易是在一国生产力发展和产业结构调整的基础上随着国际分工与世界市场的形成而逐渐发展起来的。历史上最初的服务贸易产生于原始社会末期、奴隶社会早期。这一时期，在简单的商品经济条件下国际贸易以物物交换的货物贸易为主，同时也会伴随着一些服务贸易，主要是运输服务、仓储服务、商业服务、住宿饮食服务等。由于在国际贸易中所占比重较小，因此还不能称之为真正意义上的国际服务贸易。具有一定规模的、真正意义上的近代国际服务贸易形成于资本主义机器大工业时代，它是在近代工业国际化延伸和发展的过程中形成的。

一、国际服务贸易的萌芽时期

在“地理大发现”之前，国际服务贸易就随着各国经济尤其是货物贸易的发展而发展。这个时期，国际服务贸易与货物贸易相辅相成，在绝大多数情况下，国际服务贸易都会对货物贸易起到补充与辅助作用；国际服务贸易的种类不多，规模也不大，始终受到货物贸易发展规模的限制，其发展是零星的、时断时续的，不构成社会再生产的必要组成部分。

该时期国际服务贸易主要发生在亚洲各国之间、欧洲大陆之间以及东西方国家之间。在亚洲的各国之间，尤其是东亚的一些国家，较早地开展了国际贸易，比如中国自汉代起便与朝鲜半岛的新罗、高句丽等国开展了国际贸易，并通过海上航线与日本开展贸易。这个时期货物贸易的发展在一定程度上促进了国际服务贸易的产生。随着东方国家间的贸易以及欧洲大陆贸易的发展，东西方之间的货物贸易开始兴起并蓬勃发展，同时也推动了东西方之间服务贸易的发展。

二、国际服务贸易的初步发展时期

15 世纪末到 16 世纪上半期的“地理大发现”和酝酿在 17 世纪、发展于 18 世纪的金融与运输服务领域的革命，不仅促进了西欧国家的个体手工业的过渡，还为近代国际货物分工和世界市场的形成提供了前提条件，带动了国际劳务市场的发展，同时也促成了产业结构的调整，促进了国际金融和运输服务的迅猛发展，并在国内建立了更具效率的服务基础设施。19 世纪初欧洲的金融服务和运输服务已经初具规模，国际服务交换的内容和形式更加丰富，国际服务贸易的范围不断扩大。铁路、海运、金融、通信和教育等服务基础设施得到加强，并且发生了革命性的变化，特别是电话、电报的发明，使远距离通信成为现实，缩短了人们经济活动的时空距离。运输服务和通信服务的发展，使得国际服务贸易变成了真正的全球性活动。

三、国际服务贸易的形成时期

19 世纪末 20 世纪初期，自由竞争的资本主义进入到垄断阶段，世界市场的范围和规模迅速扩展，这为世界各国的经济发展提供了更广阔的场所和更丰富的资源。同时，随着产业革命的不断深入，使一些国家从农业社会进入到所谓的工业社会，第二产业在国民经济中占据更为重要的地位。制造业的发展使得运输业、批发业、零售业、金融业、保险业和房地产业等也得到迅猛发展。经济的发展和居民人均收入水平的提高，使社会成员的消费结构发生了变化，用于家庭基本生活支出的部分开始下降，服务消费逐步增加，这就刺激了个人及家庭服务行业的发展，如旅游业、汽车服务业、修理业及文化娱乐、医疗保险等。两次世界大战期间，货物、资本和劳动力的国际流动严重受阻，金融服务活动大量减少。同时，由于战争的需要，出现了军需产品的生产和运输、军事培训、伤病救护、情报信息传递等多种国际服务交换，并且发展得特别快。

四、第二次世界大战后国际服务贸易迅速发展时期

（一）第二次世界大战结束至 1969 年

这一时期，国际服务贸易基本上是以国际货物贸易附属的形式进行的，如仓储、运输、保险等服务，人们尚未意识到服务贸易作为一个独立实体的存在。因此，尽管当时存在着事实上的服务贸易，但由于其独立于人们的意识之外，也就缺乏有关服务

贸易的具体的数量统计。

（二）1970—1993 年

这一时期，国际服务贸易处于快速增长阶段。自 20 世纪 70 年代以来，随着技术、运输、通信的发展尤其是20 世纪 80 年代以来信息技术的高度发达，一些原来被认为不可进行贸易的服务变得可以输出和进行贸易了，国际服务贸易保持较快的增速。1971—1979 年，国际服务贸易以年均 14%的增速超过了国际货物贸易的年均 13%的增速，国际服务贸易在全部贸易总额中所占的比重逐步提升。在增速方面，据关贸总协定《1990—1991 年度国际贸易报告》，1980—1991 年，国际货物贸易年均增速仅为 5. 5%，而同期国际服务贸易年均增长为 7. 5%。

在这一阶段，劳务输出、技术贸易、国际旅游、银行保险等国际服务贸易发展较快，使得国际服务贸易的整体增速提高。从世界服务贸易的格局看，此阶段发展最为迅速并占据主导地位的是美国、法国、英国、日本和德国等工业发达国家。国际货币基金组织的统计资料显示，全世界十大贸易出口国几乎都是工业发达国家，其服务贸易出口总额占全球服务贸易出口总额的 65%。

（三）1994 年至今

这一时期，国际服务贸易在规范中逐步走向自由化发展阶段。1994 年 4 月，规范服务贸易的多边框架体系《服务贸易总协定》（GATS）签署并于 1995 年 1 月 1 日正式生效，这标志着国际服务贸易的发展进入到了一个崭新的历史时期。其后，除了 1994 年和 1995 年国际服务贸易的增速分别为 8. 03%和 13. 76%，略低于同期货物贸易的增速外，自 1996 年以来，国际服务贸易几乎和国际货物贸易同步增长并略高于国际货物贸易的增速。GATS 在促进国际服务贸易从规范化逐步走向自由化方向发展的同时，也大大促进了国际货物贸易的发展。

第三节　国际服务贸易迅速发展的影响因素及原因

现代科学技术日新月异，世界经济正向知识经济迈进。随着资本和劳动力从物质生产领域向服务领域的加速转移，国际服务贸易得到了迅速发展。

一、国际服务贸易迅速发展的影响因素

（一）社会生产力

首先，社会生产力是国际服务贸易发展的决定性因素。生产力的发展是社会分工的前提条件，它突出地表现在科学技术的进步上。迄今为止的三次产业革命对生产产生了革命性的影响，使社会分工和国际分工随之发生根本性的变革，服务也几乎渗透到社会再生产的各个领域。近年来，出现了服务国际化和生产国际化彼此交织、国际商品贸易和国际服务贸易彼此交织的大趋势。这反过来又进一步深化了国际分工，并

成为资本增值的必要条件。

其次，各国社会生产力水平决定其在国际服务业分工中的地位。历史上，英国率先实现了产业革命，成为“世界工厂”，其服务业国际分工也是如此，决定了英国在当时也处于国际服务贸易的重要地位。第二次世界大战后，各国生产力普遍得到了发展，而以美国为首的西方国家和少数新兴工业化国家与地区发展较快，因而工业发达国家在国际服务贸易中处于绝对优势地位，新兴工业化国家与地区也跻身国际服务贸易的前列。

最后，社会生产力的发展对服务业国际分工的形式、广度、深度起着决定性影响，并最终决定国际服务贸易的内容、范围和方式。

（二）各国政府所采取的政策

各国政府所采取的政策对国际服务贸易的发展有着举足轻重的影响。世界各国政府的政策一般有两种：一是鼓励国际服务贸易的政策，二是限制国际服务贸易的政策。实行鼓励国际服务贸易的政策，必将实行较为自由的国际服务贸易，进而促进国际服务贸易的发展；而如果实行限制国际服务贸易的政策，则会抑制国际服务贸易的发展，从而对国际服务贸易产生不利的影响。

（三）各国参加国际服务贸易竞争的比较优势

首先，比较优势决定了国际服务贸易的格局。当前，服务贸易总的格局是发展中国家作为一个整体在服务贸易中处于逆差状态，其中相当多的发展中国家持有巨额逆差，个别新兴工业化国家和地区在国际服务贸易中拥有少量顺差。在国际服务贸易中，比较优势是经济发展水平和国际经济格局造成的结果。资本和技术是决定国际竞争力的主要因素，国际服务贸易本身又是一种资本积累和技术转让的渠道，它可以通过影响技术和其他生产条件改变原来的比较优势，形成新的国际贸易格局，也可以强化原来的比较优势。

其次，在国际服务贸易中创造比较优势。随着信息时代的到来，人们对知识和信息的利用在某种程度上取代了对资源的依赖，单位投入的产出增加了，生产率提高了，产品周期缩短了。信息不仅提高了服务的价值，还使服务无处不在，信息技术将成为衡量国际服务贸易水平的重要标准。

（四）社会需求结构的变化

社会需求是服务业发展的动力，人类社会对于各种新兴服务的需求极大地推动了国际服务贸易的发展。由于以下原因，世界各国对服务产生了更多的新需求，特别是增加了对高质量服务的需求：①生活水平的不断提高；②对较高生活质量的期望；③空闲时间的增加；④城市化水平的不断提升；⑤作为多种服务消费者的儿童和老龄人口的增长；⑥社会经济结构的变化；⑦消费者需求的复杂多样化；⑧技术发展不仅提高了服务的质量，还使新兴服务成为可能；⑨管理行为的国际化、高级化、系统化的要求；⑩贸易和投资的国际性竞争。

（五）跨国公司

第二次世界大战之后，在西方经济发展不平衡规律和新技术革命的作用下，国际分工进一步深化，资本输出空前繁荣，资本国际化程度大大提高，跨国公司快速发展。它们集商品贸易、资本流动、对外直接投资于一身，在全球范围内进行活动。它们通过承包和技术转让，促进了劳动力的国际流动，带动了金融服务、法律服务、保险服务、运输服务、计算机服务、技术服务、工程咨询服务等国际服务贸易的发展。

二、国际服务贸易迅速发展的原因

尽管服务贸易的产生与发展的基本原因与货物贸易相同，都是基于各国的比较优势和要素禀赋差异，然而，服务业只是到了第二次世界大战以后特别是20世纪60年代以后才有了较快的发展。其发展迅速的主要原因有以下几点：

（一）科学技术革命促进了国际服务贸易的高速发展

一方面，高新技术的发展并广泛运用，使许多以前不可进行贸易的服务项目变为可进行的贸易，从而扩大了国际服务贸易的外延。例如，通信的发展促进了金融业在全球开展业务，信息载体的发展促进了教育的国际流动，信息技术的发展使跨国公司得以在全球组织生产，刺激了服务的专业化生产等。另一方面，科学技术革命的推动、科学人员与其他服务人员的国际流动，直接促使跨境服务的扩大。

（二）生产力发展增加了国际服务的供给

生产力发展推动了产业结构的转换，从而增加了国际服务的供给。经济增长理论已经提示三次产业的传递升级，结果是第三产业比重日益增大，一些工业最发达国家的服务业增加值已占其GDP的70%甚至更多，服务业在国内的壮大必然会带动其向国外流动，成为国际服务贸易强大的供给基础。

（三）区域经济一体化为国际服务贸易提供了发展条件

20世纪60年代以来，地区经济一体化组织的发展因为消除了服务在成员之间流动的障碍，而有了一个如同商品在一体化组织内流动的“贸易创造”效应，也促进了国际服务贸易的发展。

（四）货物贸易直接带来了国际追加服务贸易的发展

一方面，货物贸易的急剧扩张是服务业产生和发展的重要前提条件，在货物贸易中，必然伴随着与之相适应的服务活动的进行。因为货物贸易需要服务业进入才能得以完成，最典型的例子就是进出口贸易离不开运输、通信、保险业务。因此，世界货物贸易的增长必然会促进世界服务贸易的发展。

另一方面，由于生产的日益专业化，生产性服务越来越独立于物质生产本身，而又必须服务于物质生产，物质产品的质量日益精尖也越来越从生产的上中下游各个阶段要求服务的投入。可行性研究、市场调查、工程设计等是上游服务；设备租赁、保养与维修、人事管理、会计、法律、通信事务、卫生与安全保障等是中游服务；销售、售后服务等是下游服务。服务伴随着货物并以一个比货物生产增长更快的速度在发展。20 世纪 60 年代计算机系统的服务（软件）成本只占总成本的 20%左右，而现在，软件、设计及咨询等服务成本占总成本的约 80%。国际追加服务的发展由此可见一斑。

（五）消费需求的扩张带动了国际服务贸易的扩大

20 世纪 60 年代以来，高科技的发展、国际政治局势的缓和，使世界经济进入到了高速发展阶段。经济高速发展使人均收入日益提高，服务消费需求作为一种在物质消费基础上发展的消费需求，其边际消费倾向较高，必然以递增的速度发展，直接为国际服务贸易提供了广阔的需求市场。

第四节　国际服务贸易的研究对象和研究方法

国际服务贸易作为一门学科，有其自身与其他学科不同的研究对象。同时，国际服务贸易作为经济学的一个分支，其研究也要在结合自身特点的基础上，遵循经济学常用的研究方法。

一、国际服务贸易的研究对象及其与其他学科的关系

（一）国际服务贸易的研究对象

国际服务贸易作为一门学科，有自己独立的研究对象，主要是研究不同国家和地区间服务贸易活动（关系）的规律性。需要指出的是，这里的“服务贸易活动”是指国际服务交换；“服务贸易关系”是指如何调整一国的对外服务贸易关系，以及如何协调各国间的贸易关系；所谓“规律性”，一是指国际服务贸易的成因及其发展变化的客观规律，二是指一国的对外服务贸易与国内经济发展关系的规律性。

（二）国际服务贸易与其他学科的关系

1. 国际服务贸易与国际贸易学的关系

国际服务贸易与国际贸易学既相互联系又相互区别。国际贸易学研究国际贸易活动（关系）的规律性。这里的“贸易活动”是指国际商品交换和服务交换，一般以商品交换为主，而国际服务贸易只是研究国际服务贸易活动（关系）的规律性。由于服务和实物作为商品，两者有许多不同的特点，服务贸易与商品贸易实质上有许多不同的规律。特别是 20 世纪 70 年代以来，国际服务贸易在国际贸易总额中所占的比重迅速扩大，要求有一套专门的国际规则对其活动加以规范。此外，当今国际服务贸易额年增长率远远超过国际货物贸易，许多现象用现有的国际贸易理论难以解释，说明国际服务贸易有其特殊的规律性，应该成为一门独立的学科。1986 年开始的“乌拉圭回合”谈判以及最终达成的《服务贸易总协定》，标志着“国际服务贸易”开始成为一门新兴的相对独立的学科。

2. 国际服务贸易与服务经济学的关系

国际服务贸易与服务经济学都研究“服务”这个特殊对象，国际服务贸易与一国的服务经济有很密切的关系，二者的许多研究成果可相互借鉴。国际服务贸易与服务经济学的区别主要有两点：一是二者的具体研究对象不同，服务经济学的研究对象应该是服务经济领域内的经济关系和交往关系，而国际服务贸易的研究对象是服务产品交换中的规律；二是二者的研究范围不同，国际服务贸易研究的是各国间服务贸易的规律，其范围是国际社会，而服务经济学研究的范围是国内服务经济。

二、国际服务贸易研究的内容与方法

（一）国际服务贸易的研究内容

1. 国际服务贸易的历史和现状

通过分析国际服务贸易的历史和现状，可以了解国际服务贸易的形成原因和发展条件。研究不同历史阶段的国际服务贸易，一要阐明该历史阶段的基本特征，二要阐述这一历史阶段国际服务贸易的特点。

2. 国际服务贸易的成因及其发展条件

国与国之间为什么会发生服务的交换活动？这种交换活动持续和不断发展的条件是什么？不同的经济学家往往从不同的角度对此进行研究，会形成不同的国际服务贸易理论。

3. 国际服务贸易政策

国际服务贸易政策主要包括对服务贸易政策一般理论的分析、对服务贸易政策手段及其效应的分析、服务贸易方式和调整战略等内容。

4. 国际服务贸易协调

国际服务贸易活动作为世界范围内的国与国之间的服务交换，如果各国都想通过调整使本国利益最大化，而不考虑其他国家的利益，那么国际服务贸易必将陷于无序状态之中，结果是各国利益都受损失。因此，国际服务贸易还存在国与国之间的协调问题。国际服务贸易协调的内容主要有：协调的必要性、可能性分析，影响协调的主要因素分析，协调组织形式分析，国际服务贸易中共同遵守的基本原则、规则的分析等。

（二）国际服务贸易的研究方法

1. 坚持系统分析的方法

从系统学的角度来看，整个世界经济是一个大系统，国际服务贸易是其中的一个子系统。国际服务贸易的发展与整个世界经济的发展密切相关。国际服务贸易的研究不能脱离世界经济。因此，必须坚持系统分析的方法。

2. 实证研究与规范研究相结合

规范研究方法是以一定的价值判断为基础，提出某些标准作为国际服务贸易的标准，作为制定行为准则的依据，并研究如何才能符合这些标准。规范研究带有很强的政策倾向。而实证研究方法则排除价值判断，通过一系列定义、假说来探索国际服务贸易活动中的规律，提出用于解释经济活动的理论。在国际服务贸易研究中，人们提出一种贸易政策时，总是指出其理论依据，而在阐述某一理论时，也往往指出其政策的意义。因此，规范研究不可少。然而，任何理论都来源于实践，要从服务贸易的现实中去发现服务贸易活动的规律，进而提升到理论高度，这就要求进行实证研究。所以，在国际服务贸易的研究中要坚持实证研究与规范研究相结合。

3. 定量分析与定性分析相结合

定量分析侧重于对数量关系的变化进行考察，是应用数学中的一些基本概念和方法，找出并用于表述国际服务贸易活动中的规律，其应用程度如何可以表明这门学科的研究深度。而定性分析旨在揭示事物和过程的本质及结构性的联系。由于国际服务贸易的复杂性，不可能完全进行定量研究而不进行定性研究；同时，若只进行定性研究，也不可能真正揭示事物的本质。所以，国际服务贸易研究要求定量分析与定性分析相结合。

4. 宏观分析与微观分析相结合

国际服务贸易从一国来看，就是对外服务贸易活动，它有着宏观和微观两个层次的活动。从宏观层次来看，主要研究服务贸易总量的决定及其变化、服务贸易政策等问题；从微观层次来看，主要是研究价格决定、政策运用给生产者和消费者造成的影响、跨国公司在国际服务贸易方面的作用及影响等。

5. 静态分析与动态分析相结合

静态分析要求在研究某一因素对过程的影响时假定其他变量固定不变，且在阐述某一理论时注意理论产生的特定历史条件。动态分析要求对事物变化的进程以及对变动中的各个变量对过程的影响加以分析。由于国际服务贸易是在不断的发展变化过程之中的，有必要对其进行动态分析；但在一段时期内，它又相对稳定，可以进行静态分析，把事物的复杂性加以简化，对深入理解服务贸易活动的规律性有很大的帮助。因此，国际服务贸易研究必须将静态分析与动态分析相结合。

6. 历史与逻辑相结合

国际服务贸易在本质上是一门历史性的学科。在研究其活动及由此产生的各种经济关系时，要重视历史材料和现实材料的收集与整理；并且国际服务贸易的发展是路径依赖的，所以其研究不能脱离历史的方法。此外，在理论内容的研究上，又必须要有逻辑的方法。因此，国际服务贸易的研究要求历史与逻辑相结合。

总之，在国际服务贸易的研究中，要综合地运用上述方法，才能真正揭示出国际服务贸易活动的规律性，才能为国际服务贸易的实践提供理论支持。

思考题

1. 简述国际服务贸易的含义。
2. 服务贸易的特点有哪些？
3. 第二次世界大战后国际服务贸易为什么能得到迅速发展？
4. 影响国际服务贸易发展的主要因素有哪些？
5. 国际服务贸易的研究方法有哪些？

第二章　国际服务贸易的分类与统计

国内外学者及相关组织机构根据不同的分类标准，对国际服务贸易进行了多种分类，主要有：根据国际货币基金组织制定和统一使用的国际收支平衡表的国际服务贸易统计分类；基于国内经济和经济理论的国际服务贸易逻辑分类；根据国际货币基金组织和国际同行的《服务贸易总协定》关于国际服务贸易的分类。本章主要介绍以上四种国际服务贸易分类方法。另外，本章还对国际服务贸易中的两种通行的统计方法做简要介绍，分别是国际收支服务贸易统计法（BOP 统计）和外国附属机构服务贸易统计法（FAT 统计）。

第一节　国际服务贸易的分类

服务贯穿了社会经济生活的方方面面，相应地，国际服务贸易也体现出多样性和复杂性，目前尚未形成统一的分类标准。许多经济学家和国际经济组织为了分析方便和研究的需要，从不同角度对国际服务贸易进行了划分。

一、按国际收支平衡表的国际服务贸易统计分类

服务贸易的统计分类将一国国际收支平衡表中经常项目下的服务贸易流量按其来源的不同分为两类：一类是与国际收支平衡表的资本项目相关，即与国际间资本流动或金融资产流动相关的服务贸易流量，称为要素服务贸易；一类是与国际收支平衡表的经常项目相关，而同国际间资本流动或金融资产流动无直接关联的服务贸易流量，称为非要素服务贸易。

（一）要素服务贸易

要素服务贸易的概念来源于传统的生产力三要素理论。该理论认为，社会财富来自于劳动、资本和土地（自然资源）提供服务的结果。劳动的服务报酬是工资，资本的服务报酬是利息及利润，而土地的服务报酬是地租。但是，服务贸易统计分类中的要素专指资本要素，劳动和土地属于非要素。这里，要素与非要素的划分不完全根据生产力三要素理论。因为在国际服务贸易中，土地因缺乏流动性而无法提供跨境服务，所以土地要素提供的服务及其报酬一般不予考虑。劳动要素提供的服务及其报酬同国际资本流动或金融资产流动只有间接关系而无直接关系，故也排除在要素服务贸易以外。所以，要素服务贸易专指资本要素提供的服务及其报酬。

在现代世界经济体系中，国际资本流动或金融资产流动的主要方式是国际投资和国际信贷。严格地说，国际直接投资的收益并非单纯的资本要素收益，实际上国际直接投资是经营管理技能与金融资产跨国转移相结合的国际投资方式，因此其收益包含两个部分：资本要素的报酬（利息或股息）和经营管理要素的报酬（利润）。国际间接投资，也称国际证券（股票或债券）投资，指在国际证券市场上购买外国企业发行的股票或债券，或购买外国政府发行的政府债券。商业信贷指企业间信贷，包括进出口信贷、租赁信贷以及补偿贸易信贷等；银行信贷指商业银行贷款，包括单一银行贷款和银团贷款；国际金融机构信贷，包括全球性和区域性国际金融机构贷款；政府间信贷，一般由贷款国政府或政府机构以优惠利率向外国政府提供贷款。

（二）非要素服务贸易

"非要素服务贸易"的概念是相对于"要素服务贸易"的概念而言的，它是指与国际资本流动或金融资产流动无直接关联的国际服务贸易流量，主要涉及劳务项目、运输服务、旅游服务、金融服务、保险服务。咨询、管理、技术等专业服务和特许使用项目等内容。由于非要素服务贸易项目多，内容庞杂，很难用统一标准来衡量与反映。因此，在规范定义或统计分类的前提下，一般采用类似第三产业剩余法来界定"非要素服务贸易"。国际收支平衡表中，要素服务贸易和非要素服务贸易记在经常项目下，故二者之间关系可表示为：

非要素服务贸易=国际服务贸易-要素服务贸易

=（经常项目-商品贸易-单方面转移支付）-要素服务贸易

鉴于服务产品的自身特点，国际服务贸易很难从实物形态上加以确定，只有借助价值流量来反映。服务贸易的操作性统计分类有利于一个国家准确、迅速地从价值流量的角度掌握其服务贸易的国际收支状况，在实践中为世界各国所普遍接受。但与此同时，人们发现这种分类在经济学逻辑上是不清晰、不完备的，要素服务与非要素服务的划分不尽合理，并且模糊了服务产品的进出口和服务业本身跨国投资以及生产要素跨国流动的界限。

二、按国际服务贸易逻辑分类

目前最流行的服务贸易分类是理论逻辑分类，其以服务贸易与货物国际转移的关联程度为标准进行划分。这种分类的出发点是国民经济理论，追求理论的严密性和合理性，特点是实际操作难度较大，但便于理论分析。

（一）以服务参与者移动与否为标准来划分

按照服务是否在提供者与消费者之间移动，桑普森（G. Sampson）和斯内普（R. Snape）（1985）、斯德恩（Robert M. Stern）和豪克曼（B. M. Hoekman）先后将国际服务贸易划分为分离式服务、消费者所在地服务、提供者所在地服务和流动服务。

（1）分离式服务。这是指服务提供者与消费者在国与国之间不需要移动，只是借助于国内信息手段就可以实现的服务，也称为跨国境的远距离服务贸易。国际运输服务是分离式服务的典型例子。

(2) 消费者所在地服务。这是指服务的提供者转移后产生的服务。国际金融服务是消费者所在地服务的典型代表。

(3) 提供者所在地服务。这是指服务的提供者在本国国内为外籍居民提供的服务，一般要求服务消费者跨国接受服务，如国际旅游服务。

(4) 流动服务。这是指服务的提供者与消费者共同移动到第三国而提供的服务，要求服务的提供者与消费者存在不同程度的资本和劳动力等生产要素的移动，如美国的职业医生在中国为英国病人提供医疗服务；设在新加坡的一家英国旅游公司为在新加坡的美国游客提供服务。

(二) 以是否伴随着有形商品贸易的发生为标准来划分

按照服务贸易是否伴随着有形商品贸易的发生，国际服务贸易划分为国际核心服务贸易和国际追加服务贸易。

1. 国际核心服务贸易

国际核心服务贸易是与有形货物的国际投资和国际贸易无直接关联的国际服务贸易，是作为消费者单独所购买的、能为消费者提供核心效用的一种服务贸易。在国际服务贸易市场上，这类服务本身是市场需求和市场供给的核心对象。根据服务提供者与消费者是否直接接触，国际核心服务贸易又可以分为面对面型国际核心服务和远距离型国际核心服务。

面对面型国际核心服务是指服务提供者与消费者双方实际接触才能实现的服务；实际接触的方式可以是提供者流向消费者，也可以是消费者流向提供者，或是提供者与消费者的双向流动；面对面型国际核心服务伴随着生产要素中的人员和资本的跨国界移动，典型的面对面型国际核心服务包括国际旅游服务、劳务输出等。

远距离型国际核心服务不需要服务提供者与消费者实际接触，但一般需要通过一定的载体方可实现跨国界服务，如以通信卫星作为载体传递进行的国际视听服务、数据处理、国际咨询等；在国际资本移动加快的推动下，加之计算机网络、遥控电信技术等应用于银行服务，一个由计算机数据处理、电子信息传递和电子资金转账系统为标志的金融服务体系已经形成，远距离型国际金融服务在国际服务贸易中所占比重逐渐增大。随着科技与信息产业的发展，国际核心服务贸易的领域不断扩大，日益成为国际服务贸易的主体。

以作为产品的服务的国内分类的依据，国际核心服务贸易可以划分为生产性国际服务贸易和消费性国际服务贸易。其中前者构成国际核心服务贸易的主要部分。

在科技革命的前提下，富有人力资本、知识资本和技术资本的国家，把经济信息、生产知识、技术诀窍和科学管理作为同他国进行交易的服务项目，涉及市场、交通、能源、金融、投资、通信、建筑、矿业、农业、经营等与生产相关的一切领域，使得生产性服务成为国际核心贸易的主体。由于生产性服务是作为其他商品和服务进一步生产的中间投入，因此这种服务实际上是人力资本、知识资本和技术资本进入生产过程的桥梁。生产性服务的国际贸易的扩大必然全面提高世界各国的总生产效率和能力。生产性服务的国际贸易形势主要有金融服务贸易、企业管理知识与技能服务贸易、国际咨询、国际技术贸易和国际人才交流与培训等。

消费性服务进入国际贸易领域，在逻辑上是由于国内消费性服务业的公关能力的增长和国外对该国消费性服务需求的扩大，而在实践上则是由于随着现代科学技术的发展，世界各国人民的交往越来越频繁。外国人在居住国花钱购买食品、登记住宿、旅游、娱乐等为各国人民所熟悉，本国人在外国也以同样的方式享受他国服务业所提供的消费服务。显而易见，世界各国的人民对于外国消费性服务的需求，一方面取决于自己的收入水平，另一方面取决于服务供应的相对价格。这与人民对商品的需求是完全一样的。

2. 国际追加服务贸易

国际追加服务贸易指伴随商品贸易而发生的服务贸易。对于消费者而言，商品实体本身是其购买和消费的核心效用，服务则是提供或满足了某种追加的效用；在科技进步对世界经济的影响不断加深的情况下，追加服务对消费者的消费行为、特别是所需核心效用的选择具有深远的影响。在现代科技革命的推动下，在国际货品竞争日益激烈的条件下，追加服务往往在很大程度上影响着消费者对其所需核心效用的选择，对产品服务的要求已经变得比商品的价格更加重要了。与此相适应，各国企业都大力发展这类服务，尤其是知识密集型追加服务。

在追加服务中，相对较为重要的是国际交通、运输和国际邮电通信。它们对于各国社会分工、改善工业布局与产业结构调整、克服静态比较劣势、促进经济发展是重要因素。特别是不断采用先进的科学技术，促使交通运输和邮电通信发生了巨大的变化，缩短了经济活动的时空距离，消除了许多障碍，为全球经济的增长日益发挥着重要作用，也成为国际服务贸易的重要内容。

（三）以行业为标准来划分

按照服务业的部门特点，围绕服务产品和服务业各部门的活动，可以将服务贸易分为七大类。

1. 银行和金融服务贸易

银行和金融服务业是服务贸易中十分重要的部门，主要包括零售银行业，如储蓄、贷款、银行咨询服务等；企业金融服务，如金融管理、财务、会计、审计、追加资本与投资管理等；与保险有关的金融服务；银行间服务，货币市场交易、清算和结算业务等；国际金融服务，如外汇交易等。

2. 保险服务贸易

保险服务是为保险持有者提供特定时期内对特定风险的防范及其相关服务，如风险分析、损害预测咨询等。保险服务贸易既包括非确定的保险者，也包括常设保险公司的跨境交易。目前，保险服务贸易的主要对象是常设保险公司提供的服务。

3. 国际旅游服务贸易

旅游服务贸易指为国外旅行者提供旅游服务，包括对个人的旅游活动，也有对旅游企业的活动，其范围涉及旅行社和各种旅游设施及客运、餐饮供应、住宿等。其与建筑工程承包、保险和数据处理服务等有直接关系，与国际空运的联系极其密切。国际旅游服务贸易在世界服务贸易总额中所占的比重较大。

4. 空运和港口运输服务贸易

空运与港口运输服务是一种古老的服务贸易项目，一般货物由班轮、集装箱货轮、定程或定期组轮运输，特殊的商品通过航空、邮购、陆上运输。港口服务与空运服务密不可分，包括港口货物装卸及搬运服务。

5. 建筑和工程服务贸易

这类服务主要指基础设施和工程项目建设、维修和运营过程的服务，其中还涉及农业工程和矿业工程的基础设施服务、专业咨询服务以及与劳动力流动有关的服务。建筑与工程服务贸易通常受到一国国内开业权的限制，并与经济波动、对外经济政策和产业政策等密切联系。政府部门是主要的服务消费者，经常涉及政府的基础设施与公共部门投资项目。

6. 专业（职业）服务贸易

专业服务发展迅速，主要是指律师、医生、会计师、艺术家等自由职业的从业人员提供的服务，以及在工程、咨询和广告业中的专业技术服务。国际专业服务贸易的形式多种多样，可以由服务提供者和消费者直接面对面进行，也可以通过间接的销售渠道，或通过专业机构、联盟或海外常驻代表机构提供服务。

7. 信息、计算机与通信服务贸易

（1）信息服务。数据搜集服务、建立数据库和数据接口服务、通过数据接口进行电信网络中的数据信息传输服务等。

（2）计算机服务。数据处理服务，即服务提供者使用自己的计算机设备满足用户的数据处理要求，并向服务消费者提供通用软件包和专用软件等。

（3）电信服务。基础电信服务，如电报、电话、电传等，以及综合业务数据网提供的智能化电信服务。

（四）以要素密集度为标准来划分

按照国际服务贸易对资本、技术、劳动力投入的密集程度不同，将服务贸易分为：

（1）资本密集型服务。空运、通信、工程建设服务等。

（2）技术和知识密集型服务。银行、金融、法律、会计、审计、信息服务等。

（3）劳动密集型服务。旅游、建筑、维修、消费服务等。

这种分类以生产要素密集度为核心，涉及产品和服务竞争中的要素投入，特别是当前高科技的发展和应用。要素密集度分类对于从生产要素的充分合理使用以及各国以生产要素为中心的竞争力方面研究国际服务贸易具有一定的实践价值。但是，现代科技的发展使商品和服务对要素密集度的区分无法严格，很难加以准确界定。

（五）以生产过程为标准来划分

根据服务与生产过程之间的联系，国际服务贸易划分为生产前服务、生产服务和生产后服务。

（1）生产前服务是在生产过程开始前完成的，涉及市场调研和可行性分析等，对生产规模、制造过程、产品质量等有着重要的影响。

（2）生产服务是指在生产或制造过程中为生产过程的顺利进行所提供的服务，如企业质量管理、财务会计、软件开发、人力资源管理等。

（3）生产后服务是连接生产者和消费者之间的服务，如广告、营销、运输服务、退货索赔保证以及供应商售后服务等，可以更好地满足消费者需求，提升企业产品的市场地位。

以企业生产过程为标准划分国际服务贸易，反映了生产者服务在促进科学技术转化为生产力过程中的桥梁和纽带作用。随着国际投资、国际贸易的发展以及生产者服务专业化、市场化程度的提高，围绕企业生产过程的服务贸易在国际服务贸易中的比重将逐步提高。

三、国际货币基金组织（IMF）关于国际服务贸易的分类

国际货币基金组织按照国际收支统计将服务贸易分为：

（一）民间服务（也称商业性服务）

民间服务是指1977年国际货币基金组织编制的《国际收支手册》中的货运；其他运输、客运、港口服务等；旅游；其他民间服务和收益。进一步分为：

（1）货运：运费、货物保险费及其他费用；

（2）客运：旅客运费及有关费用；

（3）港口服务：船公司及其雇员在港口的商品和服务的花费及租用费；

（4）旅游：在境外停留不到一年的旅游者对商品和服务的花费（不包括运费）；

（5）劳务收入：本国居民的工资和薪水；

（6）所有权收益：版权和许可证收益；

（7）其他民间服务：通信、广告、非货物保险、经纪人、管理、租赁、出版、维修、商业、职业和技术服务。

（二）投资收益

投资收益是国与国之前因资本的借贷或投资等所产生的收入与支出。

（三）其他政府服务和收益

其他政府服务和收益是指不列入上述各项的涉及政府的服务和收益。

（四）不偿还的转移

不偿还的转移是指单方面的不对等收支，意味着资金进行国际移动后，并不产生归还或偿还的问题。因此，不偿还的转移也称单方面转移，一般是指单方面的汇款、年金、赠与等。根据单方面转移的不同接受对象，又分为私人转移与政府转移两大类。政府转移主要是指政府间的无偿经济技术或军事援助、战争赔款、外债的自愿减免、政府对国际机构缴纳的行政费用以及赠与等收入与支出。

私人转移主要是指以下几类：

（1）汇款，包括侨民汇款、慈善性质汇款、财产继承款等。汇款主要是指侨民汇款，如一个国家长期在外国居住的侨民汇回本国的款项；居住在本国的外国侨民从本

国汇出的款项等。

（2）年金，是指从外国取得或对外国支付的养老金、奖金等。

（3）赠与，是指教会、教育基金、慈善团体对国外的赠与以及政府的无偿援助等。

四、《服务贸易总协定》关于国际服务贸易的分类

各国已经普遍接受了国际货币基金组织对于服务贸易的分类，采用《服务贸易总协定》项下的分类已成为一种惯例。乌拉圭回合服务贸易谈判小组在对以商品为中心的服务贸易分类的基础上，结合服务贸易统计和服务贸易部门开放的要求，在征求谈判各方的提案和意见的基础上，提出了以部门为中心的服务贸易分类方法，将服务贸易分为 12 大类 160 多个服务项目。

（一）商业性服务

商业性服务是指在商业活动中涉及的服务交换活动，服务贸易谈判小组列出了下述 6 类商业性服务，其中既包括个人消费的服务，也包括企业和政府消费的服务。

（1）专业性服务。这类服务涉及的范围包括法律服务，会计、审计和簿记服务，税收服务，建筑服务，工程服务，综合工程服务，城市规划与风景建筑物服务，医疗服务，兽医服务，助产士、护士、理疗医生、护理人员提供的服务，其他专业性服务，共计 11 个服务项目，同时也包括这些服务项目的有关咨询服务。

（2）计算机及相关服务。计算机及相关服务包括与计算机硬件装配有关的咨询服务、软件开发与执行服务、数据处理服务、数据库服务、其他相关服务，共计 5 个服务项目。

（3）研究与开发服务。这类服务包括自然科学的研究与开发服务，社会科学与人文科学的研究与开发服务，交叉科学的研究与开发服务，共计 3 个服务项目。

（4）不动产服务。这类服务是指不动产范围内的服务交换，但不含土地的租赁服务，具体包括产权所有或租赁、基于费用和合同的不动产服务，共计 2 个服务项目。

（5）设备租赁服务。需要明确的是，这类服务不包括其中可能涉及的操作人员的雇佣或所需人员的培训服务。这类服务具体包括与船舶有关的租赁服务、与飞机有关的租赁服务、与其他运输工具有关的租赁服务、与其他机械设备有关的租赁服务、其他有关租赁服务，共计 5 个服务项目。

（6）其他商业服务。这类服务具体包括广告服务，市场调研与民意测验服务，管理咨询服务，与咨询人员有关的服务，技术测验与分析服务，与农业、狩猎、林业有关的服务，人员的安排与补充服务，安全调查，有关的科学技术咨询服务，设备的维修（不包括船舶、飞机及其他运输工具）服务，建筑物清洁服务，摄影服务，包装服务，印刷、出版社服务，会议服务，其他服务，共计 16 个服务项目。

（二）通信服务

通信服务主要指所有有关信息产品、操作、储存设备和软件功能等服务。通信服务由公共通信服务、信息服务部门、关系密切的企业集团和私人企业间进行信息转接和服务提供。主要包括邮电服务、信使服务、电信服务（其中包括电话、电报、数据

传输、电传、传真）、试听服务（包括收音机及电视广播服务）、其他电信服务。

（三）建筑及有关工程服务

建筑服务主要指工程建筑设计、选址到施工的整个服务过程。具体包括选址服务，涉及建筑物的选址；国内工程建筑项目，如桥梁、港口、公路等的地址选择等；建筑物的安装及装配工程；工程项目施工建筑；固定建筑物的维修服务；其他服务。

（四）销售服务

销售服务是指产品销售过程中的服务交换，主要包括代理机构的服务、批发贸易服务、零售服务、特许经营服务、其他销售服务，共计 5 个服务项目。

（五）教育服务

教育服务包括初等教育服务、中等教育服务、高等教育服务、成人教育服务、其他教育服务，共计 5 个服务项目。

（六）环境服务

环境服务包括污水处理服务、废物处理服务、卫生及其他相关服务、其他环境服务，共计 4 个服务项目。

（七）金融服务

金融服务主要是指银行业和保险业及相关的金融服务活动。

（1）银行业的金融服务。具体包括公众存款及其他可偿还资金的承兑，所有类型的贷款（尤其包括用户信用、抵押信用、商业交易的代理与融资），金融租赁，所有支付货币的传递服务，担保与承诺，户主账户或顾客账户的交易形式（不论是柜台兑换或者其他形式），参与各种证券的发行（包括作为代销商的承包与安排以及与证券发行有关的服务措施），代理借贷款的经纪人服务，资产管理服务（如现金或有价证券管理、所有形式的集体投资管理、养老金管理、存款保管与信托服务），金融资产的结账与清算服务（包括证券、衍生品与其他可转让票据），咨询服务与其他辅助性金融服务（包括信用查询与分析、投资与有价证券的研究与查询、收购通知与公司战略调整介绍等），其他金融服务提供者所提出的关于金融信息、金融数据处理及其他有关软件的转让与供给，共计 12 个服务项目。

（2）保险业的服务。具体包括生命、事故与健康保险服务，非生命保障服务，再保险与交还，与保险有关的辅助服务（包括经济与代理服务），共计 4 个服务项目。

（3）其他金融服务。

（八）健康与社会服务

健康与社会服务包括医院服务、其他与人类健康相关的服务、社会服务、其他有关服务，共计 4 个服务项目。

（九）旅游及相关服务

旅游及相关服务包括宾馆与饭店提供的住宿餐饮服务、旅行社与旅游经纪人提供的服务、导游服务、其他相关服务，共计 4 个服务项目。

（十）娱乐、文化与体育服务

娱乐、文化与体育服务不包括广播、电影、电视服务在内，而是指剧场、乐队与杂技表演等娱乐服务，新闻机构服务，图书馆、档案馆、博物馆及其他文化服务，体育及其他娱乐服务，共计 4 个服务项目。

（十一）交通运输服务

交通运输服务分为 8 个小类，分别是：

（1）海运服务。具体包括客运、货运、船舶包租、船舶的维护与修理、推船与拖船服务、海运的支持服务，共计 6 个服务项目。

（2）内河航运。具体内容与海运服务相同，也由 6 个服务项目组成。

（3）空运服务。具体包括客运、货运、包机出租、飞机的维修、空运的支持服务，共计 5 个服务项目。

（4）空间运输。

（5）铁路运输服务。具体包括客运的推、拖服务，货运的推、拖服务，机车的推、拖服务，铁路运输设备的维修，铁路运输的支持服务，共计 5 个服务项目。

（6）公路运输服务。具体包括客运、货运、包车出租、公路运输设备的维修、公路运输的支持服务，共计 5 个服务项目。

（7）管道运输。管道运输包括材料运输、其他物资运输，共计 2 个服务项目。

（8）所有运输方式的辅助性服务。具体包括货物处理服务、存储与仓库服务、货运代理服务、其他辅助服务，共计 4 个服务项目。

（十二）其他服务

其他服务为其他未包括的服务。

第二节　国际服务贸易统计

随着国际服务贸易的迅速发展，国际服务贸易统计也不断完善。服务贸易统计对于国际服务贸易的发展具有很重要的意义，由于服务产业本身复杂多样，定义起来比较困难，从而使服务贸易统计变得错综复杂。有关服务贸易统计的问题也越来越受到国际社会和各国政府的关注，但由于服务贸易自身所具有的不同于货物贸易的特点，各国服务贸易的发展水平和统计状况不同，同时各国国际服务贸易统计体系的建设还相对比较滞后，相关数据信息的搜集远远不能满足现实管理的需要。因此，本节将介绍国际服务贸易统计的两种主要的国际服务贸易统计制度与方法，即国际收支服务贸易统计和外国附属机构服务贸易统计，并对我国当前服务贸易统计的基本内容作简要介绍。

目前，按照世界贸易组织对国际服务贸易的界定，服务贸易统计应由国际收支服务贸易统计（BOP 统计）和外国附属机构服务贸易统计（FAT 统计）两部分组成。

BOP 统计主要是反映跨境服务贸易的情况，FAT 统计反映的则是非跨境服务贸易的情况。

一、国际收支服务贸易统计（BOP 统计）

国际服务贸易 BOP 统计的依据是国际货币基金组织的《国际收支手册（第五版）》。按照 BOP 统计原则，国际服务贸易又叫作跨境贸易，以服务贸易交易活动完成后的资金流——国际收支为中心。国际收支统计刻画了一国对外贸易和资本的流动状况，具有一致性和国际可比较性的特点。由于国际收支统计由来已久，方法较成熟，同时和大多数国家的统计体系相匹配，所以成为世界公认的标准化的国际贸易统计体系。国际收支统计的对象包括服务贸易和货物贸易，并且侧重于货物贸易。是否跨国境或边界是交易是否纳入国际收支统计的基本原则。国际服务贸易 BOP 统计就是将与服务贸易相关的实际交易数据进行重新汇总、整理和记录，从而形成一套针对国际服务贸易的专项统计。

BOP 统计在各国对外服务贸易统计中发挥着不可替代的作用，但从世界服务贸易的发展来看，BOP 统计存在着明显的不足：按照国际收支统计的原则，国际服务贸易只是居民与非居民之间的服务贸易，包括过境交付、境外消费及自然人移动，并没有反映当前世界服务贸易中占据主导地位的商业存在。这是因为，商业存在形式的服务贸易双方均是法律意义上的同一国居民。BOP 统计试图描绘服务贸易的全貌，但其与《服务贸易总协定》界定的服务贸易范围还存在较大差异。与《服务贸易总协定》划分的服务贸易 12 大类、160 多个部门相比，BOP 统计无论是项目个数还是统计范围都与之有不小的差距。

二、外国附属机构服务贸易统计（FAT 统计）

（一）FAT 统计的由来

按照国际收支统计的跨境原则，商业存在无法纳入国际服务贸易的范畴，所以国际服务贸易 BOP 统计实际不能完整反映一国对外服务贸易的总体情况。到目前为止，世界上尚无一个国家能够以 GATS 为基准进行服务贸易统计，按照 GATS 定义的四种提供方式统计服务贸易数据。但是人们的不懈努力依然取得了阶段性成果，FAT 统计作为 BOP 统计的补充随之诞生。FAT 统计反映了外国附属机构在东道国的服务交易情况，包括与投资母国之间的交易、与东道国居民之间的交易以及与其他国家之间的交易。FAT 分为内向和外向两个方面。别国在东道国的服务机构的服务交易成为内向 FAT，东道国在别国的附属机构的服务交易成为外向 FAT。

（二）FAT 统计的特点

作为一种国际服务贸易统计规范，FAT 统计方法必然会不断完善并为越来越多的国家所接受和应用，因此有必要对其主要特点做简要介绍。FAT 统计的主要特点可以从以下几个方面来描述：

（1）核心是非跨境贸易。从统计范围来看，FAT 统计实际上包括了外国附属机构的全部交易：跨境交易和非跨境交易，但核心是非跨境交易及企业的国内销售。

（2）对象是绝对控股企业。从统计对象来看，只有对方绝对控股并能控制的企业，亦即外方投资比例在50%以上的企业才列入FAT统计范围，这与直接投资统计的对象不同，后者以外资比重达到10%以上作为标准（我国是25%）。原因在于FAT统计是投资基础之上的贸易统计，反映的不仅是投资状况，更主要的是贸易利益问题，只有外国投资人拥有并控制了该企业，才有可能决定贸易过程并获得贸易利益。

（3）内容广泛。从统计内容来看，FAT统计不仅包括投资的流量和存量，而且包括企业经营状况和财务状况及其对东道国的影响，但其主要内容是以企业的经营活动状况为主。FAT统计的中心内容是：外国附属机构作为东道国的居民，与东道国其他居民之间进行的交易，即其在东道国进行的非跨境贸易，以及这种交易对东道国经济的影响。

（4）从统计实践上来看，FAT统计有狭义和广义之分。按照WTO的规定，外国附属机构的当地服务销售属于国际服务贸易，从而一般把对非跨境服务销售的FAT统计称为广义国际服务贸易统计，这被认为是对外国直接投资统计的进一步深化，也是对商品贸易统计的有效补充。因此，当FAT统计应用于贸易统计时，一般出现在广义国际服务贸易统计中。

（5）弥补了其他统计方法的不足。从统计作用来看，FAT统计弥补了商品贸易统计、跨境服务贸易统计和外国直接投资统计的不足，更为全面地将外资企业的生产和服务提供对贸易流动的影响，以及由此产生的利益流动反映出来。

不过，目前FAT统计也有其自身的缺陷，比如统计过程中调查回收率低、调查覆盖面不均、统计方法创新性不足等。

三、我国的服务贸易统计

（一）基本原则和统计范围

中国的国际服务贸易统计旨在以世界贸易组织的《国际服务贸易统计手册》为基础，结合中国实际，探索形成在数据搜集、加工和开发方面稳定的服务贸易统计体系，为我国政府在世界贸易组织框架下适应《服务贸易总协定》的要求，履行入世承诺，进行国际服务贸易管理，为中国服务业发展和对外服务贸易竞争，提供可靠、及时、有效的数据信息支持。为此，中国服务贸易统计应遵循以下原则：

（1）在内容上，要与《服务贸易总协定》相衔接，以支持中国有效参与国际贸易与投资协议的谈判。

（2）在方法上，要以《国际服务贸易统计手册》为基础，建立与通行准则一致的统计体系。

遵循《国际服务贸易统计手册》，中国服务贸易统计范围涵盖全部四种提供方式，即跨境交付、境外消费、商业存在、自然人移动。其统计范围包括两个主要组成部分和一个次要组成部分：

①居民与非居民之间的服务交易，对应跨境交付和境外消费两种提供方式，部分涉及商业存在和自然人移动两种提供方式。

②商业存在服务贸易，对应商业存在这一提供方式。

③自然人移动服务贸易统计，对应自然人移动这一提供方式。从实际发生规模和数据完备性来看，属于服务贸易统计的次要组成部分。

（二）BOP 统计的基本内容

居民与非居民之间的服务贸易统计对应于国际收支平衡表中的服务项目，以服务进口总额和出口总额为基本统计指标，通过服务产品和服务业部门的分类统计，全方位反映中国国际服务贸易的规模和构成状况。基本思路是以国家外汇管理局国际收支统计为基础，截取服务进出口数据，经过调整补充，得到当期居民与非居民之间服务进口总额和出口总额。其中，国际收支统计的服务项目数据来自国家外汇管理局；调整补充数据来自相关部门和专门调查；数据缺口信息根据相关数据资料进行估算。

（三）FAT 统计的基本内容

FAT 统计的对象是外商直接投资企业在东道国当地的服务销售。其中，中国境内的外商投资企业在中国境内的服务销售是中国内向 FAT，即服务进口；中国对外直接投资企业在外国当地的销售是中国外向 FAT，即服务出口。

关于如何界定“受外国母公司控制”，中国 FAT 统计确定的方法是：

（1）内向 FAT 统计包括法人外商投资企业和非法人外商分支机构。法人外商投资企业与外商直接投资统计保持一致，包括所有外商持有股份高于 10%的企业。

（2）外向 FAT 统计包括法人境外投资企业和非法人境外分支机构。与对外直接投资统计保持一致，包括所有外商持有股份高于 10%的境外直接投资企业、全资拥有的境外分支机构。

（3）将外商投资企业和境外直接投资企业按照股权比例分为两组：股权比例 50%以上组和股权比例 10%~50%组，以持有股权 50%以上组的企业为统计重点。

遵循《国际服务贸易统计手册》，中国 FAT 统计设定的指标分为以下三个层次：①企业服务销售额（营业额），这是 FAT 统计的基本指标，尤其是当地的服务销售；②企业雇员人数及外方雇员人数、增加值、货物和服务出口，这是反映企业当期活动的辅助指标；企业资产、负债和净值以及企业研究与开发支出，这是反映 FAT 统计背景的指标；③企业数，这是统计过程中生成的指标，反映 FAT 的普遍程度。结合中国实际，FAT 统计执行以下分类：①国别分类：内向 FAT 指投资母国国别分类；外向 FAT 指投资东道国国别分类；②行业分类：直接投资企业所属行业；③国内地区分类。

思考题

1. 列举《服务贸易总协定》关于国际服务贸易的分类。
2. 我国服务贸易的统计原则是什么？
3. 试述要素服务贸易和非要素服务贸易各自的特点。
4. 如何评价 FAT 统计？
5. 思考 BOP 统计和 FAT 统计之间的关系。

第三章　国际服务贸易理论

传统的国际贸易理论是以货物贸易为基础发展起来的理论框架。严格来说，国际服务贸易并没有自己的理论体系。鉴于服务贸易并不能完全与传统的货物贸易理论割席分坐，所以学术界仍然倾向于将传统的货物贸易理论延伸扩展到服务贸易领域，用相对应的思维逻辑体系来概括服务贸易，从而将货物贸易和服务贸易在理论上延续。

本章共分为四节，首先介绍古典贸易理论，其思想理论的主要代表是亚当·斯密和李嘉图。接下来一节介绍了新古典贸易理论。新古典经济学中的贸易模型由赫克歇尔和俄林构建。第三节介绍了以克鲁格曼和弗农为代表的当代国际贸易理论。第四节介绍了比较优势理论在国际服务贸易中的适用性。

第一节　古典贸易理论在国际服务贸易中的应用

国际贸易理论起源于市场经济活动中的商品交换和分工生产，亚当·斯密和大卫·李嘉图等古典经济学家，从现实出发，一步步突破理论局限性发展完善经济学模型。

一、绝对优势理论

18 世纪，英国工业革命是指手工业向工业发展的过程。在这一过渡期，重商主义思潮逐渐向自由贸易理论过渡。1776 年，古典经济学派代表人物亚当·斯密（1723—1790）在《国富论》（全名：《国民财富的性质和原因的研究》，An Inquiry into the Nature and Causes of the Wealth of Nations）中提出了绝对优势理论（Absolute Advantage）。他认为一个国家出口的商品应该是单位生产要素投入较少的商品，即商品的生产上具有绝对优势、生产成本低于其他国家。支持绝对优势理论的人，认为生产成本的绝对差异是国际贸易产生的根源，任何时候分工国际化，均应考虑地域、自然条件及成本差异等因素。

亚当·斯密的绝对优势理论主要阐明了如下内容：一个国家出口的商品是商品的生产上具有绝对生产成本优势的商品。所谓绝对成本，是指某两个国家之间生产某种产品的劳动成本的绝对差异，即一个国家所耗费的劳动成本绝对低于另一个国家。

分工可以提高劳动生产率，增加国民财富。亚当·斯密认为，交换是出于利己心并为达到利己目的而进行的活动，是人类的一种天然倾向。人类的交换倾向产生分工，社会劳动生产率的巨大进步是分工的结果。

分工的原则是成本的绝对优势。亚当·斯密进而分析到，分工既然可以极大地提高劳动生产率，那么每个人专门从事他最有优势的产品的生产，然后彼此交换，则对每个人都是有利的。他以家庭之间的分工为例，认为把家庭的全部精力集中用于比邻人有利地位的职业，用自己的产品去交换其他物品，会比自己生产一切物品得到更多的利益。

国际分工是各种形式分工中的最高阶段，在国际分工基础上开展国际贸易，对各国都会产生良好效果。亚当·斯密由家庭推及国家，论证了国际分工和国际贸易的必要性。他认为，适用于一国内部不同个人或家庭之间的分工原则，也适用于各国之间。他主张，如果外国的产品比自己国内生产的要便宜，那么最好是输出在本国有利的生产条件下生产的产品，去交换外国的产品，而不要自己去生产。例如，在国外可以利用温室种植葡萄，并酿造出同国外一样好的葡萄酒，但要付出比国外高数十倍的代价。如果真这样做，显然是愚蠢的行为。每一个国家都有其适宜于生产某些特定产品的绝对有利的生产条件，如果每一个国家都按照其绝对有利的生产条件（即生产成本绝对低）去进行专业化生产，然后彼此进行交换，则对所有国家都是有利的，并且也有利于世界的财富。

国际分工的基础是有利的自然禀赋或后天的有利条件。亚当·斯密认为，有利的生产条件来源于有利的自然禀赋或后天的有利条件。自然禀赋和后天的条件因国家而不同，这就为国际分工提供了基础。因为有利的自然禀赋或后天的有利条件可以使一个国家生产某种产品的成本绝对低于别国而在该产品的生产和交换上处于绝对有利地位。各国按照各自的有利条件进行分工和交换，将会使各国的资源、劳动和资本得到最有效的利用，将会大大提高劳动生产率和增加物质财富，并使各国从贸易中获益。这便是绝对优势理论的基本精神。

由于两个国家刚好具有不同商品生产的绝对优势的情况是极为偶然的，亚当·斯密的绝对优势理论仍然面临一些挑战。

二、比较优势理论

（一）比较优势理论核心内容

1815 年，基于维护土地贵族阶级利益的《谷物法》被修订后颁布，导致了英国粮价上涨。昂贵的谷物，使工人货币工资被迫提高，成本增加，利润减少，削弱了工业品的竞争能力；同时，昂贵的谷物，也扩大了英国各阶层的吃粮开支，而减少了对工业品的消费。《谷物法》还使得外国以高关税阻止英国工业品对它们出口。为了废除《谷物法》，工业资产阶级采取了多种手段，鼓吹谷物自由贸易的好处。而因为地租猛增，作为受益者的地主贵族阶级则千方百计维护《谷物法》，认为英国能够自己生产粮食，根本不需要从国外进口，反对在谷物上搞自由贸易。这时，工业资产阶级迫切需要找到谷物自由贸易的理论依据，大卫·李嘉图发展出了新的理论模型，即比较优势理论（Comparative Advantage）适时而出。

在亚当·斯密的绝对优势理论的基础上，大卫·李嘉图在他于 1817 年出版的《政治经济学及赋税原理》一书中，提出了著名的比较优势原理。这是一项最重要的、至今仍然没有受到挑战的经济学的普遍原理，具有很强的实用价值和经济解释力。在该著作中，他认为英国不仅要从外国进口粮食，而且要大量进口，因为英国在纺织品生产上所占的优势比在粮食生产上的优势还大。故英国应专门发展纺织品生产，以其出口换取粮食，取得比较利益，提高商品生产数量。该理论模型的前提假设有：

（1）假设整个世界只有两个国家仅有一种生产要素，生产商品时仅需要一种生产要素，比如劳动要素；

（2）假设这两个国家均只能生产两种商品 A 和 B；

（3）假设在两个国家中，商品与要素市场都是完全竞争的；

（4）假设两国在生产中使用不同的技术。技术的不同导致劳动生产率的不同，即两个国家的单位劳动要素投入不同，进而导致成本的不同；

（5）假设在没有国际贸易时，两个国家均须在国内生产两种商品来满足国内需求；

（6）假设只在物物交换条件下进行，没有考虑复杂的商品流通，而且假定 1 个单位的 A 产品和一个单位的 B 产品等价（不过他们的生产成本不等）；

（7）假设在一国内要素可以自由流动，但是在国际不流动；

（8）假设分工前后生产成本不变；

（9）不考虑交易费用和运输费用，没有关税或影响国际贸易自由进行的其他壁垒。但是，在贸易存在的条件下，当两国的相对商品价格完全相等时，两国的生产分工才会停止。如果存在运输成本和关税，当两国的相对价格差小于每单位贸易商品的关税和运输成本时，两国的生产分工才会停止。

（10）价值规律在市场上得到完全贯彻，自由竞争，自由贸易。

（11）假定国际经济处于静态之中，不发生其他影响分工和经济变化。

（12）两国资源都得到了充分利用，均不存在未被利用的资源和要素。

（13）两国的贸易是平衡的，即总的进口额等于总的出口额。

其关键假设在于劳动是唯一的要素投入、固定的产品边际成本、完全竞争的商品和要素市场、固定的规模报酬、不考虑需求。比较优势理论在绝对成本理论的基础上发展起来。根据比较优势原理，一国在两种商品生产上较之另一国均处于绝对劣势，但只要处于劣势的国家在两种商品生产上劣势的程度不同，处于优势的国家在两种商品生产上优势的程度不同，则处于劣势的国家在劣势较轻的商品生产方面具有比较优势，处于优势的国家则在优势较大的商品生产方面具有比较优势。两个国家分工专业化生产和出口其具有比较优势的商品，进口其处于比较劣势的商品，则两国都能从贸易中得到利益。这就是比较优势原理。也就是说，两国按比较优势参与国际贸易，通过“两利取重，两害取轻”，两国都可以提升福利水平。

（二）大卫·李嘉图的经济自由主义

作为古典贸易理论的主要代表之一，大卫·李嘉图同样主张自由贸易，认为每个个体在自由追求个人利益的同时会自然而然地有利于整个社会。他认为国际贸易给社会带来益处不是因为一国商品价值总额的增加，而是因为一国商品总量的增长。国际贸易之所以对国家有所裨益，是因为国际贸易增加了用收入购买的物品数量和种类，并且由于商品丰富和价格廉价而刺激了节约主义和资本积累。在亚当·斯密强调进口的好处的基础上李嘉图提出了更加系统的自由贸易理论，从资源有效分配的角度论证自由贸易和专业分工的必要性。

大卫·李嘉图对国际贸易理论有开创性的贡献。他是贸易自由的坚决支持者。在他的主要著作《政治经济学及赋税原理》中，李嘉图以一个有关国际贸易的一般理论支持了自己的观点。该理论包括了比较优势学说。在《政治经济学及赋税原理》的《论对外贸易》一章中，他对苏格兰和葡萄牙的外贸进行了研究，用令人耳目一新的例子"葡萄酒"和"棉布"说明了比较成本，并得到了贸易的结果使贸易参与国更加富裕的结论，即后世的比较优势原则。比较优势理论认为，国际贸易的基础并不限于劳动生产率上的绝对差别。只要各国存在着劳动生产率上的相对差别，就会出现生产成本和产品价格的相对差别，从而使各国在不同产品上具有比较优势，使国际分工和国际贸易成为可能。根据李嘉图的比较优势贸易理论，每个国家都应集中生产并出口其具有比较优势的产品，进口其具有比较劣势的产品。这个基本思想在后来被无数经济学家引用并发展。

事实上，在李嘉图发表《政治经济及赋税原理》（1817 年）之前的 1815 年，罗伯特·托伦斯在其《关于玉米对外贸易的论文》中就已经提过比较优势的概念。"尽管在本国用于耕种的资本比国外用来耕种的资本可能得到更多的利润，但是在这种情况下，资本应该被用于制造业，并将获得更多的利润。这一利润应该决定我们的产业发展方向。"可见，托伦斯也是比较优势理论的奠基人，但古典经济学的集大成者大卫·李嘉图以严谨的思维、数学逻辑性和精确性，第一次用具体数字说明了比较优势理论，使人们知大卫·李嘉图而不知罗伯特·托伦斯。

第二节　新古典贸易理论在国际服务贸易中的应用

得益于古典贸易理论，19 世纪末 20 世纪初，以瓦尔拉斯、马歇尔为代表的新古典经济学家，放松了古典贸易理论坚持的"劳动是创造价值和造成生产成本差异的唯一要素"的假设。新古典经济学认为，产品生产不再由单一要素决定。在此背景下，新古典贸易理论逐渐形成。

一、赫克歇尔—俄林贸易模型（H-O 模型）

（一）H-O 模型核心内容

1879 年赫克歇尔出生于瑞典，1897 年在乌普萨拉大学学习历史和经济，并在 1907 年获得博士学位。毕业后，他在斯德哥尔摩大学担任经济学和统计学教授。

1919 年赫克歇尔发表了题为《国际贸易对收入分配的影响》的论文，对要素禀赋理论进行了阐述。其中的核心思想是，资源禀赋不同是国际贸易比较优势形成的基本原因。

1899年俄林出生在瑞典。1919年，他师从赫克歇尔，在其指导下获得斯德哥尔摩大学的经济学学位。并于1924年在卡塞尔的指导下获得同校博士学位。1933年，俄林出版了著名的《区域贸易与国际贸易》一书，书中对其老师赫克歇尔的思想做了清晰而全面的论证，在赫克歇尔观点的基础上，发展了自己的要素禀赋理论，所以要素禀赋理论又被称为赫克歇尔—俄林理论（Heckscher-Olin Model，简称H-O模型）。由于其贡献，俄林获得了1977年的诺贝尔经济学奖。H-O模型是一个2×2×2模型：两个国家、两种商品和两种要素。

赫克歇尔—俄林理论的核心概念为要素密集和要素充裕。要素密集是指通过对两种商品生产投入的资本—劳动比率进行比较而确定，资本—劳动比率（K/L）高的为资本密集型商品，资本—劳动比率（K/L）低的为劳动密集型产品。

赫克歇尔—俄林理论的核心假设有：

（1）两个国家、两种要素和两种商品。

（2）两种商品，一种是劳动密集型商品，另一种是资本密集型商品。

（3）两国技术相同。

（4）规模报酬不变。

（5）不完全分工。

（6）两国需求偏好相同。

（7）完全竞争。

（8）要素可以在国内但不能在国际自由流动。

（9）没有运输成本、关税和其他贸易壁垒。

（10）充分就业。

（11）贸易平衡。

以上述的这些核心概念和核心假设出发，赫克歇尔和俄林重在生产要素比例的差别而不是生产技术的差别，解释了生产成本和商品价格的不同，以此说明比较优势的产生。这种论述，突破了亚当·斯密和大卫·李嘉图理论中的局限，认定资本、土地以及其他生产要素与劳动力共同在生产过程中起重要作用；不同的商品生产需要不同的生产要素配置，而各国生产要素的储备比例和资源禀赋不同，正是由于禀赋的不同才构成国际贸易的基础。这就是著名的H-O理论。

（二）里昂惕夫之谜

美国经济学家里昂惕夫试图验证赫克歇尔—俄林模型结论的正确性，同时希望利用美国的数据带入H-O模型。在研究过程中，里昂惕夫运用投入产出法对美国1947年和1951年的外贸数据进行验证时，发现美国出口的是劳动密集型产品，进口的是资本密集型产品。赫克歇尔—俄林模型的推论与实际验证结果之间的矛盾，被称为“里昂惕夫之谜”。

从理论来说，赫克歇尔—俄林模型的假设合理，逻辑严谨，从推导层面来看，模型本身没有什么问题。当里昂惕夫提出困惑之后，引发国际贸易经济学家的广泛争论。

众多学者试图解释“里昂惕夫之谜”。

1. 需求逆转

赫克歇尔—俄林模型假设了两个国家的偏好相同。由于偏好的影响，一个国家可能极端偏好使用该国相对充裕要素生产的商品。美国具有强偏好使用资本密集型产品。从供给需求的角度出发，强需求会造成资本密集型产品的均衡价格升高，从而出口优势下降。同时，劳动密集型产品价格相对较低，利于出口。因此，美国出口劳动密集型产品，进口资本密集型产品，这与赫克歇尔—俄林模型的结论相反。

2. 生产要素密集度逆转

赫克歇尔—俄林模型假设了两种商品分别是商品密集型和资本密集型产品。要素的相对价格不会转变商品的要素密集程度。例如，按照中国的相对工资，纺织品是劳动密集型产品，那么即使在日本的相对工资下，纺织品应该仍然是劳动密集型产品。而事实上，情况可能并非如此。若日本相对于中国是资本充裕（资本便宜）而劳动相对稀缺（劳动昂贵），则在生产纺织品的过程中，日本将会使用更多的便宜资本要素替代昂贵的劳动要素来生产纺织品。这样，纺织品在日本就成了资本密集型产品。这就是生产要素密集度逆转。当然，剩下的其他国家，如果资本相对于劳工更贵，则纺织品仍然属于劳动密集型产品。

3. 贸易政策

赫克歇尔—俄林模型假设了两个国家进行自由贸易，即没有任何的贸易壁垒。这与事实不相符，二战以后，各个国家都多多少少设置了贸易壁垒，以保护本国的产业发展。美国对其劳动密集型行业设置了大量的贸易保护，限制劳动密集型产品进口，鼓励劳动密集型产品出口，这或许导致了“里昂惕夫之谜”。

4. 新要素理论

赫克歇尔—俄林模型假设了只有两种要素，劳动要素和土地要素（狭义定义）。但要素如果细分，同一要素也会出现差异。例如劳动要素，技能水平的高低在各国出现了显著区别。技能的高水平来自更多的教育和技术的投入，即人力资本的投入。因而人力资本论提出，人力资本应独立于劳动要素和资本要素，成为一种独立生产要素。如果使用工人的人力资本替代单纯的劳动力人数或小时数重新验证里昂惕夫的结果，则发现美国出口的商品的人力资本密集度比美国进口商品的人力资本密集度要高。另外，根据自然资源论，如果对每一产业部门中所用耕地地租、矿藏、森林等估计，用以衡量自然资源在比较优势中的作用时，“里昂惕夫之谜”可能不攻自破。

二、特定要素贸易模型

赫克歇尔—俄林模型，又可以称为“资源配置”模型。与该模型类似，同样坚持决定贸易模式的主要因素是资源禀赋不同的模型，还有保罗·萨缪尔森的特定要素贸易模型。

（一）特定要素贸易模型基本假设

保罗·萨缪尔森的特定要素贸易模型的基本假设如下：

(1) 只有两种产品：产品 A 和产品 B。

(2) 三种要素：劳动要素、资本要素、土地要素。其中劳动要素是普通要素，可以用于两种产品 A 和 B 的生产。资本要素和土地要素均为特定要素，只能用于特定产品的生产。例如，资本要素只用于产品 A 的生产，土地要素只用于产品 B 的生产，不能自由流动于不同行业。

(3) 三种要素均达到充分就业。

(4) 资本要素的总供给一定，土地要素的总供给一定。劳动要素的总供给等于两种产品生产过程中各自劳动要素投入的总和。劳动要素在两种产品中的分配是不确定的。

(5) 劳动的边际产量递减。

(6) 完全竞争市场。

(二) 特定要素贸易模型的结论与应用

普通要素，即流动的劳动要素在两种产品中的分配，取决于劳动力市场上需求与供给。达到均衡的条件是，均衡工资水平使本国的劳动总供给等于产品 A 生产中的劳动投入和产品 B 生产中的劳动投入之和。

1. 假设现在本国仅仅出口产品 A，不进口产品 B

对外贸易的发生，使得出口产品的价格 A 上升。上升的产品价格会使得厂商愿意支付更高的工资，更高的工资将吸引普通劳动要素自由流动到产品 A 的生产部门中（劳动要素的总供给不变）。为了阻止产品 B 中的劳动要素大量地转移到产品 A 的部门中，产品 B 的生产厂商被迫上调工资，最后达到新的均衡。达到新的均衡时，在劳动总供给不变时，产品 A 的劳动要素投入增加，产品 B 的劳动要素投入降低；产品 A 的均衡产量增加，产品 B 的均衡产量下降。产品 A 的行业工资上调，但是涨幅低于出口产品 A 的价格涨幅；产品 A 的特定要素（资本）收益率增加；产品 B 的特定要素（土地）收益率增加。

2. 假设特定要素（资本）的总量增加

由于资本要素仅仅用于产品 A 的生产过程中，资本要素的总量增加，相对地提高了产品 A 生产部门的边际劳动生产率。最终的结果就是产品 A 的生产过程中劳动投入增加，均衡的产品 A 数量增加；产品 B 的生产过程中劳动投入下降，均衡的产品 B 数量下降。资本的名义收益下降。如果特定要素（土地）的总量增加，也会有类似的结论。

3. 假设普通要素劳动的总供给增长

根据供给和需求模型可知，当劳动总供给增加，而工资保持原来的水平，只会使得劳动力市场出现供大于求的局面。此时，失业的人数，恰好等于劳动要素总供给的新增部分。过剩的劳动力使得均衡工资有下浮的压力。失业人口愿意以较低的工资进入产品 A 和产品 B 的生产部门。普通要素劳动的总供给增长，最终带来的结果是：产品 A 和产品 B 的劳动投入均增加；产品 A 和产品 B 的均衡产量均有所提升；名义均衡工资下降；普通要素劳动的收益率下降；特定要素资本和土地的收益率上升。

第三节　当代贸易理论在国际服务贸易中的应用

第二次世界大战结束以后，社会飞速发展，国际贸易也出现了很多新迹象。

迹象一：古典和新古典贸易学派认为国际贸易产生的原因在于各个国家生产产品的比较优势。这种产品生产过程中的差异性，带来的国际贸易实质上是不同商品间的贸易。然而第二次世界大战结束后，许多国家出现了同一产业部门产品既进口又出口的现象，即行业内贸易。

迹象二：以赫克歇尔—俄林模型的结论为基础，可以得出结论是贸易主要在存在一定要素禀赋差异的国家间发生，即发达国家和发展中国家间进行。但 20 世纪末大量的国际贸易是发生在发达工业国家之间的。

迹象三：传统的出口领先国在不断地变换国别。例如，最早美国是汽车的生产国和出口国，现在则大量进口日本的汽车。近年来，韩国造汽车也占据了美国汽车市场上不小的份额。

理论和实际的巨大反差，凸显了古典和新古典贸易理论的困境。国际贸易理论亟待寻找出新的突破点，解释当代国际贸易过程中出现的种种新迹象。对此，研究国际贸易的当代经济学者提出了很多新论调。其中，保罗·克鲁格曼的“规模经济贸易模型”和雷蒙德·弗农的“产品周期贸易模型”是当代贸易理论的代表。前者强调决定贸易模式的主因是“生产规模不同”，后者强调贸易模式的主因是“生产技术的不同阶段”。

一、规模经济贸易模型

保罗·克鲁格曼于 1953 年出生在一个美国中产阶级家庭。1974 年，他毕业于耶鲁大学的经济学专业。随后，他进入麻省理工学院，攻读经济学博士学位。1977 年，克鲁格曼博士毕业后，回到了耶鲁任教。

1978 年，克鲁格曼写了一篇题为《规模报酬递增、垄断竞争和国际贸易》的论文（发表于 1979 年的《国际经济学杂志》），成为第一个同时用“规模经济”和“不完全竞争”来分析国际贸易的经济学家。克鲁格曼对于国际贸易理论的巨大贡献在于：第一，解除了古典和新古典贸易理论的困境，对二战后出现的行业内贸易和发达国家间的贸易作出了相应的解释；第二，分析了国际贸易中的寡头竞争行为，为战略性贸易政策的研究奠定了基础。

（一）规模经济贸易模型基本假设

保罗·克鲁格曼的规模经济贸易模型的基本假设如下：

（1）企业具有内部规模经济。

（2）劳动是唯一投入。

（3）成本函数包含固定投入成本。

（4）市场结构为垄断竞争。

（二）规模经济贸易模型的结论

在上述的基本假设下，克鲁格曼构建了 PP-ZZ 模型：在企业利润最大化的均衡条件下，个人对产品的需求量越大，企业所能出售的产品价格就越高，因此，PP 曲线的斜率为整。而个人对产品的需求量越大，企业的生产规模越大，产品的价格就越低。因此，ZZ 曲线的斜率为负。PP 曲线和 ZZ 曲线的交点是每种产品的均衡价格和每个个人对该产品的需求量。向上倾斜的 PP 曲线和向下倾斜的 ZZ 曲线，由此可以得到均衡水平。

建立了 PP-ZZ 模型后，克鲁格曼再考虑了国际贸易对原均衡点的影响：当双方开放自由贸易时，PP 曲线没有受到影响，但是贸易使得每种产品的消费人口增加，导致 ZZ 曲线左移。因而，新均衡位置代表受相对于工资的产品价格和每个人对任意一种商品的降低的消费量。

这一模型可以得到这些重要结论：第一，垄断竞争企业可以通过国际贸易扩大市场，增加消费人口来扩大生产获得规模经济，降低平均成本和产品价格。第二，每个消费者对任意一种商品的消费量虽然下降，但通过产品多样性，同样获得了消费者福利。

克鲁格曼所提出的这种新贸易理论表明，仅仅是规模上的区别，就可能造成价格差异。这解释了发达国家间的贸易和行业内贸易存在的原因，也对古典和新古典贸易理论进行了补充。

但克鲁格曼的模型仍有缺陷：克鲁格曼垄断竞争贸易理论中没有考虑到企业的异质性，而现实中企业之间存在着很大的差异，如生产率水平。又比如，并非所有的企业都进行对外贸易，问题是哪些企业会进行对外贸易呢？而且有些企业进行贸易时，另外的企业可能会选择外商直接投资（FDI）或者外包等形式，那么每个企业会选择什么样的市场进入模式呢？这些问题都成为新新贸易理论研究的焦点。

二、产品周期贸易模型

克鲁格曼的 PP-ZZ 模型很好解释了行业间贸易和发达的工业国家间贸易。而美国经济学家雷蒙德·弗农提出了产品周期贸易模型，用以解释贸易模式的不断更迭。

弗农认为，新产品的技术周期分为新产品阶段、成熟阶段和标准化阶段。第一阶段，产品问世阶段，新颖的技术来自发达的科学认知和研发投入。新产品代表着科技知识密集型产品，只有少数发达的工业国家拥有这些资源，且具备生产新产品的比较优势。因此新产品往往首先出现在发达国家。

随后产品进入成熟阶段，技术已经逐渐随出口而转移。这个期间，为了产量的扩大，需要增持机器设备和劳动技能。产品不再是科技知识密集型，而变成了资本或技能密集型。这时拥有较多资本和人力资本程度较高的国家掌握了新产品生产的比较优势，从而取代发明国成为该产品的主要生产和出口国。

当产品进入标准化阶段时，技术已经完成了生命周期，不再重要。劳动力成本此时成为生产产品是否具有比较优势的重要因素。原来的发明国既没有了技术优势，又欠缺了劳动力成本优势，从而被迫从产品的输出国转为产品的输入国。在这个阶段，发展中国家拥有的充沛的劳动力资源，在产品生产过程中占据了极大优势。因而，最终发展中国家成为了产品的生产和出口国。

第四节　传统比较优势理论在国际服务贸易中的适用性

国际服务贸易作为一种新兴的国际贸易方式，在应用传统的贸易理论的优势概念和逻辑来阐述时，其产生的原因、福利大小和政策的选择是否能用传统贸易理论来解释，这是一个有争议的话题，进而成为学术界争相研究的热门。目前学术界存在三种观点：

一、比较优势理论不适用于国际服务贸易

由于服务贸易和货物贸易存在着巨大的差别，因此，建立在货物贸易基础上的比较优势理论在应用于服务贸易领域时，存在着诸多疑虑。

第一，对国际服务贸易的贸易壁垒较多。服务贸易的无形性导致服务贸易不能依赖关税政策进行管制。因此国际服务贸易以非关税壁垒为主，而这些非关税贸易壁垒在大多数情况下又表现为一国政府对服务业进行管制的各种措施，如对专业服务行业的资格认证和许可条件。服务业寡头垄断的市场结构在世界范围内普遍存在，因此政府必须对服务业加强管制，防止损害贸易自由化的收入。

第二，服务贸易的发展带来的要素跨国流动。在服务贸易交易的过程中，无论是过境交付，商业存在还是消费或人员移动，都要涉及生产要素的流动。而传统的比较优势理论采用静态分析方法，在构建模型时，一般都假设生产要素不能跨国流动，因此，传统比较优势理论中“生产要素不能跨国流动”的假设并不适用。

第三，服务的生产效率难以计量。传统比较优势理论侧重比较两国的生产效率。在衡量货物贸易中，货物的生产效率仅由生产方确定，与消费者的效用没有直接联系。但由于服务是生产与消费同时存在的，所以服务贸易的效率不仅仅由服务的提供者决定，而且受消费者的效用高低的影响。而消费者效用的大小难以度量，因此服务的生产效率难以确定。

第四，H-O 模型主要从要素的供给角度分析国际贸易，强调一国生产力水平和丰裕要素的供给结构，最终出口国会出口大量使用本国丰裕要素的产品。然而，当贸易服务的生产函数与主要要素投入相结合时，任何国际服务贸易都依赖于需求因素而不是生产成本，强调需求因素导致的贸易量的增加，消费者的选择，运输成本，信息成本，消费者收入和偏好，服务种类消费环境等因素都会影响服务出口的贸易条件，所以，西方经济学家认为仅从资源禀赋角度探讨服务贸易优势是不够的，而更注重服务贸易的流向，从相关的市场结构和需求特征角度来检测服务贸易性质。

由于以上种种原因，有学者认为传统贸易理论并不能恰当地解释国际服务贸易。

持有这样观点的学者有：1979 年，R. 迪克（R. Dick）和 H. 迪克（H. Dick）是最早尝试运用国际贸易原理来解释服务贸易模式的学者；1985 年，桑普森（G. Sampson）和斯内普（R. Snape）根据国际服务贸易实例来解释服务贸易模式；1988 年，美国经济学家菲克特库迪（G. Feketekuty）从服务贸易的特点出发分析服务贸易模式。

其主要观点有：1979 年，R. 迪克和 H. 迪克在一篇论文中运用“显示性比较优势法（RCA）”来验证知识密集型服务贸易的现实格局是否遵循比较优势原理。他们对 18 个经济合作与发展组织国家的资料进行了跨部门回归分析，其结果是，没有证据表明比较优势在服务贸易模式的决定中发挥了作用。尽管这一结果可以部分归因于非关税壁垒的存在，但他们仍然坚持当时流行的观点，即“如果不考虑贸易扭曲，要素禀赋在服务贸易中没有重要的影响”。

桑普森（G. Sampson）和斯内普（R. Snape）根据对国际服务贸易实例的研究认为，传统的要素禀赋理论并不适合国际服务贸易，对传统比较优势理论的适用性提出了质疑。

菲克特库迪（Feketekuty，1988）对此问题的分析是从服务贸易的特点出发的。他认为，服务贸易有诸多不同于商品贸易的特点：如服务贸易是劳动和货币的交换，而非商品与货币的交换；服务贸易中服务的生产和消费同时发生、同时结束；服务具有不可储藏性；统计方式不同，服务贸易的统计方式反映在各国国际收支平衡表中，商品贸易的统计反映在各国海关的进出口统计中；服务贸易具有无形性。以上特点使得用来分析商品贸易的比较优势理论不足以用来分析服务贸易。服务与商品具有明显的差别。

二、比较优势理论适用于国际服务贸易

另一种观点则完全相反，认为比较优势理论完全适用于服务贸易。没有必要把服务贸易与货物贸易完全分离。持有这种观点的代表人物有：1981 年，萨皮尔（A. Sapir）和卢茨（Lutz）；1986 年，拉尔（Lall）；1991 年，法尔维（Falvey）、格默尔（Gemmell）、理查德·库伯（Richard Kump）。

其主要观点有：

萨皮尔（Sapir）和卢茨（Lutz，1981）对迪克等人的观点提出挑战，通过对 35 个国家的服务贸易数据进行定量分析，在通过一系列实证研究后得出：物质资本丰裕的国家在运输服务部门具有比较优势（运输是一个物质资本密集型的部门），而人力资本丰裕的国家在保险、专利等服务部门拥有比较优势（保险、专利、咨询等服务是人力资本密集型的部门）。因此，这个实证分析得出的结论支持了比较优势理论不仅适用于货物贸易，而且适用于服务贸易领域的观点。支持这一观点学者还有豪克曼（BH. Hockman，1992）和卡森迪（G. Karsenty，1992）、高什（B. Chosh，1997）等人。

美国著名的国际经济学家理查德·库珀（R. Koope）认为，“作为一个简单的命题，比较优势说是普遍有效的，正如存在于商品生产中那样，比较优势也存在于服务贸易中”。

三、比较优势理论的修正

第三种观点介于前两种观点中间，即承认比较优势理论在解释服务贸易方面存在缺陷，但主张在利用国际贸易理论来解释服务贸易时经过一定改进后，还是适用于服务贸易的。这种观点得到了学术界大多数人的认可。

持这种观点的代表人物有：巴格瓦蒂（Bhagwati，1984）、迪尔多夫（Deardoff，1985）、伯格斯（Burgess，1990）、辛德利（Hindley）、史密斯（Smith）、塔克（K. Tucker）和森德伯格（M. Sundberg）等。

迪尔多夫（A. Deardoff）将H-O模型中的个别要素做了改变，成功地解释了比较优势理论在服务贸易中的适用性问题。1990年，伯格斯（D. Burgess）对传统的H-O-S模型进行了简单修正，将生产者服务作为一种投入要素放入商品生产的成本函数中，发现各国生产者的技术和质量差异将影响该国商品生产的比较劣势和贸易模式。他认为，服务贸易自由化和服务技术会改变出口国的贸易条件，提高出口国的整体福利水平。这个结论证明了传统国际贸易理论是可以用来解释服务贸易的。

长期以来，在国际贸易中，货物贸易占主导地位，服务贸易为辅。随着服务贸易的兴起和发展，有关服务贸易的理论也开始逐渐发展。传统贸易理论的实质在于各国利用本国比较优势，实现贸易自由化，提高本国福利水平。世界各国通过实行包括服务贸易在内的自由贸易，必然促进经济资源在各国间的合理分配，产生规模效应，达到各国经济共同发展，整体福利提高的目标。

思考题

1. 简述亚当·斯密的自由主张。
2. 简述比较优势的基本假设。
3. 简述比较优势适用论。
4. 简述比较优势不适论。
5. 简述H-O模型的基本内容。
6. 探讨克鲁格曼新贸易主义对现代服务贸易的解释能力。
7. 简述弗农对当代贸易理论的贡献。

第四章　国际服务贸易政策

由于国际服务贸易在对外经济交往中占据了越来越重要的地位，各国都十分重视本国对外服务贸易政策措施的制定，使得服务贸易政策成了各国对外经贸政策的重要组成部分。

第一节　国际服务贸易政策概述

国际服务贸易政策是各国在一定时期内对服务贸易的进出口所实施的政策，是各国对外贸易政策及其经济政策的重要组成部分，它与各个历史阶段的经济发展特征相适应。由于服务贸易的保护无法像商品贸易那样依靠关税制度，为此，各国服务贸易政策主要体现在国内立法、国内制度和政策措施方面，以及文化传统、社会风俗等方面。

一、国际服务贸易政策

随着服务贸易的拓宽和服务贸易的迅速发展，国际服务贸易政策也会随之发展，新的国际服务贸易政策也将会不断产生。

（一）贸易政策

贸易政策是指一国为了某种目的而制定的、对外贸活动进行管理的方针和原则。贸易政策通常包括的基本因素有：①政策主体。这是指政策行为者及政策的制定者和实施者。②政策客体或政策对象。即贸易政策规范、指导、调整的贸易活动和从事贸易活动的企业、机构和个人。③政策目标。贸易政策行为是有目的的行动。贸易政策的内容首先是在一定政策目标的指导下确定的，政策目标是政策内容制定的依据。④政策内容。即贸易政策所涵盖的方面和内容，实施什么政策，针对不同的对象采取什么样的相关措施。⑤政策手段或政策工具。即为实现既定的政策目标、实施政策内容所采用的对外贸易管理措施，如关税、非关税等，也包括建立某些贸易制度。

（二）国际服务贸易政策

随着国际服务贸易与服务业对外直接投资的快速增长，其对各国国民经济以及对外经济交往的影响日益显著，国际社会以及各经济体越来越重视国际服务贸易政策的选择以及制度建设。毫无疑问，国际服务贸易政策是各国在一定时期内对服务的进出口贸易所实行的政策，是各国对外经济政策的主要组成部分，它与各个历史阶段的经济发展特征相适应。

二、国际服务贸易政策目标的影响因素

国际服务贸易政策目标是一国经济和贸易发展目标的重要组成部分，由于各国经济发展的阶段不同，服务业及服务贸易的实力不同，因此，各国服务贸易政策的目标取向也不同。

（一）本国经济发展战略目标的影响

一国的经济发展战略目标是国际服务贸易政策目标取向的决定性因素。经济发展战略目标是全局的、长远的目标，任何国内的经济政策的目标，都必须服从和服务于这个根本目标。在经济发展战略目标中，经济增长目标是最重要的目标，只有国内经济增长能够满足国内需求，贸易的目标才能得到保证。因此，经济增长目标直接决定着国际服务贸易政策目标。

（二）经济结构目标的影响

经济结构目标是一项国际服务贸易政策目标的重要方面。经济结构的产业结构和贸易结构的目标，会直接影响国际服务贸易政策目标的取向。一国在产业结构和贸易结构上所做的调整，会通过国际服务贸易的政策体现。在世界产业结构向第三产业变动的情况下，国际服务贸易政策目标受到经济结构调整目标的影响越来越大。

（三）服务业和服务贸易发展目标的影响

服务业和服务贸易发展目标是国际服务贸易政策确保的目标。因此，有什么样的服务业和服务贸易发展目标，就会有什么样的国际服务贸易政策。国际服务贸易政策是一国服务业和服务贸易发展目标的体现。

（四）国际服务贸易市场状况的影响

国际服务贸易市场状况是制定国际服务贸易政策目标的主要考虑因素。国际贸易政策体现的是一国的国际利益，而国际市场尤其是国际服务市场的文化直接影响着一国国际利益的目标是否能够实现。因此，国际服务贸易市场的现状及变化趋势必然要在制定国际服务贸易政策时给予考虑。

此外，在确定国际服务贸易政策目标中的国别贸易目标时，还要考虑到国家之间的关系。

三、货物贸易政策与服务贸易政策的比较

多数情况下，各国政府对服务贸易的关注程度要比货物贸易强烈得多，并且两者之间的干预方式也有不同。

（一）货物贸易政策与服务贸易政策规范的对象不同

在对货物贸易进行干预与管理时，政府通常把贸易的货物作为规范的对象，只要不违背非歧视原则（该原则通过最惠国待遇条款、国民待遇条款和互惠待遇条款体

现），进口国可以要求进口产品达到其进口规定的标准，同时也可以征税；只要外国进口产品达到进口国规定的标准，出口国就拥有管理生产过程的权利，即便某种货物不符合进口标准，进口国也只是将产品拒于本国关境之外，而不能对他国产品的生产过程进行指责。

而对于服务贸易，由于服务本质上是一个过程或一个执行特定任务的协议，这表明对服务贸易的干预必然涉及服务的生产过程而不是针对最终产品。服务的无形性、不可储存性等特点带来了服务最终产品的不可测量及其与服务提供者不可分割的困难。所以，调整服务贸易的政策规定大多是针对服务的生产过程或服务提供者的资格要求。

（二）货物贸易政策与服务贸易政策干预的方式不同

通常情况下，货物贸易政策可以划分为关税政策和非关税政策。关税政策是调整货物贸易各项政策中最早、最基本的重要调控工具，也是多边货物贸易协定中规范的重要内容之一。而关税政策特别是从价税政策在服务贸易政策中却无一席之地，这也是因为关税政策调整的是进出口关税、具有物理形态的有形产品。而服务不具备关税政策调整所必需的“有形”基础，人们所能观测到的仅仅是服务提供者或消费者的出入境而非服务本身，同时，某项服务贸易活动的价值或流量只有在生产或消费之后才能被获知，海关与移民机关难以在服务提供者或消费者出入关境的这一阶段估测其生产或消费的服务价值。

四、国际服务贸易政策的类型

一个国家在选择开放其服务贸易的政策时可以表现为自由贸易政策与保护贸易政策两种（这个分类将在本章的第二节和第三节予以详述），以此为基础，在国际服务贸易的实践中，服务贸易的政策具体包括积极开放型政策、保守开放型政策和限制开放型政策。

（一）积极开放型政策

积极开放型政策即自由贸易政策模式。采取这种政策的国家往往在服务贸易相关行业中具有比较优势或竞争优势，并拥有服务贸易出口大国的地位，其国内市场对各种服务贸易的需求发生较早、水平较高，生产能力也较强，存在着大量的过剩生产能力，需要国际市场提供发挥这些潜在生产能力的场所。主张积极开放型政策的国家，可以利用自己在国际服务贸易方面的优势，通过主张服务贸易自由化，强制性地要求其他国家开放其国内的服务市场，从而为本国的经济利益服务。

（二）保守开放型政策

采用保守开放型政策的国家往往在相关行业中仅仅具有初步的国际竞争力，国内服务业市场供求大体平衡。一方面，国内市场是孕育其服务业的摇篮，为国内相关服务行业提供了基本的市场保障；另一方面，其生产能力正在开始立足国内、走向世界。因此，这类国家对国内市场的开放保持保守的态度，其战略模式的指导思想是，借国内市场发挥服务生产潜力，逐步扩大，最终参与国际市场的激烈竞争。

（三）限制开放型政策

限制开放型政策实际上是一种保护贸易型政策，即国家出于各种原因对国内市场进行严密的保护。由于各国已经处于全球经济一体化的大背景下，受世界贸易组织国际规范的指导或约束，作为世界贸易组织的一个成员或者国际经济社会的一个成员，断然拒绝开放其服务贸易或明确表示不开放的国家极为少见。但是，在具体的开放政策上，限制开放的潜在内涵还是存在的。这里所说的限制开放型政策是指那些出于国家经济利益的考虑所表现出来的模式和特征，它是国际贸易谈判中所采取的一种策略，其目的在于提高本国在国际谈判中的地位，把开放服务贸易作为一种谈判的筹码，并据此制定本国服务贸易的开放政策。

五、国际服务贸易政策的演变

不言而喻，国际服务贸易政策不会早于国际服务贸易，只会与之同时或稍晚一些。各国制定国际服务贸易政策的出发点是国际服务贸易对其政治和经济等诸方面的影响，以及各国对待国际服务贸易的态度。不同时期和不同国家的国际服务贸易政策往往是很不相同的。

（一）第二次世界大战以前的国际服务贸易政策

国际服务贸易在早期规模比较小、项目单一，在服务贸易收入总额中，运输服务和侨汇等相关的银行服务就占70%以上。所以，在贸易政策上，早期的服务贸易限制较少，再加上当时的世界政治经济体系主要由少数几个工业发达国家所操纵，因此，在全球范围内基本上采取的是服务贸易自由化政策。

（二）第二次世界大战以后至20世纪60年代之前的国际服务贸易政策

这段时期，西方国家为了重建经济，从国外大量引进服务人员，欢迎技术转让和金融服务入境，并为之创造了良好的政策环境，于是，服务贸易进入了有组织的、商业利益导向的发展阶段。这一阶段，美国作为世界经济的“霸主”，通过“马歇尔计划”和“道奇计划”，分别对西欧和日本进行“援助”，伴随着货物输出，大量的资金和技术等服务也输往境外，并取得了巨额的服务收入。该阶段也正是资本主义国家工业化过程的重要时期，为促进工业化的发展，这些国家对服务的进口几乎都采取了非常积极的态度，发达国家总体上服务贸易壁垒较少，但发展中国家由于意识形态上的对立以及对国内经济的保护，对服务贸易表现得并不积极，相反却设置了重重障碍，限制境外服务的输入。

（三）20世纪60年代以后至20世纪90年代中期之前的国际服务贸易政策

在第三次科技革命的推动下，涌现出许多新的服务贸易内容，如电信、计算机软件，甚至信息高速公路、多媒体技术、知识产权类服务及其他与现代生活相关的服务，上述新服务贸易内容中，有些则是在20世纪80年代末90年代初才兴起的。在这个阶段，世界经济迅速发展，国际服务贸易外汇收入所占比重不断增长，各国普遍意识到服务贸易外汇收入是一项不可忽视的外汇来源。同时，基于国家安全、领土完整、民族文化与信仰、社会稳定等政治、文化及军事目标，各国均对服务的输出与输入制定了各种政策，采取了各种措施，其中不乏鼓励性质的，但更多的是限制性的，再加上传统的限制性经营惯例，从而极大地制约了国际服务贸易的发展。

这个时期整个世界的服务贸易政策呈现出保护贸易政策的倾向，但是由于受到世界多极化趋势的影响，该时期的服务贸易政策也呈现出兼顾贸易伙伴利益、维护协调发展的管理贸易倾向。

（四）20 世纪 90 年代中期以来的国际服务贸易政策

经过“乌拉圭回合”的艰苦谈判，《服务贸易总协定》（GATS）终于达成，并于 1995 年正式运行。GATS 的签署和实施是国际多边贸易体制推动服务贸易自由化的一个重大突破，它为参与服务贸易的国家和地区提供了服务贸易国际管理和监督的约束机制，为服务贸易的发展创造了一个稳定的、具有预见性的、自由贸易的法律框架，服务贸易逐步自由化的原则渐渐为世界各国所接受，国际服务贸易自由化进入到了一个新的阶段。而且，在《服务贸易总协定》生效之后，WTO 仍然不遗余力地推进有关服务贸易方面的后续谈判进程，尽管阻力重重，但也取得了一些阶段性的成果，使国际服务贸易自由化的进一步前行有了更为坚实的基础。

通过描述国际服务贸易政策的演变，我们可以得出两点结论：

（一）服务贸易自由化比商品贸易自由化更加困难

由于服务贸易项目繁杂、方式多样，各国的经济发展水平和具体情况不一样，且各国国际服务贸易管理手段十分复杂，规范它的政策和法规也就层出不穷。如果说服务贸易自由化更多地体现于一些鼓励性的措施与法规的话，那么服务贸易的保护则一般依靠一国政府的各种法规和行政管理措施等非关税壁垒来实施，很难对其加以数量化的分析。由于在壁垒和“合法”保护之间存在着许多灰色区域，所以服务贸易自由化目标的实现比商品贸易要困难得多，其中存在着较多的不确定性和主观随意性。

（二）发达国家与发展中国家存在着利益博弈

一般来说，发达国家的国内服务业的竞争力较强，其主张服务贸易自由化，要求发展中国家开放服务市场，以便其具有优势的服务业进入到发展中国家；服务业比较落后或某些服务部门不具备优势的发展中国家，一般对发达国家的服务业进入本国服务市场设立各种法规和行政管理措施等限制性规定，但发展中国家在两难博弈过程中，有时为引进外资和先进的服务，会以税收减免等优惠政策鼓励外国服务业进入本国市场。同时为促进本国经济的发展，它们往往也开放本国的部分服务产品市场。通常情况下，各国在成熟产业或经济实力强的部门和经济状况良好的时期推行自由贸易政策，而在幼稚产业、衰落产业或经济实力弱的产业部门和经济窘迫的状况下实施保护贸易政策。

第二节 国际服务贸易自由化政策

倡导服务贸易自由化反映出来的一个显著特点便是各国充分主张开放本国具有优势的服务领域。各国普遍最为关注的是其服务贸易中增长最快的领域即生产者服务贸易的自由化，这种关注不仅反映在“乌拉圭回合”多边服务贸易谈判之中，也体现在理论研究的重点之中。

一、国际服务贸易自由化的内涵和衡量

与国际货物贸易相比，各国服务贸易采取的政策措施所涉及的方面更为广泛，也更为错综复杂，同时各国由于相互利益的不同，对服务贸易自由化的内涵、适用原则和期待在理解上就存在着较大的分歧。

（一）国际服务贸易自由化的内涵

对于服务贸易自由化，由于逻辑思维方式的不同，国外学者虽然从不同角度对服务贸易自由化问题进行了大量的探讨，但是关于服务贸易自由化的概念却未作任何正式定义与说明，国内学者对服务贸易自由化定义的理解也各有侧重。

比如，谢康教授指出，“贸易自由化是指排除阻碍新的合格生产者进入市场的壁垒，刺激那些有能力提供优质服务的厂商扩大生产，同时迫使那些能力有限的厂商退出市场，因而贸易自由化是提高经济效益的途径之一”；比如，罗余才教授认为，“在许多关于贸易政策的文献中，‘自由化’概念的含义不尽相同，一般来说，‘自由化’都被理解为向‘外向型’的转变”。又如，张汉林教授将服务贸易自由化界定为：“一国政府在对外贸易中，通过立法和国际协议，对服务和服务有关的人、资本、货物、信息在国家间的流动，逐渐减少政府的行政干预，放松对外贸易管制的过程”；“是以生产社会化程度的提高及社会分工的深入和扩大为前提，以实现资源合理、优化配置和获得最佳经济效益为目的，以政府对贸易的干预弱化为标志的发展过程”。又如，范小新教授将服务贸易自由化定义为：“为实现自由服务贸易的目标，提高经济效益、优化资源配置和经济福利的经济目标，以及实现国家利益最大化的总体目标，各国（含国家集团）通过各种途径在本国并促使其他国家采取减少直至最终消除妨碍服务贸易自由、公平市场竞争的法律和规定，建立并维护服务贸易自由、公平的市场竞争规则的充满矛盾和冲突的曲折过程”。

虽然不同学者对服务贸易自由化的理解不尽相同，但服务贸易自由化可以从三个方面进行广义的解释，即一国的服务贸易倾向中性、自由和开放。“中性”是指在服务业的进口部门和出口部门中采取不偏不倚的均衡优惠政策；“自由”是指政府对服务贸易的干预有所减少；“开放”是指服务贸易在整个经济中的地位提高，即在 GDP 中所占比例的提高。

(二) 国际服务贸易自由化的衡量

从以上内涵可以看出，服务贸易自由化可以从以下三个方面来进行衡量：①将是否提高或改善效率（或一般地说是经济福利）作为衡量贸易自由化的尺度；②将服务贸易是否更容易开展、服务贸易壁垒是否消减作为外部标志；③服务贸易自由化是一个过程，需要体现服务贸易政策渐进的动态发展过程。

二、国际服务贸易自由化的发展历程

国际服务贸易自由化的发展主要经历了以下几个阶段：

(一) 20 世纪 30 年代至第二次世界大战之间

从 20 世纪 30 年代开始，服务业在各国经济发展中的地位越来越重要，服务在就业和国内生产总值中的比重也一直在不断提高。为发展本国服务业和服务贸易，规范国际服务贸易，世界各国签订了一系列的多边国际公约和协定，这些协定中的大部分属于国际服务贸易的技术性规范，而且主要集中在国际运输部门以及国际运输相关的领域，如 1923 年签订的《国际海港制度公约》，1929 年在华沙签订的《统一国际航空运输某些规则的公约》，1944 年在芝加哥订立的《国际民用航空协定》《国际航空运输协定》和《国际航班国境协定》等，这些公约和协定为国际贸易的自由化发展奠定了基础。

(二) 第二次世界大战后至 20 世纪 90 年代中期

第二次世界大战后，世界经济贸易中区域一体化和贸易集团化的趋势加强，各经济集团开始努力消除服务贸易中非关税壁垒，推进服务贸易自由化的发展。1948 年签订了《国际海事组织公约》；1950 年 9 月，欧洲经济合作组织成员国缔结了一个多边结算协议——《欧洲支付协定》，同时接受了成员国提出的《无形贸易自由化法案》；1951 年，订立了《国际公路货物运输合同公约》；1957 年达成了《关于建立欧洲经济共同体条约》；1959 年，《无形贸易自由化法案》又得到了进一步完善；1970 年，订立了《铁路货物运输国际公约》；1973 年，订立了《关于建立加勒比海共同市场条约》；1975 年，订立了《关于建立西非国家经济共同体条约》；1978 年，订立了《联合国海上货物运输公约》；1979 年，订立了《商标注册用商品和服务国际分类尼斯协定》；1982 年，订立了《国际电信公约》；1992 年，订立了《北美自由贸易协定》等，这使得各区域在服务贸易自由化和服务贸易一体化方面实现了突破性的进展。

这个时期，需要特别讨论的是美国。全球服务贸易自由化最初是由美国积极倡导的。1979—1982 年资本主义经济危机后，美国经济恢复与增长缓慢，虽然美国国际货物贸易赤字逐年加大，但服务贸易却是连年顺差。尽管美国于 1985 年从世界上最大的债权国变为债务国，但美国仍然希望打开其他国家的服务贸易市场，通过大量的服务贸易顺差来弥补货物贸易逆差，发挥自身优势从而来推动其经济增长，而各国对服务贸易不同程度的限制，则成为美国利益最大化的障碍，所以，美国积极倡导实行全球服务贸易的自由化，也因此在关税与贸易总协定 1973—1979 年的东京回合谈判中，美国就开始推动把服务贸易纳入多边贸易谈判的范畴。1986年开始的关税与贸易总协定"乌拉圭回合"谈判中，开始将服务贸易作为三项新议题之一（另两项新议题分别为：与贸易有关的知识产权保护；与贸易有关的投资措施）列入"乌拉圭回合"多边贸易谈判议程，拉开了服务贸易首次谈判的序幕。

(三）20世纪90年代中后期至今

1994年，关贸总协定"乌拉圭回合"谈判达成了《服务贸易总协定》（GATS），并于1995年正式生效。GATS的签署和实施是国际多边贸易体制服务贸易自由化的一个里程碑，它为参与服务贸易的国家提供了服务贸易国际管理和监督的约束机制，为服务贸易的发展创造了一个稳定的、具有预见性的、自由贸易的法律框架，服务贸易逐步自由化的原则为世界各国所接受，国际服务贸易获得了一个崭新的发展空间。此后，区域自由贸易安排的兴起，使服务贸易自由化程度超过了GATS，并进一步降低了区域服务贸易的壁垒。

从上面的发展历程可以看出，国际服务贸易自由化的发展并不是一帆风顺的，也受到许多的限制和阻碍，并且关于服务贸易开放的得失问题难以统一具体到不同的行业，关于行业是否开放以及如何开放的争论也十分激烈，但国际服务贸易自由化的发展仍然是当代世界服务经济发展的重要特征，也是世界经济一体化和市场化在国际贸易领域的反映。理论界对服务贸易发展的自由化趋势都深信不疑。

三、国际服务贸易自由化的理论基础

尽管国际货物贸易与国际服务贸易有很大的区别，但是国际货物贸易的理论也同样适用于国际服务贸易。以亚当·斯密和大卫·李嘉图为代表的古典经济学家主张国际贸易自由化。主张国际服务贸易自由化的人们认为，那些在服务业方面拥有比较优势的国家应扩大其经济及出口中服务所占的比重，其他国家则应开放本国的服务市场，而发展其他部门的产品生产与出口；或当各国在不同的服务行业拥有比较优势时，各自集中提供自己所擅长的服务与别国的其他服务相交换，进行服务业的内部贸易。这样必然会提高世界整体的资源配置效率，从而使有关各方均能受益。

国际服务贸易占世界贸易总额的比重越来越大，服务贸易的自由化将极大地促进国际贸易的发展，使其在世界经济中占有更高的地位。此外，诸如投资服务、人员流动、技术服务等所谓的要素服务已属于生产要素的国际流动的范围，它对世界生产与贸易格局变化的影响要远比国际货物贸易深远，标志着国际经济联系的不断加强及生产和分工国际化的进一步深化。国际服务贸易的发展对国际经济关系的影响实际上比其表面数字所体现的意义重大得多。

国际服务贸易自由化对促进国际货物贸易的开展也具有十分重要的意义。有许多服务如国际运输、维修服务、广告、营销服务等都是与国际货物贸易密切关联的，另外有些服务如交通运输、保险、金融、技术、电力等则属于商品生产中不可缺少的投入。国际服务贸易的发展会提高这些部门的效率，降低其成本，从而促进国际货物贸易的进一步发展。

关于国际服务贸易的自由化，国际上基本上持有两种态度：一种是向所有的外国服务及服务提供者开放本国服务市场，称为“无条件的服务贸易自由化”；另一种是根据每个国家给予本国服务及服务提供者的待遇来决定本国给予对方国家服务和服务提供者的待遇的服务贸易自由化，即所谓的“对等原则”。若某个国家对本国的服务和服务提供者采取自由开放的态度，则本国也对他国的服务和服务提供者开放服务市场。反之，若某个国家对本国的服务和服务提供者实行限制政策，则本国也限制他国服务和服务提供者的进入。很明显，“对等原则”实际上是对无条件的最惠国待遇原则的退步。但许多国家（特别是发达国家）无条件的自由化原则已逐渐被“对等原则”代替。

四、国际服务贸易自由化的影响

这里是从国家整体角度探讨国际服务贸易自由化的宏观影响。不论对发达国家还是对发展中国家，服务贸易都是一把“双刃剑”，它既可能因为能够提高国家竞争力而又维护国家安全，也可能危及国家安全和主权。一般情况下，一个国家实施服务贸易的自由化要考虑两个方面的影响：一个是对国际竞争力的影响，另一个是对国家安全的影响。

（一）国际服务贸易自由化对国家竞争力的影响

这里的国家竞争力指国家的经济竞争力，尤其是指国民经济中服务业的竞争力，一国竞争力强，其经济竞争力也会很强，同样其国民经济中服务行业的竞争力也不会很弱。

服务贸易自由化推动服务部门专业化的发展，而服务部门专业化一方面产生规模经济效应，另一方面导致服务部门技术标准化和服务综合化。这些均构成一国服务部门竞争力的基础。政府在权衡国家安全利益和服务贸易利益时将随时间而波动，有时可能更多地强调国家安全利益，有时则更多地考虑维护或提高竞争力。比如，军用信息技术往往领先于民用信息技术，一旦前者转化为后者，将会极大地推动工业、服务业，特别是服务贸易的发展，但当国家安全的要求特别强烈时不仅限制军民两用信息技术出口，而且还限制这种转化，最终可能损害国家经济竞争力。

上面的分析是建立在服务贸易自由化可以提高竞争力的假设基础之上的，这种假设先后被迈克尔·波特等经济学家从不同角度给予理论分析和数据论证。获得低成本优势和寻求产品差异性是服务贸易自由化提高厂商乃至国家经济竞争力的基础。在此基础上，服务贸易给予厂商或国家竞争优势的基本要素可分解为六个：①服务技术（高技术）要素；②服务资源要素；③服务管理要素；④服务市场要素；⑤服务资本（投资）要素；⑥服务产品要素。波特将上述六个要素与其提出的国家竞争优势组合理论结合起来，认为生产需求条件、相关支持产业、企业战略、结构和同业竞争、机会和政府构成一国竞争力的基本因素。

（二）国际服务贸易自由化对国家安全的影响

在服务贸易自由化的进程中，一个最为敏感的问题就是国家安全问题。国家安全涉及五种基本的国家利益，即政治利益、经济利益、军事利益、外交利益和文化利益。

国际服务贸易自由化比国际货物贸易自由化更多地涉及国家安全问题。下面就从国际服务贸易自由化对发达国家安全和对发展中国家安全的影响进行分析。

1. 国际服务贸易自由化对发达国家安全的影响

对于发达国家，国际服务贸易自由化主要从以下几个方面影响着国家安全：

（1）可能削弱、动摇或威胁国家现有的技术领先优势，提高竞争对手的国家竞争实力。

（2）可能潜在地威胁国家的战略利益，特别是潜在地威胁国家的长远军事利益。因为，服务优势有助于国家在未来的信息战中取得军事上的比较优势或绝对优势。

（3）可能造成高科技的扩散而给国家安全造成潜在的威胁。因为服务贸易中包含大量的高技术要素或信息，一旦这些要素或信息扩散到其他国家或被恐怖组织掌握，则可能危及国家安全或民族利益。

（4）可能危及本国所在的国际政治与经济联盟的长远利益。

基于这些理由，发达国家或技术领先国家认为有必要长期保持其在国际市场中的技术领先地位，以此获得最大的国家政治、经济和外交利益，并期望通过限制先进技术等服务的出口，以长期保持其对技术落后国家的信息优势。于是，发达国家就出台了各种限制先进技术服务出口的政策措施。

2. 国际服务贸易自由化对发展中国家安全的影响

对于广大发展中国家，尽管他们迫切需要进口包含大量先进技术信息的现代服务，但又不能不考虑进口服务带来的各种困难以及危及国家安全的负面影响。印度学者 V. 潘查姆斯基将服务贸易自由化对发展中国家的影响概括为以下九个方面：

（1）使发展中国家丧失其对经济政策的自主选择权。发展中国家目前许多通行的管制是为了加强对国内服务部门的控制、发展服务业以使出口多样化。

（2）将进一步加深发展中国家对发达国家的经济依赖，使其几乎丧失执行符合本国利益的国内政策的空间。

（3）使发达国家金融机构凭借其在金融服务和国际货币发行领域的优势，削弱发展中国家政府在金融货币管理领域发挥的积极管理作用。

（4）由于发展中国家与发达国家在货物与服务生产率的差距日益扩大，服务贸易自由化将使发展中国家在服务贸易领域依赖发达国家，并最终使发展中国家服务业的国际化程度变弱。

（5）发展中国家一旦放弃服务贸易的控制权，他们的新兴服务业如银行、保险、航运、电信和航空等将直接暴露于发达国家厂商的激烈竞争中。

（6）使作为最大服务进口者的发展中国家短期内可能以两种方式影响其国际收支：①可能导致在国内市场上国内服务供应商被国外服务供应商所取代。②可能形成以进口服务替代国内服务使进口需求增加。

（7）可能从多方面影响国内就业。有研究表明，低收入国家服务部门使用的劳动力超过发达国家服务部门使用的劳动力的两倍，服务贸易自由化对发展中国家就业的影响显然要大大超过发达国家。

（8）信息服务跨国流动不但导致一种依赖，而且可能损害国家主权。信息服务贸易自由化的严重影响有两点：①信息服务业（包括信息传输网、网络终端、计算机服务和信息基础设施等）高度集中于发达国家，由于电信成本下降，许多发展中国家的公司将会发现，通过海外信息服务业有其自身的设计、计算和加工数据库将更为经济且方便，这种信息的大量外流造成国家信息资源严重损失。②信息服务贸易依赖性使发展中国家更容易受到发达国家的压制，因为那些对于发展中国家经济发展意义重大的核心信息资料，可能由于政治、经济或其他原因而受到他国政府的控制。

（9）服务贸易自由化可能会损害发展中国家的国家利益和消费者利益。

然而，需要指出的是，以国家安全或其他理由对本国服务贸易进行出口控制或进口限制的保护政策，都将面临一定的保护成本。所以，无论是发达国家还是发展中国家，都要面临在国家利益、国家安全利益与服务贸易利益三者之间进行权衡取舍的问题。

总之，服务贸易自由化既对国家竞争力的提高发挥着越来越强烈和越来越广泛的影响，又与一些敏感性问题如国家安全特别是经济安全和文化安全密切相关。正因为如此，目前还没有一个国家愿意完全开放本国服务市场，也没有一个国家倾向于执行严格的服务进口替代政策。

五、国际服务贸易自由化的政策取向

当今世界，不同类型的国家对国际服务贸易自由化的政策取向可分为以下两种：

（一）发达国家国际服务贸易自由化的政策取向

发达国家对发展中国家开放本国服务市场的条件是以服务换商品，即发展中国家以开放本国服务市场为交换条件要求发达国家开放其商品市场，而对于同等发达国家或地区，则需要相互开放本国服务市场，这就是所谓的“服务贸易补偿论”。发达国家自由化服务贸易政策主要体现在：①以开放本国商品市场为条件要求发展中国家开放本国服务市场。②对丁同等发达程度的国家或地区，则需要相互开放本国市场。③以维护国家安全和竞争优势为理由，对其服务出口采取管制措施。

此外，发达国家还以维护国家安全和竞争优势为借口，强调有必要对本国服务出口采取管制政策。需要指出的是，发达国家强迫其他国家开放服务市场，以及限制本国涉及敏感性问题的服务出口，都是以他们自身的利益为出发点。对此发展中国家应采取相应的对策。

（二）发展中国家国际服务贸易自由化的政策取向

很明显，不能简单地就国际服务贸易自由化是否符合发展中国家的利益得出结论。然而，在服务贸易自由化的大趋势下，发展中国家能否从中获利，在很大程度上取决于自身的政策取向。

1. 发展中国家实施服务贸易自由化政策应考虑的因素

（1）提高生产性服务的竞争力

发展中国家的服务业立足点应当放在促进整个经济发展上，现代服务贸易的核心是以信息技术服务为主体的生产性服务，信息化服务国际竞争力的提高则是与整个社会生产力发展水平相联系的。即使是在发展中国家，服务贸易较强的国家也往往是货物贸易中较强的国家。因此，发展中国家不能把服务业和物质生产割裂开来，应当特别重视生产性服务的发展，把服务业的发展与物质生产发展有机地结合起来，相互促进，相互支持，让服务业在经济发展中发挥积极作用。这样一方面生产性服务的发展有助于提高商品出口的竞争力；另一方面生产性服务自身竞争力的提高又可以改善服务出口结构，减少对外国服务的依赖。

（2）增强本国劳动力的素质

在知识经济时代，比较劳动力的优势不仅要看其价格，更要看其素质。发展中国家劳动力虽然成本低，但文化技术素质相对较低，多从事劳动密集型即低附加值服务；发达国家劳动力虽然成本较高，但从事的是高附加值的知识技术密集型服务，创造的价值高，所以发展中国家必须努力提高劳动力的素质。虽然首先发展劳动密集型服务是一般发展中国家进入国际服务市场的必经之路，但必须明确，发展劳动密集型服务不是目的而是手段，是为将来提高服务的技术层次积累资金创造条件。

（3）提升服务的技术层次与水平

发展中国家应该在开放的基础上提高服务的技术层次，充分发挥服务贸易作为技术转让的作用。在服务竞争自由化过程中，对发展中国家的经济安全和国家主权冲击最大的是通信、金融、计算机服务等高技术信息化领域。而发展中国家又最需要引进这类服务，培育自己的高技术服务业。发展中国家在建立高技术服务业的初期，采用吸引外国直接投资的方式引进高技术服务较为有利。而采用贸易形式引进高技术服务只能得到结果，不能引进生产过程，反而容易造成对进口的依赖，不利于发展中国家的高技术服务业从无到有的发展。当然，引进高技术服务业的直接投资又会涉及一系列有关国家主权和安全方面的问题，这就要求发展中国家采取适当的政策措施，趋利避害。

（4）获取国际服务贸易自由化谈判的主动权

在服务贸易自由化的国际谈判中，发展中国家处于被动地位。发展中国家应当在坚持差别待遇的原则基础上对现有的服务贸易壁垒做出自己的分析，提出积极的建议。发展中国家在服务贸易自由化国际谈判中的主要目标应该有两个：一个是维护对本国服务业进行适度保护的权利；另一个是为提供本国服务业走向世界争取有利的条件。

2. 发展中国家开放服务市场的步骤

（1）逐步放松对国内服务市场的管制

对于大多数发展中国家来说，放松对本国服务市场的管制是服务贸易自由化的首要步骤。在该阶段，发展中国家面临的主要问题是，如何在放松管制与允许外国服务企业进入之间做出选择。对于发展中国家来说，服务贸易自由化应是一个渐进的过程，不可操之过急，那些推进本国服务市场特别是金融服务市场自由化过快的国家势必要接受开放过度所带来的重大金融挑战。

（2）逐步开放本国商品贸易市场，降低商品关税水平

开放本国商品贸易市场是开放服务市场的充要条件。其原因是，如果本国商品贸易被关税扭曲，允许本国服务贸易自由化将比在闭关自守情形下的损失更大，而且小

国的损失比大国更大。以信息服务贸易为例，现代信息服务贸易自由化就应与现代信息产品贸易自由化相适应。发达国家已大幅削减其在信息产品上的关税水平，部分新兴工业化国家和地区也对信息产品贸易采取了低关税政策，为这些国家和地区推行信息服务贸易自由化做好了准备。然而，大多数发展中国家在信息产品上的关税水平依然很高，如果要求这些发展中国家也像发达国家或部分新兴工业化国家和地区那样开放本国信息服务市场，其结果对发展中国家来说将是灾难性的，至少本国因此而获得的福利收益不会比不这样做更好。这都表明，发展中国家甚至多数新兴工业化国家和地区在服务贸易自由化方面还要走很长的路。

（3）逐步开放服务产品市场，减少服务产品领域非关税壁垒

理论研究表明，一国开放服务产品市场与开放服务要素市场的不同顺序将会给国家带来不同的福利影响，同时，不同顺序的政策选择带来的收益又会因不同的环境限制而有所不同。在服务贸易领域，由于服务对于国家安全的重要性，将之放在商品市场的开放之后是合适和稳健的政策选择。发达国家也没有完全对外国服务提供者开放。

（4）逐步开放服务要素市场，减少贸易壁垒

服务要素主要包括技术、资本和管理等。一旦发展中国家开放本国服务要素市场，就离实现服务贸易自由化的目标不远了，开放服务要素市场意味着国内服务竞争力的增强。即使发达国家也没有完全开放本国服务要素市场，限制劳动力跨国提供服务的措施依然大量存在，在欧盟成员国中尤其如此。逐步减少或拆除服务产品即服务载体贸易上的各种壁垒，是发展中国家服务贸易自由化进程中的一项重要内容。

（5）服务贸易自由化需要逐步推进

发展中国家的服务贸易自由化进程需要逐步推进，才能享有较大的政策操作空间。只要所采取的政策措施得当，发展中国家在服务贸易自由化中获得的收益就有可能超过损失。

总之，发达国家采取提高竞争力的放松出口管制政策，发展中国家采取放宽进口限制的渐进式的自由化政策，构成国际服务贸易自由化进程的第一步。出于国家安全和竞争力的考虑，服务贸易既不可能出现古典式的纯粹自由贸易，也不可能出现如传统的工业进口替代那样的保护贸易，有管理的服务自由贸易最有可能成为各国发展的预定目标，但这些也需要经历一个漫长的过程。

第三节 国际服务贸易保护政策

虽然服务贸易自由化能够给贸易参加国带来种种好处，然而在现实经济中，服务的国际贸易与商品的国际贸易相比存在着更多的障碍，服务业也因此成为各国国内受保护程度最高的行业。与货物贸易有所不同的是，由于服务产品的非储存性、产销不可分离性及部门的敏感性等特点，服务贸易领域中保护贸易政策实施的范围更为广泛、影响更为深远、形式更为隐蔽、手段也更为多样化。

一、实施国际服务贸易保护的原因

各国之所以采取服务贸易保护措施，主要是出于以下几个方面的原因：

（一）减轻国内就业压力

服务业是吸纳就业人数最多的产业，所以，增加本国国民的就业机会、充分保护国内劳动力市场，对于维护一国经济和政局的稳定具有直接的影响。如果一国开放国内劳动力市场，会吸引境外移民的涌入，尤其是发展中国家的廉价劳动力必定会给工业化国家某些产业部门的就业工人造成巨大的压力，从而减少本国国民的就业机会。

（二）保护国内幼稚服务业的建立和发展

发展中国家的银行、保险业以及发达国家的新兴服务行业属于保护倾向较高的行业。发达国家和发展中国家都有着相应的担心，其中，发达国家担心来自集团内部的竞争会导致本国优势的丧失；发展中国家在认识到服务贸易对于促进其经济发展重要性的同时，主要担心开放服务市场后，来自发达国家的冲击会阻碍民族服务业的发展，更加弱化国民经济中的薄弱环节，造成对外国服务的依赖以及本国服务的更加落后。

（三）维护本国消费者利益

为防止外国企业在本国市场上垄断价格，对本国消费者给予不公平待遇，可以对外国企业在本国的活动实施各种强制性的检查和监督措施。

（四）维持国际收支平衡

一国的国际收支平衡反映着其对外贸易经济关系的利益和稳定，加强对金融市场的国家干预可以维护国内的金融秩序。所以，各国在制定服务贸易开放政策时，都会对此给予充分的重视。

（五）保护本国民族文化和社会利益

对于关乎一个国家民族文化和社会利益的服务行业，例如卫星电视、电影和广告业等，该国会不同程度地实施严格的管制。

（六）维护国家主权和国家安全

对于关系到国计民生的重要服务行业，如邮电、通信等，一般都禁止或限制外国企业参与竞争。这是出于对整个国家对外关系战略的考虑。

由于存在较大的利益分歧，发达国家与发达国家之间、发达国家与发展中国家之间对服务贸易的开放领域争论很大，矛盾也很尖锐，目前只能依靠双边或多边贸易谈判来达成妥协。国际服务贸易与国际货物贸易干预的方式也不同，货物贸易壁垒同时使用关税与非关税壁垒，而关税壁垒不适用于服务贸易，只能以国内立法或政策为主的非关税壁垒形式实施。

二、国际服务贸易壁垒

（一）国际服务贸易壁垒的内涵和目的

1. 国际服务贸易壁垒的内涵

国际服务贸易壁垒一般是指一国政府对外国服务生产者或提供者的服务提供或出售所设置的有障碍作用的政策措施，即凡直接或间接地使外国服务生产者或提供者增加生产成本或销售成本的政策措施，都有可能被外国服务厂商视为国际服务贸易壁垒。国际服务贸易壁垒也包括出口限制。

在该定义中，国际服务贸易壁垒仅仅对国外的服务生产者增加负担，并且“壁垒”一词是指贸易政策中贸易保护主义措施的体现。服务贸易壁垒可以采取如同商品贸易中的数量限制的形式控制外国公司提供的服务，甚至禁止外国公司提供某些领域的服务。服务贸易壁垒也可以是限制外国公司的经营业务范围，要求服务提供的数量及质量。同样，政府对信息、资本、人员以及携带信息的商品移动所实施的限制措施也是一种服务贸易壁垒，因为它为国外服务生产者设置了一种障碍，并达到了限制服务贸易的目的。

需要注意的是，并不是一切限制服务进口的措施都是服务贸易壁垒。虽然它对国内和国外的服务生产者实施不同的规章制度来区别管理，但是，实施这种有区别的规章制度来进行管理的目的不是歧视国外的服务，而是为了达到国内的政治经济目标。相反，在某些情况下，对外国和本国厂商采取相同的法规，但对外国厂商却具有高度的歧视性，这种措施也应被视为服务壁垒。另外，还要注意的是投资壁垒通常在一定程度上也是服务贸易壁垒，因为投资和服务是密不可分的，投资壁垒自然而然地将对服务贸易产生限制作用。

2. 国际服务贸易壁垒的目的

设置国际服务贸易壁垒的目的通常有两个：一是扶植本国服务部门，增强其竞争力；二是抵御外国服务的进入，削弱外国服务的竞争力，保护本国服务市场。

（二）国际服务贸易壁垒政策措施的实施

涉及国际服务贸易壁垒政策措施的实施通常有两种情况：一种是为了直接限制国外企业进入国内服务领域而颁布的政策与法规，如限制外国银行在国内的业务范围；另一种是为了国内其他政治、经济目标而颁布的政策与法规，这些政策与法规在实施过程中，间接地限制了国际服务贸易，如一国严格的出入境管理规定。任何政策与法规都有两面性，对扶持和发展本国服务业有效的政策，却可能对国民经济其他行业的发展造成伤害，如对国外金融机构介入的限制，将使本国外资利用和国际经济合作发展方面受到影响。一些为协调国内政治和经济目标的政策措施，有时却对本国服务业发展带来不良的影响，如严格的出入境管理规定可能影响国际旅游业的发展。

（三）国际服务贸易壁垒的特点

1. 涉及国际服务贸易壁垒的政策以国内政策为主

由于服务贸易要涉及人员过境，并在一国境内发生，因此，服务贸易的政策也以国内政策为主，有较多关于“人”（包括自然人与法人）的资格与活动的限制规定，其中包括有关接受外国直接投资的政策、移民政策以及国家电信服务方面的管理法规等。

2. 国际服务贸易壁垒涉及面广泛，协调难度大

服务贸易包括 150 多个具体的服务行业，涉及第三产业的各个层次。并且，对于服务贸易中的每一个具体项目，都可能存在各国的发展水平不一、所实行的制度规则不同、对外国进入的开放程度与限制措施各异的情况，又由于存在着政策透明度要求，有可能违反各国的主权与安全原则，以及各国国内规章制度缺乏可比性，所以致使协调统一各国服务贸易政策制度的难度大。

3. 国际服务贸易壁垒的隐蔽性强

由于服务贸易的标的——服务比较复杂，各国对本国服务业的保护无法采取关税壁垒的方式，因此只能采取在市场准入方面予以限制或在进入市场后不给予国民待遇等非关税壁垒方式。非关税壁垒相对关税壁垒来说具有较大的不透明性，这使得国际服务贸易壁垒也具有很强的隐蔽性，从而使得很难在带有歧视性的贸易壁垒与对服务业的政策管理措施之间做出明确认定。

4. 国际服务贸易壁垒的保护性强

由于各国（尤其是发展中国家和发达国家之间）服务业的发展程度存在较大的差别，同时，服务业涉及一国的国家经济安全和政治利益，所以各国设置的服务贸易壁垒的保护性普遍较强。在高强度的保护措施下，外国服务提供者或许不能进入本国市场，或许虽然能够进入本国市场，但是仍在国内立法方面设置重重壁垒，以提高服务生产者提供服务的成本，削弱其竞争力，直至其自动退出本国市场。

5. 国际服务贸易壁垒的灵活性强

由于服务贸易壁垒具有很强的隐蔽性，其可以表现为一国的法律性措施，也可以表现为一国的政策性措施或行政性措施，或表现为一国的消极怠慢行为。这些措施既可以针对外国服务对本国的市场准入，也可以针对外国服务进入本国市场后应采取的经营管理形式和方法，因此选择性很广。一国可根据自己的需要，灵活选择使用适当的壁垒形式。比如，对于外国的信息服务，一国既可以不允许其进入本国市场，也可以在其进入本国市场后，要求其必须接受本国对其信息服务内容的审查，并必须使用本国的传输服务等。

6. 国际服务贸易壁垒的互动性强

在国际服务贸易所涉及的服务各要素中，只要对其中的一种要素设置障碍，就可能会影响其他要素的流动，进而影响到整个服务贸易。比如，由于服务投资要靠人来管理和经营，所以，如果只允许资本流动，但不允许有关经营管理人员进入东道国，就会使整个投资所追求的效果无法实现；相反的情况是，如果只允许自然人流动，而不允许资本流动，就无法实现在东道国的规模化服务贸易，并给人员提供服务带来场地、设施、媒介等方面的困难。如果限制信息的流动，就会使大量的依赖于信息传递的服务无法实现，这时，即使人员、资本、货物能够流动，但这种流动已不具有服务贸易的意义。

7. 国际服务贸易壁垒与投资壁垒联系密切

由于消费的当地化倾向，服务贸易与投资通常是密不可分的，因而服务贸易壁垒也往往与投资壁垒交织在一起并通过投资壁垒实现。无论是发达国家还是发展中国家，服务业的投资活动都受到比其他产业更严格的限制。服务业的直接投资不仅受制于东道国的投资政策，而且还受到国家安全战略乃至社会文化政策的约束。各种投资的壁垒在一定程度上就是服务贸易壁垒。

8. 国际服务贸易壁垒强调国家的安全与主权利益

尽管服务贸易已被纳入世界贸易组织的法制框架，但要在敏感的服务贸易政策问题上取得突破仍困难重重。实践中很多服务贸易的壁垒都是以维护国家主权与安全的名义制定的，真实的目的与作用却是保护本国的服务市场及相关产业的发展。所以，除了商业贸易的利益外，国际服务贸易壁垒还强调以国家的安全与主权利益等作为保护的目标。

（四）国际服务贸易壁垒与货物贸易壁垒的比较

1. 国际服务贸易壁垒与货物贸易壁垒的比较

由于服务产品的无形性和异质性，服务贸易壁垒与货物贸易壁垒相比要复杂得多。两者之间的区别主要体现在以下几个方面：

（1）货物贸易壁垒是边境壁垒，服务贸易壁垒则超越了边境措施，大部分属于国内管制措施。这些国内管制措施涉及的范围十分广泛，从竞争政策到资格认证，从服务本身到劳动、资本等要素流动，都可能构成服务贸易壁垒。服务贸易壁垒的超边境性并不意味着海关对于服务贸易没有作用，相反海关在服务贸易监管方面有着不可低估的影响。比如，国际运输服务本身需要经过海关，直接受到海关监管制度的制约。

（2）货物贸易壁垒只是针对货物本身，与货物生产没有关系，服务贸易壁垒则主要针对服务提供者和服务消费者。

（3）某些服务贸易壁垒和货物贸易壁垒相似，如禁止外国厂商提供本国的一些法律、保险、教育、调查和投资咨询、基础电信、运输等服务，外国厂商在本国公司中的股份限制，不允许某些国外专业服务人员的进入等，都可看成是限额类数量型壁垒。而在自然人移动服务贸易中，对外国服务人员收取的护照和工作许可证费、出入费、歧视性的机场和港口停靠费等都可以看成是关税型壁垒。对外国专业服务人员的资格认证、对运输和旅游服务者的环境标准、生态标签制度等都可看成是技术型贸易壁垒。当然在服务贸易壁垒中，还有一些特殊的措施，如对外国服务者进入本国电信、空运、广告、保险和其他分销、配送网络的真实性限制等都是货物贸易壁垒没有的。

2. 国际服务贸易壁垒与服务管制措施的比较

两者之间的区别主要体现在以下两个方面：

（1）两者的目的不同。服务贸易壁垒的目的是保护本国生产者的利益，而服务管制措施是保护消费者的利益及公共利益。

（2）不适度、不透明、低效率的服务管制措施会演化成服务贸易壁垒。适度的管制有利于纠正市场失灵导致的环境、公平以及社会等问题。如，对网络服务业（电信、电力等自然垄断行业）的适度管制会促进竞争，限制市场垄断力量，有利于保证服务价格的竞争性；专业服务部门的管制有利于保证专业的服务质量；交通服务的管制有利于保证运输安全；等等。然而，过度的、不足的、不透明的、低效率的服务管制措施将会演化成服务贸易壁垒，如不全面的知识产权保护制度、过度的资格审查要求、模糊杂乱的申请程序、拖拉的办事流程等都会阻碍国际服务贸易的顺利实施。

三、国际服务贸易壁垒的种类

目前，国际服务贸易的壁垒已多达 2 000 种。与货物贸易壁垒相似，服务贸易壁垒也大致划分为关税与非关税壁垒两大类；与货物贸易不同的是，非关税壁垒在服务贸易理论分析中占有更加重要的位置。有关服务贸易壁垒分类的讨论较多，下面主要介绍常见的五种分类。

（一）赫克曼和布雷加的分类

赫克曼和布雷加认为，由于服务生产和消费的同时性，如关税这样的边境措施将很难适用，因为海关无法观察到服务的跨境流动。所以，采取的限制性措施将旨在限制外国服务以及服务提供者的进入，他们将服务贸易壁垒分为以下四类：

1. 数量限制性措施或政策

数量限制性措施或政策包括配额、当地成分和禁令，这些措施通常针对服务提供者。比如规范国际航空运输服务的双边协议通常是互惠的和针对特定公司的；海运分摊协议也通常是互惠的和针对特定公司的。很多国家都有一些直接针对如国内运输、基础电信、保险、教育、法律、投资咨询、调查等服务的外国提供者限制措施。对跨境数据流的限制也是非常普遍的，它将阻碍外国服务提供者的市场准入。

2. 基于价格的限制性措施

基于价格的限制性措施包括签证费、进出口税、歧视性的航班着陆费和港口税。如果服务被物化当中（比如，电影影片、电视节目、计算机软件等），或者货物是被用来生产服务的（比如，计算机、电信设备、广告材料等），那么，针对这些货物的关税也将构成非常重要的壁垒。另外，很多服务部门受制于政府授权或者直接进行的价格控制，比如，空运服务、金融服务、电信服务等。诸如建筑、通信以及公路和铁路运输等服务部门的政府补贴也是很常见的。

3. 许可证或资质要求

许可证或资质要求主要针对外国专业性质或商务性质服务的提供者，包括各类标准、许可证、采购等。比如，环境标准也会影响服务提供者，尤其是运输和旅游服务。政府采购政策也往往偏向国内服务提供者，而不是外国提供者，这如同货物贸易领域。

4. 进入分配与通信网络或系统的歧视性限制

进入分配与通信网络或系统的歧视性限制广泛存在于诸如电信、空运、保险、广告及经销商网络服务部门。

（二）鲍德文和贝尔的分类

鲍德文将主要贸易壁垒分为 12 类，美国经济学家贝尔将其中的 11 种应用于服务业，并将这11种壁垒分为两大类。

1. 投资/所有权问题

第一类是投资/所有权问题，其主要包括以下几种：

（1）限制利润服务费和版税汇回母国。

（2）限制外国分支机构的股权全部或部分当地人持有或控制，这基本上等同于完全禁止外国公司进入当地市场。

（3）劳工的限制，如要求雇用当地劳工，专业人员需经认证以及取得签证和工作许可证等。

（4）歧视性税收，如额外地对外国公司的收入、利润或版税征收不平等的税赋等。

（5）对知识产权、商标、版权和技术转移等信息贸易活动缺乏足够的保护。

2. 贸易/投资问题

第二类是贸易/投资问题，其主要包括以下几种：

（1）政府补贴当地企业并协助它们参与当地或第三国市场的竞争。

（2）政府控制的机构频繁地执行一些非盈利性目标，以限制外国生产者的竞争优势。

（3）繁琐或歧视性的许可证规定、收费或税赋。

（4）对外国企业某些必要的进口物品征收过高的关税。

（5）不按国际标准和惯例定义服务部门与产品。

（6）限制性或歧视性政府采购规定。

（三）根据《服务贸易总协定》进行的分类

按照WTO《服务贸易总协定》的具体承诺，将服务贸易壁垒划分为影响市场准入措施和影响国民待遇措施两类。虽然还存在某些无法归入以上两大类的其他措施，但大家普遍认为应集中讨论市场准入和影响国民待遇问题。

影响市场准入措施是指各成员利用数量配额等手段，对进入本国服务业市场的外国服务或者外国服务提供者采取管制的限制措施。影响国民待遇的措施是指通过制定和实施相对歧视外国服务和服务提供者的差别待遇，创造有利于国内服务产品和服务提供者环境的措施。后者的作用路径或者是通过增加外国服务提供者进入本国市场的成本，或者是直接或间接为国内服务提供者提供支持，加强国内服务产品和服务提供者的竞争优势，相对削弱外国服务和服务提供者的竞争优势，达到保护和发展本国服务业及对外服务贸易的目的，如拒绝外国航空公司使用本国航班订票系统或对其收取昂贵的使用费等。

将服务贸易壁垒以影响市场准入和国民待遇为原则进行划分也是较为有效的分类方法，原因有两点：一方面，便于对贸易自由化进行理论分析，所有的国际贸易理论一般从外国厂商的市场准入和直接投资环境两个视角分析贸易自由化的影响；另一方面，便于分析服务贸易自由化的政策手段。

（四）根据服务贸易壁垒限制的对象分类

这种分类方法是把服务领域的贸易和投资、服务交易模式与影响服务提供和消费壁垒结合起来加以考虑，从而将服务贸易壁垒分为服务产品移动壁垒、资本移动壁垒、人员移动壁垒和商业存在（或开业权）壁垒四种形式（详见表 4.1）。

表 4.1　　根据限制对象对服务贸易壁垒的分类

服务领域的贸易与投资				
	贸易		投资	
壁垒	跨境	国内	国外收入	第三国
服务产品移动壁垒	市场准入、当地采购、远程信息处理与远程通信业务、政府行为（包括补贴、倾销、采购、惯例、规章、垄断）、技术标准、收费与税收、知识产权	远程信息处理与远程通信业务（消费者所定居的国家）	市场准入、当地采购、远程信息处理与远程通信业务、政府行为、技术标准、收费与税收、知识产权	市场准入、当地采购、远程信息处理与远程通信业务、政府行为、技术标准
资本移动壁垒	货币限制	货币限制	货币限制、利润汇回	货币限制、利润汇回
人员移动壁垒	工作许可、承认与许可证要求、经济及劳动力市场需求测试、国籍和居住条件、工资评价要求	签证、启程税	工作许可、职工安置与管理限制	工作许可、签证、启程税
商业存在壁垒			创业权、对生产投入的获取	创业权、对生产投入的获取

资料来源：李杨，蔡春林. 国际服务贸易［M］. 北京：人民邮电出版社，2011.

（五）根据服务贸易壁垒限制的程度分类

2001 年经济合作与发展组织对《服务贸易总协定》规定的四种服务贸易的提供方式，根据各种措施对服务和服务提供者的限制程度，将服务贸易壁垒分为影响很小或没有限制、有限制作用和禁止或高度限制三种类型（详见表 4.2）。这种分类仅仅是不同服务贸易措施对市场开放影响的相对比较。依据具体的使用情况和适用的具体部门，这些措施可能会具有不同的限制程度。

表 4.2　　根据限制程度对服务贸易业壁垒的分类

交易模式	影响很小或没有限制作用	有限制作用	禁止或高度限制作用
跨境交付	服务提供和营销的当地注册要求；雇佣当地代理和维持当地专业地址。	对营销和提供服务的授权、许可和允许要求；要求使用垄断和特定说明的网络渠道；资本、支付的跨境转移和为此类交易使用信用卡需经授权许可。	完全商业存在要求，要求商业存在但授予特定品名的实体，为维持当地提供者的服务提供优势而设立的当地合作要求；禁止资本、支付的跨境转移和为此类交易使用信用卡。

表4.2(续)

交易模式	影响很小或没有限制作用	有限制作用	禁止或高度限制作用
境外消费	以透明、无歧视、易获得的方式要求营销服务的离岸服务提供者当地注册。	仅有通过指定的当地合作者才能被许可；消费者仅能使用垄断或特定说明的网络渠道；资本、支付的跨境转移和为此类交易使用信用卡需经授权许可。	仅允许通过在本国具有商业存在的公司或特定“品名”实体；禁止资本、支付的跨境转移和为此类交易使用信用卡需经授权许可。
商业存在	投资许可方面：不要求外国投资事前通知、甄别、授权或注册；对外国和本国投资者统一的通知要求；通知或报告投资意图后自动同意外国投资；出于国家安全和国家利益要求对外国投资的自动甄别；需经基于政策指导原则和整体国家利益考虑的同意，但无需经过经济需求测试或当地参与要求。 外国公司法律形式方面：允许设立子公司、分公司或代表处。 国籍/居留权要求方面：指定为外国公司当地代理的自然人必须为永久居民。	投资许可方面：经营范围受到限制，且小于当地公司；基于经济需求测试和净国家利益的考虑，外国投资需经审批同意，包括对外国公司有关当地就业、技术转移、持续投资等一般或特定，指示性或强制要求；外国完全或控股所用权需经审批同意。 外国公司法律形式方面：允许设立公司、私人有限公司和子公司，但不允许直接设立外国公司的分公司；对设立分公司存在数量配额和地理位置要求；仅允许独资或合伙经营。 国籍/居留权要求方面：要求首席执行官为东道国公民或居民；要求超过50%的董事为东道国公民或居民。	投资许可方面：个案审批同意，外国投资最高额随部门不同或在部门内部变化，且缺少透明和持续的应用审核标准；不允许外商控股；不允许收购现有企业全部或部分股份，限制建立新的业务；经营许可数量配额；存在垄断或排他性服务提供者以致不允许外国投资建立竞争性公司；仅有公民或永久居民涉及某些部门或业务，收购国有企业或负责政府合同。 外国公司法律形式方面：仅允许设立合资企业或代表处；仅允许设立合资有限公司；仅允许设立基于促销或为总部从事研究工作的目的而设立的代表处；仅允许设立一种法律形式的企业。 国籍/居留权要求方面：要求所有董事为东道国居民；要求超过申领经营许可前需拥有居留权，但没有许可不允许居留。
自然人流动		仅有通过当地验证，才能被视为专业人员或专家，但外国人参加验证受到限制；仅有完成或参加在东道国的进一步培训才能被视为专业人员或专家；公司内部的人员调动的审批同意需经通常的经济需求测试；需通过专业人员或专家经验或资格的当地认证，但这些标准模糊，不透明，或任意使用带有歧视性；要求一定比例的外国雇员需配有当地替工以培训或技能转移；满足一定业绩要求才能调动公司内部人员；外国公民在高级职位的数量限制和东道国公民相对外国公民在每种职位上的特定数量要求。	仅允许公司内部人员调动，且一次运作仅能有两位调动者，义务培训当地员工。

资料来源：李杨，蔡春林. 国际服务贸易［M］. 北京：人民邮电出版社，2011.

总之，以上从五个不同的角度分析了国际服务贸易壁垒的分类，为进一步了解服务贸易壁垒主要种类及其在各行业的分布情况，下面两个表（表4.3、表4.4）列出了常见的服务贸易壁垒种类及其内容。

表4.3　　　　**国际服务贸易壁垒简介表**

	运输		电信	数据处理	银行	保险	工程建筑	广告	影视	会计	法律	软件	旅店
	空运	水运											
数量/质量限制	√					√		√	√	√			
补贴	√		√	√			√		√				
政府采购	√	√		√		√	√						
技术标准	√		√				√						
进口许可		√	√	√		√		√	√				
海关估价			√	√	√							√	
货币控制及交易限制			√			√	√		√				
特殊就业条件					√	√	√			√	√		√
开业权限制			√		√	√	√			√			
歧视性税收			√	√	√		√		√				√
股权限制						√		√	√				√

注：打"√"处表示该项服务贸易壁垒存在于该行业中。

资料来源：王佃凯. 国际服务贸易［M］. 北京：首都经济贸易大学出版社，2015.

表4.4　　　　**常见的国际服务贸易壁垒**

行业	常见壁垒
航空业	主要涉及国家垄断和补贴问题。世界各国政府一般都给本国航空公司提供优惠待遇，如空运的货源和航线保留给国内航空公司、为本国飞机提供机场的优先使用权、要求国内用户接受本国航空公司的服务、对国内航空公司给予税收优惠等。目前，国际的航空服务贸易都是通过对等原则的双边协议进行的。
旅游业	与航空客运关系密切，诸如出入境限制、外汇管制、旅游设施所有权、开办旅行社和旅游购物等，都存在贸易壁垒问题。
海运业	主要涉及特许经营与垄断。如为本国海运公司保留货源、倾销性运价等问题
银行与保险	主要是开业权和国民待遇问题。对于开业权，许多国家禁止外国银行在本国设立任何形式的机构，有些国家虽然允许设立分支机构，但这样的分支机构必须与母行中断业务上的直接联系。对外国银行国民待遇表现在仅提供低储蓄地区（开业）、高税收率和限制财产经营范围等方面。对于外国保险公司，一般还要求绝对持股权以及禁止经营某些保险业务。
广告业	对外来广告企业要求本国参股权，以及政府在广告业的竞争中偏袒本国企业是普遍现象，如外国广告企业设立电视台经营电视广告是受严格限制的。另外，即使这种限制对国内企业一视同仁，但限制的目的也不是保护广告业，而是排斥外国电视和广播。

表4.4(续)

行业	常见壁垒
工程建筑	主要是开业权、移民限制和国民待遇问题。此类服务业是发展中国家的优势所在，对此，一些发达国家都不愿意提供开业权。几乎所有的国家都禁止外国公司承建某些工程，而且在工程招标中偏袒本国公司。
咨询服务业	许多国家对设在本国的外国咨询机构都要求参与权，而且咨询程序上的不透明也阻碍外国机构的活动。
教育服务	教育服务与思想意识的传播关系密切，移民限制和歧视外国文凭是国际交流教育服务的主要障碍。
医疗服务	主要问题是歧视外国医生的开业资格和对外国医疗设备的进口设立技术障碍
电信和信息	该行业常遇到国家垄断和控制。另外还有知识产权保护、幼稚工业保护、技术标准和不公平税收等。
影视服务业	许多国家对本国影视直接拨款或通过税收优惠进行补贴，对外国影视业则通过要求参与权、版权保护、进口的国际垄断、限制播放等加以抵制。
零售商业	主要涉及各国国内零售规则的透明度不够，不动产所有权限制、外国雇员的移民限制、利润返汇限制等。

资料来源：王佃凯. 国际服务贸易［M］. 北京：首都经济贸易大学出版社，2015.

四、国际服务贸易政策保护程度的衡量

目前，衡量国际服务贸易政策保护程度的指标主要有三种：名义保护率、有效保护率和生产者补贴等值。

（一）名义保护率

名义保护率（NRP）是衡量贸易政策保护程度最普遍使用的指标。它通过测算国际市场价格与国内市场价格之间的差额，衡量保护政策的影响。世界银行将名义保护率定义为：由于保护引起的国内市场价格超过国际市场价格的部分与国际市场价格的百分比。用公式表示为：

NRP =（国内市场价格-国际市场价格）÷国际市场价格×100%

例如，一国通过提高国内信息网络上网费用达到限制外国信息服务向其出口，保护本国进口替代信息服务厂商的目的。国内网络使用费高出国际网络市场价格的部分，相当于政府对消费者购买国外信息服务征收的关税。假定国内市场网络费率为1分/千字节，国际市场网络费率为0.2分/千字节，那么，该国信息服务市场的名义保护率为400%。

若一国对某种商品仅仅采取管制措施，那么，名义保护率的测量方法在评估贸易政策对产出水平的影响方面是有效的。但在服务贸易领域，由于各国服务价格的差异往往不仅是由关税壁垒（与服务相关的物质产品）引起的，还与要素禀赋、技术差异、规模经济和不完全竞争等因素密切相关，服务贸易大多使用非关税手段进行保护，这就限制了NRP在衡量服务贸易保护程度方面的作用。

（二）有效保护率

“有效保护”概念最初是由澳大利亚经济学家 M. 科登和加拿大经济学家 H. 约翰逊提出来的。他们将有效保护定义为包括一国工业的投入品进口与最终品进口两者在内的整个工业结构的保护程度。假如这一结构性保护的结果为正，那么，其关税保护是有效的；反之，则是无效的。由此可见，一国的关税政策是否有效，不但要看其最终产品受保护的程度，而且还要看受保护的那个产业的进口中间产品是否也受到了一定的保护，从而使得该产业的实际保护为正。这也说明，许多政策不但影响产出价格，而且还影响投入价格。有效的关税保护取决于一个产业所面对的实际关税，而实际关税则是由中间产品即投入品与最终品即产出的关税共同决定的。有效保护率（ERP）就是用来衡量投入和产出政策对价值增值的共同影响的指标。用公式表示为：

ERP＝（国内加工增值-国际加工增值）÷国际加工增值×100%

或

ERP＝（最终品名义保护率-中间品价格÷最终品价格×中间品名义保护率）÷（1-中间品价格÷最终品价格）×100%

由上式可以看出，计算服务贸易的有效保护率，需要获取有关服务业的投入—产出系数等信息资料，这些详细的信息资料往往难以获得。另外，有效保护率并没有反映导致产出扭曲的所有政策的效果，所以影响生产要素价格的因素可能在价值增值中没有得到反映，因而没有被包括在实际被忽略的计算中。同时，在衡量商品贸易保护程度中，对于国内资源成本的计算也得到了广泛应用，但在服务贸易领域，因为国内资源成本的计算需要大量的与要素市场政策和要素产出系数有关的技术信息，显然这一计算是不可行的，也是不现实的。

（三）生产者补贴等值

生产者补贴等值或生产者补贴等值系数方法最早被经济合作与发展组织用于对其成员方农业政策和农产品贸易的分析报告中。随着这一衡量方法在许多国家的运用过程中被改进、提高，尤其是在“乌拉圭回合”多边贸易谈判中被广泛接受后，该方法日益受到重视，并且不断被完善。

生产者补贴等值是用来测算关税和非关税壁垒，以及其他与分析相关的政策变量的保护程度的一种测度指标。它是对政府各种政策（包括支持、税收和补贴等）的总体效应进行评估，通常可用两种方法获得生产者补贴等值：一种是通过观察政策的预期效果；另一种是通过观察政策措施引起的国内价格的变动。

生产者补贴等值方法是通过比较国内价格与国外价格的差异来考察一揽子政策的净效果的，考虑贸易政策的总体影响，而不仅仅考察单个政策的效果，它测算的是政策给予生产者的价值转移量或政府政策对生产者收益的贡献。在不同的时期、不同的国家，甚至不同的领域，生产者补贴等值都是不同的。但是，补贴行为被视为不公平竞争，按 WTO 规定，进口国可以对受到补贴的进口商品征收反补贴税，其税额不高于补贴的金额。这样，出口国不仅达不到鼓励出口的目的，而且还会将本国纳税人的钱白白拱手让给进口商。

五、国际服务贸易保护政策的效应

国际服务贸易保护是由关税和非关税壁垒共同构成的，在此从这两个方面对比分析国际服务贸易保护政策的效应。

（一）关税、补贴和配额

在商品贸易中，关税、出口补贴和进口配额（又称进口限额）的区别是这样的：关税能给政府带来关税收入，出口补贴却要增加政府的支出。另外，从时间角度来看，每一届政府的任期都是有限的，因此它们总是更乐意选择可以增加即期政府收益的关税政策，把只能在将来才会有收益的出口补贴政策置于其政策篮子的最底层。关税一般优于进口配额。如果一国要使用进口配额政策，那么为了减少这一保护政策的经济扭曲程度，就应坚定不移地实施进口许可证的拍卖制度，以防止寻租行为的发生。

在服务贸易领域，情况有些不同。从服务进口国角度来看，作为一种扩大进口竞争产业产出规模的手段，对服务业产出的补贴一般优于关税。因为，一般认为，在服务领域为本国厂商提供成本优势的政策将优于外国厂商面对成本劣势的政策。关于关税与配额的关系，尽管评估各种数量限制措施非常困难，我们依然可以找出决定其社会成本的两个主要变量，即租金目标和受影响产业的竞争态势。如果国内厂商获取配额租金，且所有受影响的市场完全竞争，那么，关税和配额在静态和效率意义上相同。如果配额租金流向外国厂商，那么，与关税相比，配额在进口竞争产业中的成本则是十分高昂的。据此可以得出上面三种措施的经济成本效应的结论：

配额≤ 关税 < 对产出的补贴

（二）进口限制、开业障碍（开业权）和管制

1. 进口限制

目前尚难找到限制服务贸易的典型案例，但在实际经济中却存在着这样的大量事实。可以认为，如果政策目标是使本国进口竞争产业的规模大于没有实施任何政策时的规模，那么，最低成本的方法就是给国内服务生产者以补贴。美国政府对本国服务供应商提供的各种行业性补贴或政策性补贴，使其服务厂商具备强大的成本竞争优势，这足以说明补贴可以很好地达到限制服务进口的目的。由于部门利益，与执行对本国厂商直接补贴的政策相比，许多财政部门更愿意看到政府执行对外国厂商和本国消费者征税的政策，然而这又不利于本国总体福利的提高，因为前面已述及，在征税与补贴之间，选择后者更有利于本国服务厂商的竞争。

2. 开业障碍（开业权）

开业权常常涉及政治上的敏感问题，但从经济角度来看，则是一种简单的服务销售的进口选择方式。通过开业实体，每位生产者将服务进口问题转变为服务销售问题。如果要达到支持本国进口竞争产业的政策目标，最优方式则是对这些产业进行补贴，次优方式是对当地开业或通过贸易提高服务的外国服务提供者征税，从而妨碍外国服务提供者的竞争效率（这类措施往往不会给政府带来财政收益）。对开业权的禁令和数量限制，无论从经济效益角度，还是从财政收益角度，都将难以长期维持下去。

3. 管制

政府管制能够使国内服务消费者获得公平的经济利益，或在一定程度上保护消费者利益免受国内服务厂商低质量服务的侵害。理论和实践都表明，这种原本为了保护本国服务消费者（即改善了消费者的逆向选择境况），限制本国服务提供者道德风险的措施，客观上对外国服务提供者的竞争起到了抑制作用。因此，政府必须明确，选择管制目标不仅是基于服务消费者的利益，而且也是基于服务提供者的利益。据此可以得出上面三种措施的规模扩大效应的结论：

开业障碍≤ 进口限制 < 管制

思考题

1. 国际服务贸易政策目标的影响因素有哪些？
2. 简述国际服务贸易自由化对国家安全的影响。
3. 发展中国家开放服务市场的步骤有哪些？
4. 简述国际服务贸易壁垒的特点。
5. 简述国际服务贸易壁垒的种类。
6. 国际服务贸易政策保护程度的衡量指标有哪些？

第五章　国际服务贸易规则体系

国际服务贸易规则体系具体来说包括多边服务贸易协定以及区域性的服务贸易协定，其都对服务贸易的自由化做出了巨大的贡献。本章将对国际服务贸易进行评述，重点介绍《服务贸易总协定》（GATS）的谈判过程、意义、内容、缺陷以及后续的谈判，并对一些在国际范围内影响深远的区域性服务贸易协定进行介绍，最后对与我国密切相关的一些服务贸易协定进行不同程度的评析。

第一节　服务贸易总协定

一、《服务贸易总协定》概述

（一）服务贸易谈判的过程

“乌拉圭回合”服务贸易谈判大体上经历了四个阶段：

1. 第一阶段：埃斯特角部长会议——发达国家、发展中国家立场的对立（1986 年 10 月 27 日—1988 年 11 月）

该阶段的谈判主要围绕以下五个方面：服务贸易的定义和统计问题；服务贸易原则和规则的不同；服务贸易多边框架的范围；现行国际纪律与安排以及促进或限制服务贸易发展的措施和做法。这一阶段发达国家与发展中国家的分歧极大，以美国为代表的发达国家坚持较为广泛的定义，其希望将所有涉及不同国民或国土的服务活动都纳入国际服务贸易的范畴，而发展中国家则要求对国际服务贸易作较为狭窄的定义，即“居民与非居民进行的跨国境的服务购销活动”，这个定义将跨国公司的内部交易和诸如金融、保险、咨询和法律服务等排除在外。最终多边贸易谈判采纳了欧共体的折中意见，即不预先确定谈判的范围，而是根据谈判的需要来对国际服务贸易做出不同的定义。

2. 第二阶段：布鲁塞尔部长会议（1988 年 12 月—1990 年 6 月）

1988 年 12 月，在加拿大的蒙特利尔举行了中期评审会议，这次会议的重点集中在透明度、逐步自由化、国民待遇、最惠国待遇、市场准入、发展中国家的进一步参与、例外和保障条款以及国内规章等原则在服务部门的运用方面。此后的工作主要集中在通信、建筑、交通运输、旅游、金融和专业服务各具体部门的谈判上。在蒙特利尔中期审议会议上，各国部长审议了服务贸易谈判取得的进展，决定着手讨论服务贸易的定义。会议决定了在以后的谈判中讨论服务贸易框架协定的有关概念、原则和规则。

会议还要求谈判组在1989年年底就服务贸易框架协定的草案达成初步协议。具有代表性的方案主要有美国、欧共体、拉美十一国和亚非七国的提案。其中1990年5月4日，中国、印度、喀麦隆、埃及、肯尼亚、尼日利亚和坦桑尼亚7个亚非国家向贸易谈判组联合提交了《服务贸易多边框架原则与规则》提案，对最惠国待遇、透明度、发展中国家的更多参与等一般义务与市场准入、国民待遇等作了区分。后来《服务贸易总协定》的文本结构采纳了“亚非提案”的主张，对发展中国家作出了很多保留和例外，这在很大程度上反映了发展中国家的利益和要求。

3. 第三阶段：邓克尔调解方案（1990年7月—1991年12月）

1990年7月，服务贸易谈判组举行高级官员会议，各方代表对于国民待遇、最惠国待遇等原则在服务贸易的适用领域已经基本达成了共识，但是，在各国开放和不开放服务部门的列举方式上出现了分歧，一类是主张先确定一系列严格遵守的多边原则以确保“过境承诺”，其中包括国民待遇等，允许对某些部门有所保留，即所谓的“否定清单”，而对否定开放的部门则极少保留，要对其他国家开放。另一类则主张在确立多边原则和一般义务的前提下，就各具体部门进行谈判，以部门协定的形式推进本部门的服务贸易自由化进程，没有达成一致的部门，则暂时不实行贸易自由化，这种类型是“肯定清单”。发展中国家提出这种“肯定清单”的方式对于服务业相对落后的国家来说会更加灵活，因为服务贸易范围广泛且不断扩大，发展中国家难以预先将本国不能开放的部门全部列举出来，如果采用“否定清单”方式将会带来难以预料的后果。最后的GATS采取了“肯定清单”的方式，这既是发展中国家的重大胜利，也是由于其方案具有较强的现实可操作性。基于发达国家与发展中国家利益的矛盾和冲突，谈判异常的艰难，然而，经过反复的谈判，服务贸易框架协议草案终于提交给1990年12月在布鲁塞尔举行的部长级会议。服务贸易谈判组修订了《服务贸易总协定多边框架协议草案》文本。1991年4月8日开始着重讨论：协定的框架、初步承诺表和部门附件。有关协定的攀谈主要集中于最惠国待遇条款，最终确定了各缔约方可将选择的部门从最惠国待遇适用范围中免除的程度。经过了进一步的谈判，1991年12月20日关税与贸易总协定总干事提交一份《实施乌拉圭回合多边贸易谈判成果的最终（草案）》，即著名的《邓克尔方案》，该草案包括6个部分、35个条款和5个附录，确定了基本的结构。

4. 第四阶段：“乌拉圭回合”谈判的终结（1992年1月—1994年4月）

1992年1月13日乌拉圭回合多边贸易谈判委员会召开会议，决定以《邓克尔方案》作为基础进行谈判，谈判工作以组织关于各国初步承诺的双边谈判为主要内容，初步承诺的谈判在1992年取得了重大进展。从1992年1月开始，服务贸易谈判共进行了六轮初步承诺双边谈判，参与国达到几十个。经过两年的谈判，到1993年12月乌拉圭回合非正式结束之际，各国均提出了自己的减让表，准备附在《服务贸易总协定》后，作为“乌拉圭回合谈判”成果的一部分。最后，各谈判方终于在1994年4月15日于摩纳哥马拉喀什正式签署了《服务贸易总协定》（General Agreement on Trade in Services，GATS）。该文本在总体结构和主要内容上对框架协议草案并无重大变更，只在部分具体规范上有所调整。该协定作为乌拉圭回合一揽子协议的组成部分和世界贸易组织对国际贸易秩序的管辖依据之一，于1995年1月1日与世界贸易组织同时生效。

(二)《服务贸易总协定》的意义

GATS的生效，是GATT成立以来在推动世界贸易自由化发展问题上的一个重大突破，其通过各种规制措施形成了一套有效的运作机制，对扫除国际服务贸易壁垒，推动国际贸易自由化起着相当大的作用。

1. 为各缔约国发展国际服务贸易提供了共同遵守的国际规则

长期以来，虽然国际服务贸易比国际商品贸易发展迅速，但却一直缺乏一套像促进商品贸易那样的关贸总协定来确定参与国际服务贸易的国家或地区共同遵守的国际规则，当然也缺乏针对性的约束机制。在GATS之前，各国的服务贸易政策和规则的协调主要通过以下两种方式：①双边或区域协调，许多国家通过双边的贸易协定在服务贸易上给予互惠待遇；②以行业协调为主，一些服务贸易规则的谈判往往是在诸如国际电讯协会、国际民航组织、国际海事咨询组织或者国际清算银行等国际性行业组织的主持下进行的，这些方式虽然能够起到一定的作用，然而对于国际服务贸易的发展的现实以及国际服务贸易全面自由化和流量的增长的作用无疑还是局限的。而《服务贸易总协定》的出现则为国际服务贸易的发展创立了各缔约国都须遵守的国际准则。其制定的处理服务贸易的多边原则和规则成为了促进所有贸易伙伴经济增长的一种手段。

2. 促进国际服务贸易的自由化，推动国际服务贸易的全面增长

服务本身是一种商品，在这种无形商品的流通过程中，由于各国劳动力所具有的技术、知识水平的差异，使得他们所提供的同样的服务或服务化的商品之间存在着类似有形商品贸易中的比较优势。因此，使得各国的服务在国际服务市场上的竞争力不同，因此，使得各国在服务贸易中必将根据自己的情况采取一系列的政策来保护各自的服务市场。虽然国际服务贸易不像国际商品贸易存在着关税壁垒，但却有着比商品市场更复杂多样的、名日繁多的各种非关税壁垒，这些都对服务贸易自由化形成了重大的阻碍。《服务贸易总协定》的出现就是为了使得各国在遵守一般义务和原则的前提下，做出开放本国各个服务部门的具体承诺，然后在框架协议生效后，就上述的具体承诺举行多边谈判，以逐步实现服务贸易的自由化。《服务贸易总协定》一定也会通过最惠国待遇、各国服务贸易政策透明度、市场准入和国民待遇、发展中国家更多的参与、逐步自由化以及其他一系列义务、规则在最大程度上促进国际服务贸易的自由化以及国际服务贸易额的较快增长。

3. 在推动国际服务贸易发展的同时，促进了商品贸易的发展

由于国际服务贸易同世界产业结构的发展紧密联系，因此服务贸易的自由化在促进服务贸易发展的同时，也会推动与服务贸易相关的商品贸易的发展，特别是资本、技术密集型服务的贸易，往往伴随着相应的硬件设备的商品贸易的扩大，航空运输服务的扩大会促进飞机制造业的发展，陆路、水运服务的发展必然也会引起相关产业的发展，银行金融服务的发展，也必将使得银行系统的传真通信及资金调拨网络的硬件贸易增长。同时，由于发达国家在服务贸易项目存在显著的比较优势，为了更有效地

发挥自己在该领域的优势，这些成员很可能会在货物贸易方面对发展中国家做出更多的让步，以换取后者在国际服务贸易领域的让步，这样也会促进货物贸易的发展。

4. 对不同国家、不同类型的服务贸易产生了不同的推动作用

由于各国经济发展层次不同，各国的服务业发展也参差不齐，因此服务贸易总协定的签署将会使得不同国家、不同类型的服务贸易产生不均衡的增长。由于发达国家在国际服务贸易中占有绝对的主导地位，因此，服务贸易总协定必将对其产生巨大的推动作用，并加快其增长速度。相反，发展中国家虽然处于相对劣势地位，与发达国家相比受益较少，但对于发展中国家来说有一定优势的服务领域，如海运、劳务输出、工程建筑承包等，服务贸易总协定也会促进其增长。

5. 对发展中国家的重要作用

服务贸易总协定对发展中国家做出了许多保留与例外，特别是允许他们在国民待遇、最惠国待遇、透明度、市场准入等方面逐步自由化，并在对发展中国家经济技术援助方面，予以很大的优惠。所以发展中国家可以充分利用这些机会加大本国具有优势的服务业的出口。同时，服务贸易总协定的实施，虽然要求发展中国家为服务贸易的自由化作出贡献，对本国的服务业市场适度开放，但也允许发展中国家在特定的条件下采取适当的措施来保护其落后的服务业。这样，发展中国家既可以为保护国内幼稚服务业或民族服务业的发展而采取很多限制服务进口的措施和规定，也可以在适度的开放过程中，学习发达国家在服务业方面先进的技术和经营管理方式，并可以在开放过程中，使本国相应的服务业与发达国家的进行竞争，使其在竞争中得到发展。

二、《服务贸易总协定》内容

（一）《服务贸易总协定》的框架内容

《服务贸易总协定》主要由四大部分组成。第一大部分为适用于所有成员的基本义务的框架协定，即《服务贸易总协定》条款，该部分分序言和六个部分（共29条）。其中第一部分（第一条）：范围和定义，确定了GATS的目标、宗旨及总原则。第二部分（第二至十五条）：一般义务与原则，即规定了各成员的一般义务与原则，这是GATS的核心内容之一，各国一旦签约，就必须普遍遵守这些条款的要求。具体包括：最惠国待遇、透明度、发展中国家进一步参与、经济一体化、国内规定、认可、垄断和专营服务提供者、商业惯例、紧急保障措施、转移和支付、确保国际收支平衡的限制措施、政府采购、普遍例外和补贴。第三部分（第十八条）：承担特定义务，规定了各成员服务部门开放的特定义务，具体包括市场准入、国民待遇和附加承担义务。第四部分（第十九至二十一条）：逐步自由化，规定各成员尤其是发展中国家服务贸易逐步自由化的原则和权利，具体包括具体承诺的谈判、具体承诺的细目表和细目表的修改。第五部分（第二十二至二十六条）：制度条款，规定了GATS的争端解决机制及组织机构，具体包括磋商、争端解决和执行、服务贸易理事会、技术合作和与其他国际组织的关系等条款。第六部分（第二十七至二十八条）：最终条款，规定了利益的否定和本协定的退出。第二大部分为根据《服务贸易总协定》第二十九条《服务贸易总协

定》组成部分的涉及各服务部门的特定问题和供应方式的附件以及第二条“豁免”的附件。第三大部分为根据《服务贸易总协定》第二十条的规定附在《服务贸易总协定》之后，并成为《服务贸易总协定》重要组成部分的具体承诺表，第四大部分为部长会议决定和谅解。

（二）《服务贸易总协定》的具体内容

1. 序言

《服务贸易总协定》序言规定了服务贸易总协定（GATS）的宗旨、服务贸易自由化的途径以及实现服务贸易自由化的总的原则。具体规定为：

（1）鉴于国际贸易对世界经济发展日益增长的重要性，谈判各方希望在透明度和逐步自由化的条件下，建立一个有关服务贸易的原则和规则的多边框架，以促进贸易各方的经济增长和发展中国家的经济与社会发展。

（2）在尊重各国政策目标的前提下，本着在互利的基础上提高各参与方利益的目的和确保各方权利和义务的宗旨，希望能通过多轮多边谈判以促进服务贸易自由化的早日实现。

（3）希望能通过增强其国内服务业能力、效率和竞争性来促进发展中国家在国际服务贸易中的更多参与和服务出口的增长。

（4）对最不发达国家在经济、发展、贸易和财政需求方面的特殊困难予以充分的考虑。

该序言在承认了各国间经济状况发展差异的基础上，对发展中国家的利益给予了充分的考虑，这是广大的发展中国家努力积极争取的结果，这也成为了 GATS 之所以广受推崇的一大原因之一。

2. 主体部分

GATS 的主体部分共 6 个部分 28 个条款。

（1）服务贸易的范围和定义

其说明了《服务贸易总协定》的适用范围是“WTO 成员方所采取的影响服务贸易的各项措施”。这些措施根据《服务贸易总协定》第一条及第二十八条可知，“措施”是指一成员方以法律、法规、规则、程序、决定、行政活动以及其他形式所采取的措施，这些措施既包含中央政府采取的，也包括地方政府实施，也同时包括中央政府或者地方政府所授权的非政府团体所采取的措施。其次，说明了服务贸易的含义。《服务贸易总协定》认为“服务贸易”是指：

①从一成员境内向另一成员境内提供服务，该种服务贸易形式即跨境的交付方式，其特点是该类服务贸易的服务提供者和消费者是不同的两个国家，比如存在着的远洋及民航运输就属于该种形式。

②在一成员境内向另一成员的服务消费者提供服务，该种服务贸易形式为境外消费，特点是一国的服务提供者在本国内为外国自然人或者法人提供服务，比如存在着的医疗、教育和旅游等就属于这种方式。

③一成员的服务提供者，在任何其他成员境内通过商业存在提供服务，该种服务

贸易方式为商业存在，比如某自然人或法人去其他国家开设保险、银行、律师事务所以及会计师事务所等。

④一成员的服务提供者在另一成员领土内通过自然人存在提供服务，该种服务贸易方式为自然人流动，比如某些专家到国外去提供技术指导类的服务。

（2）一般义务与原则

① 最惠国待遇

《服务贸易总协定》的最惠国待遇应是无条件的最惠国待遇，指每一方给予任何其他成员方的服务或服务提供者的待遇，应立即无条件地以不低于这样的待遇方式给予任何其他成员方相同的服务或服务提供者。但 GATS 也同时规定该条不适用于有关税收、投资保护和司法或管理协助的国际间的协议，GATS 第二条第二款规定了最惠国待遇的具体例外情况，具体可见附录。

②透明度

《服务贸易总协定》在第三条中规定："任何成员除非在紧急情况下应立即并最迟在其生效前，公布所有有关或影响本协定执行的相关措施。本协定成员也应公布其签署参加的有关或影响服务贸易的国际协定。"

同样地，透明度也有例外的附则，即"对于任何一成员方，那些一旦公布即妨碍执法或违背公共利益或损害特定公私企业合法商业利益的机密信息可以不公示"。

③发展中国家的更多参与

发展中国家整体的服务业发展水平较低，与发达国家在服务贸易领域存在着现实的较大的差距，因此，考虑到这种差距，GATS 制定了一系列保证发展中国家能够参与到国际服务贸易当中的一些条款：①各成员方可以通过商业性的技术转让来提高发展中国家服务业的生产效率等；应对发展中国家有竞争力的服务类型或行业放宽市场准入的条件；应对发展中国家较弱的环节如信息网络等提供帮助。②发达国家应在《服务贸易总协定》生效后的两年内建立"联系点"以使发展中国家更加能够及时、有效地获取各种服务市场准入的资料。③对于以上两项内容，应该更加对于最不发达国家的成员方给予优惠。

④经济一体化

"经济一体化"主要涉及了经济一体化协议的含义、要求、扩大以及修改的程序、审查和劳动力市场一体化协议等内容。这是由于当今世界不仅世界经济一体化在不断地加深，而且区域性的经济一体化组织也越来越多，一方面其会促进区域间的交流，然而另一方面也会使得封闭的市场越来越多，这将对服务贸易的自由化相当不利，因此对其进行严格的监视与审议是必要的。

⑤国内规章

本条共有 6 款，首先尊重各成员方的国内规定，具体表现为其规定：首先，在已作出具体承诺的部门中，每一成员应保证所有影响服务贸易的普遍适用的措施以合理、客观和公正的方式实施。其次，要求各方坚持使用或者建立起司法、仲裁、行政庭或程序，对影响服务贸易的迅速作出行政决定。还需要各成员的主管机关对需要得到批准的服务的申请在合理的时间内进行决定，并对这些需要得到批准的服务的相关资格审查要求、程序、技术标准以及许可要求告知申请者，不得给申请人在申请过程中造成不必要的贸易壁垒，第五款是关于在上述指定的这些要求、标准生效之前，不得以一些具体方式来使具体承诺减损或者失效，最后一款是关于每一成员有规定适当程序来核验其他成员专业人员能力权利的规定。

⑥承认

服务领域质量的好坏与服务提供者的学历、职称、专业技术等级、语言能力、相关经验等息息相关，各成员国一般都会对这些任职的条件作一些限制，而这些限制，尤其是评定标准的不同或者相互之间的不认可就会大大地对服务贸易的自由化造成壁垒，因此，该协定要求各成员国可以通过协调或者其他方式实现的承认，或可依据与有关国家的协定或安排，或通过自动给予等方式来相互认可对方的各种任职条件，最终能够合作按照一定的国际统一标准来执行。

⑦垄断和专营服务提供者

各国服务贸易中均不同程度地存在某些部门的垄断和专营现象，然而这却对服务贸易自由化构成了很大的障碍。GATS 并不反对垄断以及专营服务，但要求一个垄断的服务提供者在有关市场上提供垄断服务时，其行为不应违背最惠国待遇原则和服务贸易谈判中所承诺的一些衣物，一旦违背，贸易的相对方可以向成员方提出给予制裁的请求。本条还对垄断服务提供者的概念下了定义：一成员在形式上或事实上授权或设立少数几个服务提供者，且实质性阻止这些服务提供者在其领土内相互竞争。

⑧商业惯例

本条规定首先承认了“服务提供者的某些商业惯例会抑制竞争，从而限制服务贸易”，接着提出了成员方应就该问题进行磋商以及信息交流，从而取消这些限制性的商业惯例。

⑨紧急保障措施

GATS 规定：要在非歧视原则的基础上完成保障措施的多边谈判，而且该谈判的结果不得迟于《世界贸易组织协定》生效之日起的一日期生效。这是由于在众多的服务贸易部门很难制定相关的具体保障措施，其只能在实施的过程中逐步地充实，而且同时规定如果某一成员方在实施或者修改任何保障措施时，都应当及时地通知成员方全体，当各国在实施以国际收支平衡为由的保障措施时，应当与国际货币基金组织协商一致，并且当该国的国际收支一旦得到改善，这种相应的保障措施就应取消。

⑩支付和转移

本条规定：除非存在 GATS 第十二条规定的情况，也就是除了出于保障国际收支的目的，一成员不得对与其具体承诺有关的经常项目交易的国际转移和支付实施限制。但同时要求本协定的规定将不得与国际货币基金组织成员在《基金组织协定》中所享有的权利和承担的义务相冲突。

⑪确保国际收支平衡的限制措施

GATS 在考虑到一些经济发展水平较低的国家在国际收支方面可能会面临到的压力，因此规定：当一成员方在发生严重国际收支的财政困难或威胁时，可以对其已经做出具体承诺的服务贸易采取限制措施。但该条第二款相继规定了这种措施是有限制的，这些限制具体包括：不能在各成员方间造成歧视；应当与《国际货币基金组织协定》保持一致；应当避免对任何其他成员的商业、经济和财政利益造成不必要的损害；不得超过一定的限度；这种限制也应是暂时的。还规定采取确保国际收支平衡的限制措施时应当同其他成员方相磋商。

⑫政府采购

本条规定 GATS 的第二条、第十六条和第十七条不适用于政府采购，也就是说为政府目的而购买服务的不受最惠国待遇、国民待遇和市场准入的规定，而且还规定了政府采购的定义：成员方政府机构为了政府使用而不是为了商业销售或转售而进行的服务采购。该条第二款规定了该政府采购问题的多边谈判需在《世界贸易组织协定》生效之日起的两年内进行。

⑬一般例外

本条主要规定了各成员方可以在如下情况，免除协定中的义务，这些情况具体包括：为保护公共道德或维护公共秩序所必需的措施；为保护人类、动物或植物的生命或健康所必需的措施；为使与本协定的规定不相抵触的法律或法规得到遵守所必需的措施，包括与下列内容有关的法律或法规：①防止欺骗和欺诈行为或处理服务合同违约而产生的影响；②保护与个人信息处理和传播有关的个人隐私及保护个人记录和账户的机密性；③安全，待遇方面的差别是为了避免双重征税的协定，可以违背最惠国待遇原则与国民待遇原则。

⑭补贴

GATS 认识到各国的服务贸易，尤其是对发展中国家来说，存在着较普遍的补贴，这对服务贸易的自由化是极为不利的。因此其规定一方面各成员应进行多边谈判或者制定规则来减少这种阻碍，各成员应相互通报各自服务提供者的补贴问题来促成该种谈判，还规定如果任何一方成员认为另一方成员的补贴已对自身造成威胁，那么可以有就该事项进行磋商的权利；另一方面也允许发展中国家在处理该问题时留有一定自由的空间。

（3）承担特定义务

①市场准入

GATS 第十六条要求各成员方在该总协定确定的服务提供方式的市场准入时，给予其他成员的服务的待遇，不得低于其在具体的减让表中所同意和表明的条款，同时还规定在对市场准入做出承诺的部门，不得采取如下措施除非在其减让表中列明，这些措施包括：

（a）无论以数量配额、垄断、专营服务提供者的形式，还是以经济需求测试要求的形式，限制服务提供者的数量；

（b）以数量配额或要求经济需求测试的方式，限制服务交易或资产的总金额；

（c）以配额或要求经济需求测试的方式，限制服务业务的总量；

（d）以数量配额或要求经济需求测试的方式，限制某一特定服务部门可雇佣的或一服务提供者可雇佣的、对一具体服务的提供所必需或直接有关的自然人的总数；

（e）限制或要求一服务提供者通过特定类型的法律实体或合营企业提供服务的

措施；

(f) 通过对外国持股的最高比例或单个或总体外国投资总额的限制来限制外国资本的参与。

②国民待遇

该条规定了国民待遇并非针对一方成员所有的部门，而仅仅涉及一方成员列入减让表当中的部门，具体指：在这些具体部门中，每一成员应该在影响服务提供的所有措施方面给予别国的服务和服务提供者的待遇，不应当低于其所给予的国内服务或服务提供者的待遇。其次，规定了例外情况，也就是说如果给予的是形式上相同或不同待遇的，应当满足该协定第五条的规定。最后还具体规定了不利待遇的含义。

(4) 逐步自由化

这部分共3条，具体包括对具体承诺的谈判，具体承诺减让表以及减让表修改的程序。其具有“逐步”和“自由化”两层意思，这点对于发展中国家和地区是极为有利的。

①具体承诺的谈判

首先，该条第一款规定：各成员应在不迟于《世界贸易组织协定》生效之日起5年启动新一轮的多边谈判并在此后时间里定期进行连续回合的谈判，以期逐步实现较高水平的自由化。其次，该条第二款的内容体现了GATS第四条关于“发展中国家进一步参与”的精神，其明确提出：自由化进程的进行应适当尊重各成员的国家政策目标及其总体和各部门的发展水平，对于发展中国家，其不应该被要求承担与其发展目标和技术目标相抵触的自由化方式，应根据其实际的市场竞争力和服务的出口水平来掌握，而不是由设定的通过假想而得出的机会来评价。最后，其第三款规定：对于每一回合，应制定谈判准则和程序，在制定此类准则时，应参照本协定包括GATS第四条第一款的所列目标来对服务贸易总体及各部门进行评估。

②具体承诺细目表

该条第一款规定：每一成员应在减让表中列出其根据本协定第三部分作出的具体承诺。对于作出此类承诺的部门，每一减让表应列明：(a) 市场准入的条款、限制和条件；(b) 国民待遇的条件和资格；(c) 与附加承诺有关的承诺；(d) 在适当时，实施此类承诺的时限；(e) 此类承诺生效的日期。该条最后一款还同时规定：具体承诺减让表应附在本协定之后，并应成为本协定的组成部分。

③减让表的修改

本条首先规定在减让表中的任何承诺生效之日起3年期满后的任何时间可以做出修改或者撤销，而且此撤销与修改的意向应当在不迟于实施修改或撤销的预定的日期前三个月通知服务贸易理事会。其第二款规定了当这种修改和撤销使得其他成员国的利益受到影响或伤害时，该成员可以请求与修改成员方进行谈判，并在此基础上本着最惠国待遇的原则作出对受到不利影响或伤害的成员国补偿性调整的协议。该条第三款主要是关于上述所讲的受不利影响或伤害的成员方未就补偿调整协议在规定期限与修改成员一方达成协议时，有提交该事项仲裁的权利。第四款规定了修改方如未做出符合规定的补偿调整时，不可修改与撤销其承诺以及未遵守仲裁结果时的不利后果。

最后一款规定了有权利更正或修改减让表制定程序的机构是服务贸易理事会。

（5）组织机构条款

该部分共五条，具体包括磋商、争端解决与执行、服务贸易理事会、技术合作以及与其他国际组织的关系。这部分主要是组织机构条款，主要规定了 GATS 的争端解决机制。该部分第二十二条以及第二十三条是关于服务贸易引起争端时所需要的争端解决机制。第二十三条中第一款规定，本协定的任一成员认为依协定项下应得的利益另一成员没能实现或未能履行应尽义务时，当受损害方在一段时间没能达到满意的结果时，可以将该争端提交“争端解决机构”。该条第二款指出，争端解决机构在认为必要时，可以同该争端有关的各方或关联的任何政府间组织进行磋商，继而可以授权损害方中止其义务或者具体的承诺。该条第三款指出了当按 GATS 第三部分的利益受到损害时，可以诉诸争议解决谅解，按第二十一条达成补偿性协议，如果不能达成满意的协议，可以适用争议解决谅解第二十二条的相关规定。

（6）最终条款

本部分规定了 GATS 中利益的否定以及关于一些术语的定义。

3. 附录

第二十九条声明本协定的附件是本协定的有机组成部分。其内容包括：最惠国待遇豁免的附录；提供服务的自然人流动的附录；空中运输服务的附录；金融服务的附录；金融服务的附录二；海运服务谈判的附录；电信服务的附录；基础电信谈判的附录。《服务贸易总协定》的附录有不同目的。通信与劳动力移动附件定义了供应服务的模式；金融服务的附件结合该部门的特点，比较谨慎地做出减让安排，《金融服务附录一》对金融服务的范围和定义，有关金融服务的国内法规、认可以及争端解决等实质性内容作了规定，《金融服务附录二》主要对金融服务贸易谈判的时间安排做出了规定；空运附件则规定了《芝加哥条约》中有关交通权利对最惠国待遇条款的免责。此外，在 GATS 和部长会议确定的原则基础上，各成员在“乌拉圭回合”谈判结束后，继续进行各具体服务部门开放市场的谈判，并达成了若干协定。虽然这些协定不作为一揽子协定的组成部分对各成员方自动生效，而需各成员方签字承诺后才生效，但其推进了服务贸易的自由化。

三、《服务贸易总协定》的主要缺陷及后续谈判

（一）GATS 的主要缺陷

1. 加剧发达国家与发展中国家服务业、服务贸易发展的不平衡

GATS 在带来众多好处的同时，也使得竞争力不同的各国服务业、服务贸易的发展速度存在不同。由于发达国家具有高新的技术、全新的服务行业，因此随着《服务贸易总协定》的全面实施，发达国家必以其先进的技术、高素质的人力资源和良好的形象占据国外市场，使本国的服务出口大幅度的增长，而对于发展中国家来讲，GATS 虽然会促进其传统的服务业的发展，但也会对于其尚未成长起来的高新技术服务部门带来一定的消极作用，并由此而影响其服务贸易的全面发展。

2. 减让结果不尽如人意

服务贸易减让的部门覆盖率不高，单从市场准入方面来看，高收入国家的覆盖率也都不超过50%，发达国家承诺的部门大多是比较适宜开放的部门，而在娱乐服务、社会服务、健康服务、教育服务、研究与开发服务、运输服务、邮政服务等方面的承诺较少，而这些发达国家承诺较少的领域往往是发展中国家有比较优势的国际服务贸易领域。

3. 贸易规则的约束力不强

由于GATS中的国民待遇与市场准入都需要各成员依据自身的发展实力按照具体承诺表中所列明的服务部门和提供方式分别承诺，而不具有普遍的适用性。因此，这两条不具有普遍适用性的原则，大大地降低了国际服务贸易多边规则的约束力。另外，GATS也没有对各国国内政策作严格的限制，其允许在没有歧视性待遇、不有损于经济效益的前提下实施部门政策，这也对国际服务贸易的自由化造成了限制。

（二）GATS的后续谈判

1. 完善框架协议的谈判

在1994年4月结束的“乌拉圭回合”中，各成员方对国际服务贸易的谈判都是初步的。从1995年1月开始，在服务贸易理事会的指导下，各国政府通过在保障措施、补贴和政府采购等方面的谈判来完善框架协议。

（1）服务业紧急保障问题

对于该问题，各成员方的争议颇多，首先是关于保障条款的作用问题，发展中国家认为保障条款将会激励有关各方面做出更积极、更务实的有关服务贸易自由化的承诺，而持否定态度的成员方则认为，GATS中已经包括了有效的保障措施，再确立保障条款将是一种贸易保护主义的体现。另外就是如何对实施保障措施的情况加以确定的问题。根据发展中国家的要求：因履行GATS所规定的开放义务而导致服务进口大量增加而使国内有关服务提供者要求采取保障行为以补救所遭受的侵害，即出现了第十四条的情况；政府为了达到某些政策目标，采取的维护国内服务业生存的行动，即对国内服务业保持最低控制的政府行为。

（2）服务业补贴问题

“乌拉圭回合”谈判后，关于服务补贴的讨论主要集中在区分不同的服务业补贴，对于不同目的、不同方式的补贴要区别对待。另外，就是由于服务统计的搜集难度较大，而且对于各国在关于服务贸易的概念、部门分类及很多术语的解释方面存在较大的差异，这使得对补贴的幅度很难进行衡量，这些都使得关于补贴规则的谈判步履维艰。

（3）政府采购问题

该问题主要集中在各成员方是否愿意在服务的政府采购方面维持现状。审议工作组还就以下问题展开了热烈的讨论：为何大部分国家和地区还未加入政府采购协议；工作组的工作职责和范围；关于政府采购规定的多边程序的进一步扩大；在更广泛的基础上建立程序规则的可能性；如何使GATS的透明度适用于服务贸易的政府采购措施等。

2. GATS 的进一步谈判

2000 年 6 月，世界贸易组织服务贸易理事会启动了新一轮的谈判，按照服务贸易理事会的安排，服务贸易多边谈判的议题主要集中在：服务贸易部门的进一步开放，这主要体现在各国的承诺出价上；GATS 本身协议的完善，主要集中在对于垄断、反补贴、保障措施等具体规定的明确；服务的标准化，即对服务提供者和服务产品建立质量标准规范来约束服务贸易的行为。新一轮的谈判的目的在于完善《服务贸易总协定》的各项规定，同时各国继续对服务贸易自由化做出进一步的承诺。虽然经过了多年的谈判，但是新一轮的谈判并没有取得实质性的进展，服务贸易自由化的进程进展缓慢。

第二节　区域服务贸易规则

在经济全球化发展的同时，区域经济一体化的程度也在不断地加深。因此，除了 GATS 以外，区域性的服务贸易协议也对世界服务贸易的发展产生了巨大的影响。下面我们将重点介绍一些影响较大的区域服务贸易规则。

一、欧盟服务贸易规则

欧盟内部服务贸易一体化的历史渊源可以追溯到 1957 年缔结的《罗马条约》。1957 年 3 月于罗马签署的《建立欧洲经济共同体条约》（EEC，以下简称《罗马条约》），以“各成员国之间废除阻止人员、服务和资本的流通各种障碍”为其宗旨之一，其是欧共体规范区域内服务贸易最重要的法律文件。该协定的调整范围虽然涉及大量的服务活动，但是，调整具体服务部门的规范并未在其第三章“服务”中加以规定，而是散见于其他各有关章节。例如，在运输领域提供服务的自由受第四篇“运输”规则的支配；而与资本流通相联系的银行和保险业的自由化，则是在第四篇第四章“资本”中加以规定；此外，第八篇“社会政策、教育、职业培训和青年”、第九篇“文化”、第十二篇“跨欧洲网络”和第五部分关于“金融”的规定中均有所涉及。

从广义上来看，《罗马条约》提出的四大自由，除了商品外都与服务业相关。首先是关于人员的自由流动。欧盟内部统一市场的服务贸易协议以指令形式出现，取消了人员自由流动的障碍。《罗马条约》第五十二条规定：“必须在过渡时期内逐步消除对某一成员方公民在另一成员方公民建立代理机构、分支机构及附属机构的活动。”第四十八条规定：“在共同体内部，劳动者的自由往来最迟应在过渡时期结束时得以实现。”“它包括消除对成员方劳动者之间在就业、报酬及其他劳动条件方面基于国际的歧视。”其次，是有关金融服务的规定。欧盟 1999 年发起的金融服务行动计划，对金融服务市场一体化所需要的法律与非法律措施以及相应的时间路线图做出了规定。在银行方面，制定了各成员国银行监督制度，特别是协调营业许可条件，消除银行服务活动和设立分支机构的内部障碍。在保险方面，也消除了各成员方之间保险服务开业权和经营权方面的限制。再次，在运输服务业方面，《罗马条约》第七十四至第八十四条就运输方面的歧视规定了一些明确的禁令。自20世纪80年代开始，欧盟逐渐形成了共同海运制度，通过多项法规和指令对承运人资格、货运和客运的共同规则、船只安全、环境污染做出了国际标准的规定，制止海运和内河运输的不正当竞争行为，保护成员国不受第三方不正当竞争行为的影响。各国航空公司在各成员国之间可以自由从事航空运输业务，1992年欧盟理事会还通过了关于汽车运送旅客的共同规则。最后，在电信服务业方面，欧洲委员会建议各成员国将电信也由国家垄断逐步转向以竞争为导向，并使政府和企业在电信管理功能上实行明确的分工。1988年1月1日，欧盟15国更是宣布全部放开电信服务，实施电信服务贸易的自由化。

二、北美自由贸易区服务贸易规则

美国、加拿大和墨西哥三国签署的《北美自由贸易协定》（North American Free Trade Agreement，NAFTA）于1994年1月1日起生效。NAFTA是《美加自由贸易协定》的进一步扩大，突破了贸易自由化的传统领域，纳入到服务贸易领域，自由化步伐迈得更大，在一定程度上成为"乌拉圭回合"谈判《服务贸易总协定》的范本。

《北美自由贸易区协定》涵盖的服务部门相当广泛，NAFTA共有十九章，其中涉及服务贸易的内容就有八章，具体如下：第十二章"跨境服务贸易"覆盖了绝大多数服务领域，涉及各成员国政府影响服务贸易的大部分措施（补贴和政府采购除外）；第十三章、第十四章分别就电讯服务、金融服务进行了专章规定；第九章"与标准有关的措施"、第十章"政府采购"、第十一章"投资"、第十五章"竞争政策、垄断和国有企业"、第十六章"商人临时入境"都有相关规定。此外，还有一些附录，包括陆地运输、专业服务和对协定的特殊保留和例外规定。

NAFTA有关服务贸易规则的内容主要如下：在服务的范围方面，该协定覆盖的服务部门相当广泛。第十二章"跨境服务贸易"建立了旨在实现跨境服务贸易自由化的规则和原则框架。其采用列举"否定清单"的方式来规定其适用服务部门的范围。该章明确规定不适用于下列的服务和活动：①金融服务、与能源或基础石油化工有关的服务；②航空服务及其支持服务（除航空器维修服务和特种航空服务之外）；③跨境劳工贸易、政府采购、政府补贴、成员国政府所进行的与法律执行、收入保障、社会福利和国家安全有关的活动。在国民待遇和最惠国待遇方面，协定要求各成员在协定生效后，立即消除与国民待遇原则和最惠国待遇原则相违背的措施；在市场准入方面，第十二章"跨境服务贸易"还规定了"非歧视性数量限制"，即允许实行非歧视性的数量限制，但要求每一成员把在某一行业限制服务提供者的数量或活动的非歧视性措施列明，其他成员国均可要求对这些措施进行咨询以及就这些限制性措施的自由化及取消进行谈判；在透明度方面，协定规定：每一成员方须保证其与协定相关的法律、法规、程序及行政规章及时出版或以其他方式公布；对于垄断性行业的服务提供者方面，协定规定：①不得采取与协定义务不一致的措施；②在购买或提供垄断性服务时，必须仅依商业考虑行事；③对于其他缔约方的服务提供者不得给予歧视；④不得滥用垄断优势直接或间接（通过其母公司、子公司或其他关联企业）在非垄断性市场上采取不正当的手段；在贸易争端解决机制上，NAFTA不仅包括成员国之间的贸易争端，而且还包括投资者或者服务提供者与成员国之间的贸易争端。

三、与中国有关的服务贸易协议

（一）中国-东盟服务贸易规则

2007年中国与东盟10国签订了《服务贸易协议》，成为了2010年正式实行的中国—东盟自由贸易区协议的一部分。其宣告了服务业的开放，使得服务贸易自由化进入了新的阶段。该服务贸易协议是典型的发展中国家之间缔结的服务贸易协议，其规范了中国与东盟服务贸易市场与服务贸易的有关问题，共33个条款和1个附件。关于服务贸易的相关定义和协议的管辖范围，该协定均与《服务贸易总协定》相同，并将政府服务排除在协议范围之外。在义务与规则方面，除了按照《服务贸易总协定》的模式规定了行为准则，而且对于柬埔寨、老挝、越南、缅甸规定了特殊的参与条款。该协定采取“肯定清单”的方式，中国以及东盟10国都相应地明确了具体开放的部门和措施。

（二）中国—瑞士自贸区中的服务贸易安排

2013年7月6日中瑞双方签署《中国—瑞士自由贸易协定》，2014年7月1日正式实施，这是中国与欧洲大陆国家签订的首个自由贸易区。中瑞自由贸易区协定包括货物贸易、原产地规则和实施程序、海关手续和贸易便利化、贸易壁垒、技术性贸易壁垒、卫生与植物卫生措施、服务贸易、投资促进、竞争、知识产权保护、环境问题、经济技术合作、机制条款、正当解决和最后条款等十六章内容，以及关税减让表、产品特定原产地规则、原产地证书声明、纺织品标签、服务贸易及具体承诺减让表等11个附件。其中，服务贸易是其中很重要的一章，瑞士作为国际贸易的金融中心，掌管全球三分之一的贸易及相关金融服务，因此，金融领域的合作将对双方有着深远的意义。

（三）中国—韩国自贸区中的服务贸易安排

中韩自贸区于2012年5月启动双边协定的谈判，经过14轮的谈判，于2014年11月结束谈判，这是东亚地区最高水平的自贸区协议，于2015年12月20日正式生效。该协定除序言外共22章，中韩自贸协定范围涵盖货物贸易、服务贸易、投资和规则共17个领域，包含了电子商务、竞争政策、政府采购、环境等“21世纪经贸议题”。在服务贸易领域，中韩双方参照GATS条款，就适用范围、市场准入、国民待遇、具体承诺减让表、其他承诺、国内规制、透明度、支付与转移、利益的拒绝给予、服务贸易委员会等相关义务要求做出了安排。

（四）中国—澳大利亚自贸区中的服务贸易安排

2015年6月17日，中国商务部部长高虎城与澳大利亚贸易与投资部部长安德鲁·罗布在澳大利亚堪培拉分别代表两国政府正式签署《中华人民共和国和澳大利亚政府自由贸易协定》。其包括正文部分和4个附件，正文部分除序言外共17章。中澳自贸协定是中国与西方主要发达国家签署的高水平的自贸协定，双方在服务领域达成的谈判成果主要体现在以下几个方面：首个贸易伙伴以“负面清单”对中国服务贸易作出开放承诺的协定；双方人员往来实现了重大突破；两国还就金融、教育、法律和中医等重点领域的合作达成了一系列重要的共识。

思考题

1. 请简要阐释《服务贸易总协定》的一般义务与原则。
2. 请简要阐释欧盟、北美自由贸易区各自的区域性服务贸易规则的相同点和不同点。
3. 请简述“乌拉圭回合”服务贸易谈判的历程。
4. 请简要阐释新一轮服务贸易谈判的主要内容。
5. 请简要阐释《服务贸易总协定》的重大意义与主要缺陷。
6. 请简要阐释《服务贸易总协定》的基本框架。

第六章　国际服务贸易竞争力

第一节　竞争优势理论在国际服务贸易中的应用

国际服务贸易竞争力指一个国家在世界市场上参与经济竞争并不断增加财富的能力。其含义包括四个方面的内容：国际竞争力的主体可以是国家、产业或企业；竞争的范围是经济领域，从产品竞争力来看既包括有形产品，也包括无形产品；竞争的空间是世界市场；国际竞争力涉及一个国家的诸多方面，如科技水平，基础设施条件、政府行为、企业素质和劳动力的工作态度等。

一、国际服务贸易竞争力主要理论

进入20世纪中叶尤其是80年代以后，世界贸易形态已经不再满足于生产要素的比较优势理论了。比较优势理论更适用于18世纪、19世纪和20世纪上半叶，因为当时产业结构粗糙，生产的形态以劳动密集型而非技术密集型为主。但是，随着技术变迁和资源条件变化及经济全球化导致了世界经济出现了重大变革，基于生产要素的比较优势理论的局限逐渐暴露出来。

1980年、1985年、1990年，美国著名管理学家迈克尔·波特分别发表了《竞争战略》《竞争优势》《国家竞争优势》即“竞争三部曲”。其中，基于经典国际贸易的相关理论，在著作《国家竞争优势》（1990年）中，迈克尔·波特提出了“钻石模型”，用以解释国家在国际市场上如何取得竞争优势。

长久以来，一个国家如何在某个给定产业上获得长久的国际贸易竞争力是学术界讨论的焦点。迈克尔·波特用“钻石模型”，回答了这个问题，即一个国家的国内经济环境对企业竞争力的发掘有极大的影响，其中最重要的直观因素有生产要素，需求因素，相关产业和辅助产业，企业战略、组织结构和竞争状态，机遇，以及政府行为。其中生产要素（包括人力资源、天然资源、知识资源、资本资源、基础设施），需求因素（本国市场的需求为主导），相关产业和辅助产业（这些产业和相关上游产业是否存在国际竞争力），企业战略、组织结构和竞争状态，这四个因素是特定产业国际竞争力的决定因素，剩余的两个因素机遇和政府行为也会对产业的国际竞争力产生了非常大的影响力。因此，一个国家的众多产业中，能够脱颖而出的极具国际竞争力的产业必然是上述六个因素均占优势的产业。迈克尔·波特的“钻石模型”提供了产业国际竞争力的六个重要因素来源。

（一）生产要素

赫克歇尔和俄林在“要素禀赋论”中指出生产要素（Factor of Production）是指生产活动所必须具备的主要因素或在生产中必须投入或使用的主要手段。这通常指土地、劳动和资本三要素，加上企业家的管理才能为四要素。要素价格则是指生产要素的使用费用或要素的报酬。例如，土地的租金，劳动的工资，资本的利息，管理的利润等。迈克尔·波特在竞争三部曲中对生产要素的定义要宽泛得多。他把生产要素分为基本要素和高等要素，基本要素包含了自然资源、气候、地理位置、非熟练和半熟练劳动力等先天拥有或后期不需要花太大代价就触手可及的要素。高等要素包括现代化的信息技术设施、专业化的人力资本、高精尖学科的研究所等需要通过长期投资和后天漫长时间研发形成的要素。

早期行业发展中，基本要素占据了企业竞争力的核心因素地位，但是随着世界贸易的发展、科技技术的不断创新，除了少数天然产品或农业为主的产业等，高等要素逐渐替代基本要素，成为企业国际竞争力的重要必备条件。鉴于基础要素的重要性下降，高等要素的重要性随之上升，国家要举全国之力投入持久而大量的人力资本，完善政治、法律、文化等相关体系。高等要素的供给相对稀缺，同时也很难从公开市场中获得，因此，发展高等要素，提高产业国际竞争力，是国家的当务之急。

迈克尔·波特还把生产要素分为通用要素（不同行业通用的生产要素）和特殊要素（使用面相对较窄的人才、基建和冷门专业知识等）。相较于通用要素，特殊要素对提高国际竞争力更重要。

（二）需求条件

需求条件是国内市场对某一产业提供的商品或服务的需求。企业基于国内市场需求而建立的生产方式、组织结构、市场营销是否能顺应国际市场，有利于国际竞争，是评判厂商是否具有国际竞争力的重要影响因素。本国需求条件是否有利于国际竞争，取决于这几个方面：本国需求的结构、本国需求的规模、本国需求的成长速度、本国需求的质量、本国需求的国际化。

本国需求的结构：本国需求结构的合理性决定了本国产业结构的合理性。一个国家的需求结构的合理性甚至能决定一个国家经济机构的合理性。在合理需求结构下孕育而生的企业，更易于拥有竞争优势。

本国需求的规模：本国需求的规模大小能影响到企业的国际竞争力。例如，如果国内市场的需求旺盛，则有利于企业保持竞争，形成规模效益，而规模效益带来的成本下降，则提升了企业的国际竞争力。

本国需求的成长速度：本国对某种产品的需求，如果快速饱和，将促使国内企业持续创新，来保持产品差异化带来的优势地位。这也给企业带来了竞争优势。

本国需求的质量：国内市场需求的质量可以从三个层面来看，一是细分需求，二是挑剔需求，三是超前需求。如果从全球的细分市场来看，本国企业提供的商品所占份额较大，则该企业的商品具备国际竞争力；如果本国的企业经常面对的是挑剔的消费者，则这种压力下迫使企业创新产品、提高商品和服务的质量；如果本国的需求具有前瞻性，则为这种需求服务的厂商也发掘了先机，走在了世界前列，它所掌握的生产方式和市场营销等都使得企业在未来开拓外国市场时占据了竞争优势。

本国需求的国际化：一个国家的开放程度越大，则一个国家国民对具有别国消费习惯的商品的接纳度也越高，厂商为了迎合这种需求特征而生产的商品，在国际上的接纳度也越高。换言之，本国需求越国际化，企业的商品国际化特质越明显，企业的国际竞争力越强。

（三）相关产业和辅助产业

一国在国际市场具有竞争力的优势产业往往是由很多相关产业组成的一个产业群，如德国的纺织服装业包括高质量的棉花业、合成纤维业、纺织机针制造业和一系列纺织机械制造业。相关产业和辅助产业之所以能够提高产业的国际竞争力，主要来自于企业的上游产业在设备和零部件方面的扶持和相似企业在生产合作、信息共享等方面的支持。又如瑞士制药业的竞争力来源于其过去染料工业的竞争优势；美国在PC和其他技术先进的电子产品方面的竞争优势受到其半导体工业的竞争优势的有力支持。这些纵向和横向的支持带来了互相促进、扩大优势的作用，甚至表现为优势产业群。其具体过程为具有国际竞争力的供应商提供上游产品和中间产品从而带动下游产业的竞争力提高。关联产业因为相同的技术和供货，容易共享信息促进合作，还带来技术外溢的效果，生产效率提高，从而国家生产体系和营销体系链的升级。另外，当一种产业的国际竞争力提升时，它的“互补”产业也相应地提高了竞争力。因为互补产品，往往具有捆绑消费的特质。

（四）企业战略、组织结构和竞争状态

企业战略、组织结构和竞争状态包括企业的经营理念、经营目标、工作动机、同业竞争对手的经营状况等方面。不同国家和不同行业的战略、结构、状态差异很大。但是其中能真正带来企业国际竞争力的，还是企业的战略发展目标，这往往不容易被模仿，当外部环境发生改变后，战略发展的变化促使企业适应外部环境的变化。

上述的四个关键要素相互配合、相互作用，才能共同提升产业的国际竞争力。

（五）机遇因素

机遇因素，包括不可预测的突发事件，重要发明，技术突破，生产要素供求状况的重大变动（如石油危机），战争等。为弱势企业创造了后来居上的可能性，当然也可能使本来具备竞争力的产业一蹶不振。

（六）政府政策

政府在市场中的干扰行为，可以直接影响产业发生变化。政府政策具体落实在补贴、生产标准、竞争条例等方面，从而达到影响企业竞争优势的目的。但是，必须明确的是，政府本身不可能直接为企业创造竞争优势。

二、竞争优势理论的拓展

迈克尔·波特提出的影响产业国际竞争力的六个重要因素来源，直接验证了国际

服务贸易自由化与国际服务贸易竞争力的关系。国际服务贸易自由化可以带来成本优势和产品差异化，从而提高企业甚至国家的竞争力。由此，服务贸易支持企业甚至国家的竞争力的基本要素可以分为六大类：服务资源要素、服务市场要素、服务技术（高技术）要素、服务资本（投资）要素、服务管理要素、服务产品要素。

服务资源要素：昂贵的初始投资创造出服务交易对象，如数据库、网络信息、软件、音像制品、专利技术、文艺作品或其他知识产权产品等，构成了企业服务资源的基本要素之一。相比于自身开发服务资源，服务贸易使企业能够获得相对成本较低的服务资源从而占据竞争优势，取得竞争力。

服务市场要素：服务贸易为国内企业提供了一条国际化的路径，即使用国际服务市场的可能性。一来，外国服务产品和企业要进入本国的市场，则竞争加剧，使得国内服务价格下降和质量提升；二来，服务贸易的程度加深，使得对外出口的国内服务商也得到了低成本参与国际竞争的优势，提高了本国服务企业的国际竞争力。

服务技术（高技术）要素：服务贸易溢出效应使本国企业能获得最新的技术和信息以获得成本优势和产品优势，提高了本国企业的竞争力。

服务资本（投资）要素：服务贸易经常与对外直接投资相关联。服务贸易带来外国直接投资（FDI），而外国资本的持续流入也产生大量的各种跨国服务需求。这种需求是世界经济全球化发展的直接结果，其具体形式直接表现为跨国公司的内部贸易和产业内贸易的需求。因此，本国的服务企业将得到这些跨国企业需求方的服务支持。

服务管理要素：当前的服务类产品多数属于技术密集型或者管理密集型。服务贸易过程，实施了服务管理的过程，也提高了服务管理技术的资料。综合而言，服务贸易能提升企业的服务管理效率。

服务产品要素：服务贸易内含的服务技术、资源管理、市场和投资诸多要素有形或者无形的跨越国界的流动，必然促进服务产品的生产和销售，从而促进企业产业结构升级和规模的扩大，提高服务企业的竞争力。

事实上，在迈克尔·波特的“钻石模型”发展演变的过程中，他也指出，国家经济竞争力发展可分为四个阶段，即生产要素导向阶段、投资导向阶段、创新导向阶段和富裕导向阶段。其中前三个阶段是国家竞争优势发展的主要力量，通常会带来经济上的繁荣，第四个阶段则是经济上的转折点，有可能因此而走向下坡。

第一，生产要素导向阶段。在经济发展的最初阶段，几乎所有的成功产业都是依赖基本生产要素。这些基本生产要素可能是天然资源，或是适合作物生长的自然环境，或是不匮乏且又廉价的一般劳工。这个阶段中的钻研体系，只有生产要素具有优势。在这种条件下，只有具备相关资源的企业才有资格进军国际市场。

第二，投资导向阶段。在这一阶段中，国家竞争优势的确立以国家和企业的投资意愿和投资能力为基础，并且越来越多的产业开始拥有不同程度的国际竞争力。企业有能力对引进的技术实行消化、吸收和升级，是一国达到投资导向阶段的关键所在，也是区别要素导向阶段与投资导向阶段的标志。

第三，创新导向阶段。在这一阶段，企业在应用并改进技术的基础上，开始具备独立的技术开发能力。技术创新成为提高国家竞争力的主要因素。处于创新导向阶段的产业，在生产技术、营销能力等方面居领先地位。有利的需求条件、供给基础及本国相关产业的发展，使企业有能力进行不断的技术创新。在重要的产业群中开始出现世界水平的辅助行业，相关产业的竞争力也不断提高。

第四，富裕导向阶段。在这一阶段，国家竞争优势的基础是已有的财富。企业进行实业投资的动机逐渐减弱，金融投资的比重开始上升。部分企业试图通过影响和操纵国家政策来维持原有的地位。大量的企业兼并和收购现象是进入富裕导向阶段的重要迹象，反映了各行业希望减少内部竞争以增强稳定性的愿望。

三、比较优势理论与竞争优势理论的联系与区别

（一）比较优势理论

1817 年，大卫·李嘉图发表了《政治经济学及赋税原理》一书，首次提出了比较优势的概念，并发展了比较优势原理。李嘉图的比较优势理论是以一系列的假定为前提的：只考虑两种产品和两个国家；坚持劳动价值论，并假设所有的劳动都同质；生产是在成本不变的情况下进行的，即单位产品生产成本不因产量的增加而变化，也就是说不考虑规模效益；没有运输费用；包括劳动在内的生产要素都是被充分使用的，它们在国内完全自由流动，但在国际间不能流动；生产要素能自由地进出市场，从不占优势的行业自由地进入具有优势的行业，产品市场也是完全竞争的。

在 20 世纪初，H-O 的要素禀赋理论强调了自然资源禀赋对比较优势的影响。H-O 模型的分析也是基于一系列简化的假设：世界经济中只有两个国家，两种同质的商品和两种同质的生产要素，各国拥有的生产要素的初始水平是给定的，各不相同；两国的生产函数相同；不存在规模经济；两中商品生产具有不同的要素密集度，各种商品的要素密集度不随要素相对价格的变化而变化；市场结构是完全竞争的；要素在各国国内都可以完全流动，但不能在国家之间流动；没有运输成本；要素禀赋量是既定的，且可以充分使用。

20 世纪 70 年代后期，新贸易理论在 H-O 理论框架上引入人力资源、技术等高级要素，扩展了比较优势理论的内容。

（二）迈克尔·波特的竞争优势理论

比较优势理论是传统国际贸易理论的基石。美国哈佛大学商学院的波特教授在 20 世纪 80 年代发表了其著名的竞争三部曲，即《竞争战略》（1980 年）、《竞争优势》（1985 年）、《国家竞争优势》（1990 年），系统地提出了自己的竞争优势理论。

《国家竞争优势》一书在总结传统的国际贸易理论的基础上，提出了解释国家在国际市场上取得竞争优势的“钻石模型”。波特提出国家竞争优势理论是有着深刻的时代背景的。20 世纪 80 年代美国的一些传统支柱产业，如汽车制造业的竞争力被日本和西欧国家所超过；一些新兴产业也受到这些国家的强大竞争压力。如何提高国际竞争力是当时美国学术界、产业界、政府部门需要解决的一个紧迫问题。1983 年，里根总统设立产业竞争力委员会。波特就是这个委员会的成员之一。此外，经济全球化进程的加快，使国际竞争日趋激烈，获取竞争优势成为一个现实需求。波特的理论反映了时

代的需要，他的理论对20世纪90年代的美国对外贸易政策产生了重大影响。1993年，克林顿总统在其上任伊始，就宣称他的经济政策的目标是帮助美国在新的全球经济中“竞争取胜”。

（三）比较优势理论与竞争优势理论的联系与区别

比较优势理论与竞争优势理论二者之间既有一定的联系，又存在一定的区别。

比较优势理论与竞争优势理论的联系：

（1）比较优势和竞争优势是相互依存的。比较优势和竞争优势相互依存，都是生产力的国际比较，比较优势认为一国竞争力来源于各种生产要素的比较利益，而竞争优势认为一国竞争力来源于产业或企业内部的效率与创新。二者并不排斥，是一种互补关系。

（2）比较优势是竞争优势的基础。一国具有比较优势的产业往往易于形成较强的国际竞争优势，换句话说，比较优势可以成为竞争优势的内在因素，促进特定产业国际竞争力的提高。同时，一国产业的比较优势要通过竞争优势才能体现出来，即使是具有比较优势的产业，如果缺乏国际竞争力，也无法实现其比较优势。相应地，非常缺乏比较优势的产业，往往较难形成和保持竞争优势。

（3）竞争优势是比较优势的拓展和深化。在一国经济发展中，比较优势与竞争优势同时发挥作用。在一国的产业发展中，一旦发生对外经济关系，比较优势与竞争优势就会同时发生作用。任何国家都不可能在所有产业中都具有竞争优势，竞争优势不能完全消除和替代比较优势。竞争优势理论在研究方法上突破了比较优势理论的分析范式，从全新的视角演绎了竞争力理论的研究。但在其内容和逻辑上并不是对比较优势的否定，而是对比较优势理论的丰富和深化。

（4）竞争优势是比较优势发展的必然要求。竞争优势的取得需要根据经济环境和经济发展的情况循序渐进地进行，比较优势是竞争优势的基础，或者说，选择已经具有比较优势的产品或产业进一步拓展竞争优势要比培育完全没有比较优势的产品或产业更可行，成本更低。因此，比较优势与竞争优势具有互补性，竞争优势是比较优势发展的必然要求。

（5）内生比较优势理论与竞争优势理论所研究的一部分重要问题是相同的，如都关注知识与技术创新、规模经济对贸易的影响。

比较优势理论与竞争优势理论的区别：

（1）比较优势理论与竞争优势理论比较的范畴不同。比较优势是经济学范围，侧重于对“看不见的手”（价格机制）作用的研究；而竞争优势是管理学范畴，侧重于对企业、产业及政府等组织“看得见的手”作用的研究，强调的是非价格竞争和创新竞争。

（2）比较优势理论与竞争优势理论比较的前提不同。前提条件不同。比较优势理论的前提条件是完全竞争市场，不存在规模经济。李嘉图是在严格的假设条件下才得出比较利益的结论的，而H-O理论和动态比较优势理论也是假设完全竞争的市场条件。这种理想的市场状况与现实有很大的出入，在今日的国际市场上，除了少数的初级品可以被近似地认为是完全竞争市场，很多产品市场都或多或少地存在垄断。竞争优势理论在假设条件方面就与现实较相符，充分考虑了需求条件、竞争状况和相关产业的影响。

（3）比较优势理论与竞争优势理论比较的层面不同。前者侧重于一个国家不同产业（产品）间的比较，体现的是各地区不同产业之间劳动生产率的比较和相对优势。后者则是各国在同一产业上的较量，即竞争优势可以用来解释产业内贸易。

（4）比较优势理论与竞争优势理论强调的重点不同。前者更多地强调的是各国产业发展的潜在可能性，是一种潜在的竞争力。而后者更多地强调现实态势，是现实竞争力。

（5）比较优势理论与竞争优势理论产生优势的原因不同。比较优势理论认为比较优势主要取决于一国或自然或历史的初始条件，最终归结为一国的资源禀赋，是一种先天性条件，也是一种天然的竞争力。竞争优势理论认为虽然竞争优势与一国资源禀赋也有关，但主要取决于一国的创新机制，取决于企业的后天努力，与一国后天积累的因素有关。

（6）比较优势理论与竞争优势理论的实践意义不同。前者的实践意义主要是论证国家间产业分工与产业互补的合理性。后者则主要论证了国家间产业冲突和产业替代的因果关系。

（7）比较优势理论与竞争优势理论的立足角度不同。比较优势理论从全球的角度考虑，认为一国只有按照成本原则分工，就会增加成本的福利，并提高世界范围内的生产效率和资源配置水平，当然也有经济学家提到比较优势理论不仅仅是适用于国际间生产效率的比较，同样适合一国不同区域间的比较。

（8）比较优势理论与竞争优势理论的适用国家的类型不同。比较优势理论是所有类型国家经济发展战略的基础，但相对来说比较优势理论更适合发展中国家，而竞争优势战略更适合发达国家。竞争优势的许多结论不适合解释发展中国家的情况，它主要是根据发达国家尤其是美、日的成长过程所总结出来的。

（9）比较优势理论与竞争优势理论对国内需求的认识不同。比较优势理论是从供给的角度考虑的贸易理论，它忽略了国内需求对竞争优势的影响。竞争优势理论毫不含糊地指出国内需求同国家竞争优势之间的因果关系，在“钻石理论”模型中，需求因素是增强一个企业国际竞争力的四个主要因素之一。

（10）比较优势理论与竞争优势理论对一国应在国际贸易中所出口或进口的商品结构的解释不同。按照比较优势理论，资本充裕的国家应出口资本密集型的产品，劳动力充裕的国家应出口劳动密集型的产品，也就是说，贸易各国应出口本国具有比较优势的产品。竞争优势理论认为，具有比较优势的产品不一定具有竞争优势，而能够出口到国际市场的产品一定是具有竞争优势的产品。具有竞争优势的产品不但要有成本优势，还要有品牌、质量、垄断力等其他优势，比较优势只是竞争优势的一种，即成本优势，竞争优势才是一国出口商品的充分必要条件。

（11）比较优势理论与竞争优势理论提出的贸易政策不同。比较优势理论认为，通过自由贸易，贸易各方都得到了贸易利益，世界的福利也得到了提高，因此世界各国都应该实行自由贸易政策。竞争优势理论的要旨在于，国家应该尽可能地为企业创造有利于企业提高其竞争力的环境。竞争优势是创造出来的，而不是天生的，天生的禀赋仅仅是影响一国竞争优势的要素条件中的低级要素，更重要的是培养高级要素和特定化要素，国家的职责就是利用国家机器来干预贸易，使本国企业拥有或保持其竞争力。

（12）比较优势理论与竞争优势理论的分析方法不同。比较优势采用的是一般均衡、静态均衡分析方法。竞争优势采用的是一种非均衡的动态分析和局部分析方法。

（13）实践证明两者是相对独立的。有比较优势的产品不一定具有良好的市场业绩，而不具备比较优势的产品却可后天积累获得国际竞争力。

因此，对国际服务贸易竞争力的理论探讨应从比较优势出发，着眼于对竞争优势的理解分析，从而突出服务相比于一般商品的动态优势，形成真正的竞争力。

第二节　国际服务贸易竞争力指标

国际服务贸易竞争力指标有如下几个：

一、服务贸易总量

服务贸易总量考察一国（或地区）的服务贸易进出口总额、服务出口额、服务进口额、在世界的排位等，根据以上数据计算历年的增长率、顺差逆差等。

二、国际市场占有率

国际市场占有率是指一国某类产品出口额占全世界该类产品出口总额的比重。某类产品的国际市场占有率越高，则表明该类产品的国际竞争力越强，在竞争力比较中被广泛的采用。公式如下：

$$MS_{ij} = X_{ij}/X_{wj}$$

式中：MS_{ij}——i 国 j 产品的国际市场占有率；

X_{ij}——i 国 j 产品的出口总额；

X_{wj}——世界 j 产品的出口总额。

三、服务贸易对外开放度（对外依存度指标）

服务贸易对外开放度反映了一国贸易开放程度，是一个衡量一国某年进出口服务贸易总金额在该国当年 GDP 总额中占多大比重的概念。过高的服务贸易开放度说明一国对国外服务业市场的依赖程度高；过低的则相反。因此，服务贸易开放度又被称为对外贸易依存度。

四、竞争优势指数（TC 指数）

服务贸易竞争优势指数（Trade competitive Power Index），即 TC 指数，是对一国

（或地区）服务贸易国际竞争力分析时较常使用的测度指标之一，它表示一国进出口贸易的差额占其进出口贸易总额的比重，表明该国是某类产品的净出口国，还是净进口国，以及净进口或净出口的相对规模，常用于测定一国某一产业的国际竞争力，也可以用来比较不同国家之间同种产品的竞争力。

服务贸易竞争优势指数的基本公式：

TC＝出口（X）－进口（M）/出口（X）＋进口（M）

其中，进口和出口分别表示某一年度的进口额和出口额。

当用来衡量一国某产品的国际竞争力时，公式如下：

TC＝（产品出口额－该类产品进口额）/（产品出口额＋该类产品进口额）

该指标作为一个与贸易总额的相对值，剔除了经济膨胀、通货膨胀等宏观方面波动的影响，即无论进出口的绝对量是多少，它均在±1之间。当结果趋于1时，表明该产品国际竞争力强；当结果趋于－1时，表明该产品的国际竞争力弱。数值如果等于－1意味着只有进口，而数值等于1意味着只有出口。

五、显性比较优势指数（RCA指数）

$$RCA_{ij} = (X_{ij}/X_{it})/(X_{wj}/X_{wt})$$

式中：RCA_{ij}——i国j产品的显示比较优势指数；

X_{ij}——表示i国j类产品的出口额；

X_{it}——表示i国全部产品的出口额；

X_{wj}——表示世界上第j种产品的出口总额；

X_{wt}——表示世界所有产品的出口总额。

或者，服务贸易RCA指数（Revealed Comparative advantages）也可以理解为，一国服务出口对该国货物与服务总出口的占比和世界服务出口对世界货物与服务总出口占比的比值。

一般来说，如果RCA指数大于1，说明一国服务贸易具有显性比较优势；如果RCA指数小于1，说明该国服务贸易没有显性比较优势。一国RCA指数值越大，则该国的竞争优势就越大。为更细致评价贸易竞争力的强弱，可将RCA划分为5个区间：

（1）当RCA指数大于2.5时，表明该国服务贸易具有极强的比较优势。

（2）当RCA指数大于1.25，但小于2.5时，表明该国服务贸易具有较强的比较优势。

（3）当RCA指数大于0.8，但小于1.25时，表明该国服务贸易具有微弱的比较优势。

（4）当RCA指数大于0.4，但小于0.8时，表明该国服务贸易具有较小的比较劣势。

（5）当RCA指数大于0，但小于0.4时，表明该国服务贸易具有较大的比较劣势。

六、显示性竞争比较优势指数（CA指数）

CA指数是从出口的比较优势中减去该产业进口的比较优势，从而得到该国该产业的真正竞争优势。而RCA指数只考虑了一个产业出口所占的相对比例，并没有考虑该产业进口的影响。

$$CA_{ij}=(X_{ij}/X_{it})/(X_{wj}/X_{wt})-(M_{ij}/M_{it})/(M_{wj}/M_{wt})$$

服务贸易CA指数=（一国服务出口/该国货物与服务总出口）/（世界服务出口/世界货物与服务总出口）-（一国服务进口/该国货物与服务总进口）/（世界服务进口/世界货物与服务总进口）

如果CA指数大于0，服务贸易具有比较优势；如果CA指数小于0，服务贸易不具有比较优势。该指数越高，该国服务贸易国际竞争力越强；反之，该指数越低，该国服务贸易国际竞争力越弱。

七、净出口显示性比较优势指数（NRCA指数）

为反映进口对出口竞争力的影响，1989年贝拉·巴拉萨改良了显示性比较优势指数，用一国某一服务产业出口在总出口中的比例与该国该产业进口在总进口中的比例之差来表示该产业的贸易竞争优势。

$$NRCA_i=X_i/X-M_i/M$$

服务贸易NRCA指数=服务出口/货物与服务总出口-服务进口/货物与服务总进口

NRCA指数剔除了产业内贸易或分工的影响，反映了进口和出口两个方面的影响。因此用该指数判断产业国际竞争力要比其他指数更能真实反映进出口情况。

如果NRCA指数大于0，则表示该产业在国际竞争中存在竞争优势；如果NRCA指数小于0，则表示该产业在国际竞争中存在竞争劣势；如果NRCA指数=0，如果表示该产业贸易自我平衡。该指数值越高，国际竞争力越强；指数值越低，国际竞争力越弱。

第三节　不同国家的服务贸易情况

不同国家的服务贸易水平有很大的差异。本小节将重点介绍发达国家的服务贸易情况。

一、发达国家（经济体）的服务贸易

（一）美国的服务贸易

美国是世界上服务业最发达的国家。目前，服务业为美国创造了大部分的GDP，提供了逾八成的就业岗位。服务业的迅速发展促进了美国服务贸易规模的扩大。作为世界最大的服务贸易国，美国在金融、电信、交通运输、旅游、娱乐、咨询、教育培训、医疗保健等服务贸易领域都具有强大的竞争优势。美国成为世界头号服务贸易强国，不仅是其科技发展、产业结构升级的必然结果，其政府服务贸易的促进政策法规及其完善的管理体系也发挥了积极的作用。美国不仅设立了管理服务贸易的专门机构，

而且在联邦政府与各州政府之间、政府部门与企业和民间组织之间、立法机构与管理部门之间均形成了有效的协调机制。

服务业对美国的产出及就业影响较大，20 世纪 90 年代时，服务业收入可以占到美国 GDP 的七成，当年从事服务业的人口占总就业人口的八成。美国增长的就业机会大部分集中在服务领域。20 世纪 90 年代美国服务业的年均名义增长率达 6%，高于其他行业的年均增长率 5.6%。但 21 世纪以来服务业增长速度放缓，有些年份低于制造业增长。

服务贸易在美国对外贸易中的重要性日益显现。美国服务出口占总出口的比例平均维持在 27%左右。服务进口则呈现相反的发展趋势，服务进口占总进口的比例总体下降，反映出服务贸易对美国经济的贡献作用越来越大。

《幸福》杂志曾评出的世界最大的 500 家服务业企业中三分之一为美国公司。这些数字表明美国的经济类型已经从以煤炭、钢铁等制造业为主转向以计算机软件、生物工程技术开发等服务业为主。

美国十大服务业包括旅游、运输、金融、教育、商业服务、通信、设备安装维修、娱乐业、信息和医疗保健。美国在这些方面保持绝对的领先优势，具有很强的世界竞争力。以信息技术服务为例，20 世纪 90 年代，美国电脑与信息服务（包括电脑软件特许使用权）出口以 23.7%的年均速度递增。近年来，速度有所放缓。

美国服务贸易发展的特点是服务贸易发展平衡，经济贡献率高；信息技术的高速发展及电子商务的出现推动了服务贸易的发展；服务贸易顺差有效弥补了货物贸易逆差；服务业的各个部门发展态势良好；服务贸易的出口方向主要是发达国家。

综合来看，美国服务出口与国内服务业发展良性互动，支撑着国内经济增长，扩大了国内就业，较大程度上弥补了商品贸易逆差；美国服务贸易之所以取得巨大成功，既得益于美国自身在知识、技术和资本密集型服务业创造和积累的比较优势，又得益于经济全球化的迅猛发展和以信息技术为代表的新技术革命的发展这一机遇；既得益于美国企业市场扩张的努力，又与美国政府政策的推动和“护航”分不开。

美国服务业的有关产业政策：服务业是美国经济快速增长的一个部门，在美国的经济发展中占有极其重要的地位。美国在其亚太经合组织（APEC）1996 年单边行动计划中指出，其服务业在贸易和投资方面是世界最开放的体制之一，在商业、音像、教育、环境、金融、保险、文化娱乐等部门几乎没有限制。旅游部门不允许外国官方旅游机构在美国进行商业活动，海运部门有法定外籍船员比例限制，空运服务要符合美国联邦航空管理局的安全标准。1998 年的单边行动计划仍重复了 1996 年的看法，美国是世界最开放的地区之一，金融服务业、通信服务业已经开放，希望通过谈判开放 APEC 成员的民用航空业，而且将积极参加 2000 年开始的 WTO 多部门服务业谈判。1999 年，美国采取了相应的措施，取消了有线电视价格控制，同时承诺将在批发市场重组的基础上，开放零售市场，方便消费者选择，加强竞争。

在美国的服务业中，电信业是个正在蓬勃发展的产业，竞争程度高，并日趋激烈。基础电信（如电话、电视机和无线电）的拥有率早已达到了饱和点，但现在仍在上升，尽管上升的速度比过去慢。现在美国的电信营业额约占世界的 30%。美国在电信业方面提供完全的市场准入和国民待遇，没有任何的限制。《1996电信法》表明美国开始放宽电信市场，这是美国自1934年对通信立法以来的第一次重大改革。改革的主要内容有：结束地方电话公司的垄断地位，允许在地方电话服务中进行竞争，包括有线电视公司与传统的电话公司进行竞争；允许电力公司和煤气公司提供电话、有线电视及其他电信服务；对联邦或地方上的单独一方拥有或管理无线电视台和电视台的数目放宽限制；允许单独一方拥有或管理广播电网和有线电视网等。美国对于发展“全球信息基础结构”提出了五项原则：鼓励私营部门投资；促进竞争；对所有的信息提供者和使用者开放网络；建立一个灵活管理的环境以便能适应迅速变化的技术和市场；确保国际性的服务。

美国政府对服务业的管理：美国的服务业有相当一部分是政府官办或受政府管理的，据统计，美国联邦政府、州政府、地方政府为其服务业提供的服务，占全美服务业总值的20%左右。所以美国政府对服务业的管理较之于其他产业更直接、更具体。

美国政府对服务业管理的范围包括公用事业、运输业、通信业、银行业和保险业等。管理的目的是保护消费者利益和创造一个更有竞争力的服务业市场。管理的办法是政府限制服务业的收费标准、限制企业准入和退出市场、限制商家的投资收益以及限制各类服务企业可以使用的业务协定。具体实施办法是通过法规、法律文件和行政命令来强制实行。

政府对收费标准和市场准入的限制主要适用于运输业和金融业；对投资收益的限制适用于垄断性的电信、电力和煤气等大公司。这样做有利于打破垄断，倡导有序竞争的局面。

美国政府在加强服务业管理的同时，至少还推行了20项计划以帮助服务业提高国际竞争力。这些计划包括商务部国际贸易管理局提供的服务业全面出口计划、运输部提供的远洋航空计划以及出面为服务企业签订的有关双边协议、政府多家机构为促进服务业发展所提供的信贷计划等。服务企业也可获得政府专业性的、具体部门的管理和服务。如银行和证券公司可以通过财政部获得与外国企业同等的竞争机会；旅游公司可以通过国家旅游管理局的协助，吸引国外旅游者到美国旅行观光；小型服务企业可以通过小企业管理局获得直接贷款和贷款保护等等。

政府还通过制定政策和贸易法规为美国的服务业创造便利的条件。美国贸易代表办公室负责协调美国政府内的服务贸易政策的制定，并与其他的机构一起谈判有关服务的双边和多边贸易协定。国际贸易管理局和专利及商标办公室在国务院、美国贸易代表办公室、版权办公室等机构的配合下，负责保护知识产权和改进国际市场商业执照的条件，充分的知识产权保护对很多服务企业的竞争力至关重要，例如，计算机软件行业、电影业和音像录制业等。

此外，基于按不同的运输方式实施分别管理的管理模式已经过时，美国政府正在酝酿筹建“大运输部”，以期各运输部门之间的统一融合，以统一的规则、较少的行政机关和较少的工作人员，依靠信息化实施更高效的管理。大运输部很可能成为美国较为集中统一管理物流主要环节的政府行政管理部门。

（二）欧盟的服务贸易

欧洲一直以来是服务输入市场。50 年代后期经济迅速发展，出生率的下降，导致劳动力短缺，需要补充大量的服务人员。服务人员主要来自东欧、土耳其、北部非洲等地。近年来经济衰退，经济地位让位于美日；一般性服务人员需要减少，但仍是重要的服务输入市场，需要的主要是技术人员。

欧盟服务贸易发展的特点是：服务贸易进出口居于世界前列；欧盟服务贸易增长迅速；美国是欧盟最大的服务贸易伙伴；英国曾经为欧盟 15 国中最大的服务贸易交易国（但英国已经于 2016 年 6 月 23 日启动了脱欧程序）。

欧盟内部的服务贸易政策主要包含了人才自由流动政策、金融政策、运输政策和电信政策等。欧盟内部服务贸易一体化的历史渊源可追溯到 1957 年缔结的《罗马条约》。该条约明确指出，要消除共同体内各种经济障碍，实现“商品、人员、劳务和资本的自由流通”。可见服务贸易自由化被作为构建欧洲经济共同体的重要政策目标之一，占有非常重要的战略地位。从广义来讲，《罗马条约》提出的四大自由，除商品外，其余都与服务业有关。

对自然人移动设置壁垒，可能来自国籍或个人专业资格（文凭、学位、驾驶执照等）方面的考虑；而对后者企业法人的移动限制，则更多地集中在其执业资格的认定，即开业权和经营权的审定授予方面。为消除上述壁垒，《罗马条约》第五十二条规定：必须在过渡时期内逐步消除对某一成员国公民在另一成员国国土上营业自由的限制，这种消除限制同样应扩展到对居住于另一成员国国土上的某成员国公民建立代理机构、分支机构及附属机构的活动。第四十八条规定：在共同体内部，劳动者的自由往来最迟应在过渡时期结束时得以实现。它包括消除对成员国劳动者之间在就业、报酬及其他劳动条件方面基于国籍的歧视。根据上述规定，共同体成员国的任何一个公民都可以应聘于其他任何一个成员国的企业，可以因此而自由迁移，不仅可以因就业而居住于其他成员国，且在就业完毕后仍有权继续居留，也可以在其他成员国从事非工资报酬性质的活动。企业法人也拥有在其他成员国国土上依法建立公司、设立营业所或分支机构的权力。该条约比 GATS 关于自然人及其流动条件的概念、范围要宽泛得多，国民待遇原则体现得更全面、更彻底。

欧盟金融政策的内部协调始于 20 世纪 70 年代。金融服务一体化主要解决公司设立自由和经营自由两大问题。1977 年 12 月 12 日通过的欧共体的“第一项银行业指令”，便是走向协调信贷机构法规的第一步。其中特别重要的是提出了“母国控制原则”，即由特定信贷机构设有总部的成员国主管机构对该信贷机构经营于各成员国的分支机构实行全面监督，并就各成员国主管机构监督标准提出了要求。1989 年 12 月欧共体发布了“第二项银行指令”，对信贷机构的监督制度、特别是准许营业的条件作了统一规定。该指令具体协调内容包括：准许营业条件、自有资金与清偿比率、信贷机构与非金融活动的监管、会计规则等。附录制定了一个“银行业务项目表”，成为各成员国信贷机构的经营指南。它几乎覆盖了一般银行的所有经营项目。该指令要求成员国必须在 1993 年 1 月 2 日前通过其国内立法贯彻实施第二项指令的各项规定，这样，该指令实际上转变为直接约束欧共体银行业的统一法规。欧共体保险业内部一体化的目标也是要消除各成员国之间保险服务开业权和经营权方面的限制。

《罗马条约》奠定了共同运输政策的基础。条约第七十四条至第八十四条就运输方面的歧视规定了一些明确的禁令，更重要的是，授权执委会为一项广泛的共同政策提出建议，以实现共同市场的总目标。1961 年 4 月，《绍斯备忘录》确认了运输部门的四个特点：在提供基础设施方面高度的公共干预，导致价格不稳定的低下的供求弹性，大量传统的公共服务责任；运输和其他部门目标之间的复杂关系。正是对这些特征所持的观点确定了以后 12 年内共同运输政策发展的基调。《绍斯备忘录》建议的政策目标是：消除在整个共同市场建设道路上运输可能设置的那些障碍；在共同体一级把运输统一起来（在共同体内使运输服务自由流动）；在共同体内建立运输体系的总体组织。

对于电信政策，欧盟在电信业单一市场的建设目标是在 1998 年 1 月 1 日前在大多数成员国之间实现电信服务、网络系统服务的自由化。具体实施计划是：第一步是形成电信终端及网络设备的统一流通市场。这就要做好全欧盟范围内的统一标准化工作，1988 年建立的“欧洲电信标准研究院”有力地推动了这一领域的进展。第二步便是实现电信服务经营自由化。从 1990 年起，除少数部门（如公共电话及基础电信网络）外，欧盟陆续放开了增值电信、资料信息传输等几乎所有部门的业务经营限制。在移动电话领域、固定网络等领域里实行了全方位开放。

欧盟对外服务贸易政策制定的主要依据是 GATS。鉴于欧盟内部服务贸易一体化进展远远超过了 WTO 在这一领域的进展，因此，如何消除客观上带来的这种内部优于外部的影响，自然受到外部世界的关注。欧盟对外界多次重申，它的内部单一市场经济绝不排斥对外开放和外来竞争的增加。表现在：一是欧盟积极参与乌拉圭回合服务贸易多边体制谈判，并在 GATS 和其他相关协议中签字；二是在服务贸易开价单中，无论是市场准入还是国民待遇，都作出了较高的开放承诺。对此，世贸组织成员也给予了肯定的评价；三是在认真履行乌拉圭回合服务贸易谈判承诺义务方面，欧盟也有一些实际表现。

不过，欧盟在处理其对外贸易关系时一直有一种双边主义的倾向存在。这对其贸易伙伴来讲始终是一种不稳定因素。以金融服务为例，在银行、证券业、保险业的部门管理条例、理事会指令中，都有关于“互惠条款”的文字内容，其大意是，如果第三国（非欧盟成员国）对来自欧盟成员国的服务或服务提供者实行歧视待遇，欧盟委员会即可要求与该第三国进行谈判以求改变上述歧视性做法，并可要求欧盟成员国限制或延迟批准该第三国请求在欧盟设立子公司或取得欧共体公司股份的申请。这是一种典型的双边互惠型的“国民待遇”。

欧盟单一市场经济的特征决定了其市场准入和国民待遇的适用有其自身特点。具体到服务贸易，适用规则如下：原则上如果第三国公民或企业在欧盟某一成员国取得了开业或提供服务的许可权，那么根据欧盟内部“单一执照”制度，该第三国有关机构或个人便具有在其他欧盟成员国自由设立分公司或提供服务的权利。这就是说，在一个成员国选准突破口，便可获得整个欧盟的“通行证”。从这个角度讲，欧盟内部一体化政策协调程度越高，对外部带来的利益就越大。这一点对于工程、商业等服务业尤为重要。当然，欧盟现状中依然存在着内部协调尚未完全到位的情况，许多外部非成员国往往利用这些领域中的政策空隙，选择薄弱环节，寻找进入欧盟内部大市场的机会。可见内部一体化水平的高低会直接影响欧盟外部政策的实施效果。欧盟近年在一些主要的关键部门（如银行业）采取了一系列补救措施，旨在防止第三国规避行为的发生，加强内部的监管力度。

（三）日本的服务贸易

日本服务贸易的发展概况：日本是在乌拉圭回合 100 多个服务贸易领域作出放宽限制承诺的少数国家之一，在相当多的部门对外国机构没有规定，但在海上运输服务业和法律服务业方面有特殊的限制，日本计划在尽可能短的时期将这些部门推向自由化。1998 年的单边行动计划指出，日本单边行动计划改进的主要依据是 1998 年 3 月内阁批准的“放松管制的三年计划”，放松管制的领域包括：住房、交通、医疗、金融、电信等领域，服务业放松管制与解决结构性经济问题是相互关联的。日本在宾馆和饭店服务、旅行机构服务、导游服务方面没有市场准入和国民待遇限制。在海运代理服务、海上救助服务、燃料服务和垃圾回收服务等方面没有市场准入和国民待遇限制。在空运方面，在飞机的维修和保养服务方面有许可证限制；航空运输服务和计算机预定系统服务在市场准入和国民待遇方面没有限制；增加了对私营部门和外国民航局分发的执照数量。1999 年的单边行动计划表明，日本将修订《电信商业法》，尽量降低通信费率，并且考虑部分地开放电力零售供应，同时还将继续执行《信息技术协议》。

日本的服务贸易政策：日本的旅游业完全对外开放；积极倡导作为服务贸易基础的通信技术的发展；建设信息基础产业；集中力量从事研发工作；加强国际合作。

（四）澳大利亚的服务贸易

澳大利亚服务贸易发展概况：澳大利亚在给予国民待遇的基础上，专业服务部门大部分都对外国公司开放，只有法律服务例外。在出入境方面对商业专业人员和外国公司有具体规定。在旅游业的宾馆和饭店服务、旅行机构服务、导游服务方面没有市场准入和国民待遇方面的限制。1998 年承诺改革金融部门的管理体制以鼓励更加开放、有效的竞争，承诺取消外资进入四家国内主要银行的综合限制，放宽对外国船只在澳大利亚沿海获准从事贸易活动的限制。1999 年进一步指出，将在国际航空服务领域继续推进自由化，在符合国家利益的前提下，尽可能地与更多的经济体签订开放天空的协议，同时将澳大利亚国际民航部门外国投资的比例放宽到 49%。从 2000 年 7 月 1 日起，将对电信业完全开放，取消对网络基础设施提供者和安装者的数量限制，为新的电信服务供给者提供进入澳大利亚电信市场的机会。除了国有电信公司，对于外资进入电信业没有特别的限制。国有电信公司的 1/3 已经私有化，其中 35% 的股份可供外国投资者购买。

澳大利亚服务贸易发展的特点是：服务贸易出口结构发生变化；入境旅游络绎不绝；教育出口吸引大批海外学生；商务及专业服务业发展迅速；金融保险业走向国际化；主要服务贸易伙伴多元化。

第四节　中国的服务贸易竞争力

一、我国服务贸易国际竞争力的分析

（一）中国服务贸易出口额在世界上的排序及占有份额

一个国家（地区）服务贸易整体国际竞争力强弱直接表现为其服务贸易出口在世界市场上占有的位置与份额，即国际市场占有率。2014 年世界 10 个主要国家（地区）服务贸易出口额排序及占有份额中，中国服务进出口总额 6 043.4 亿美元，比 2013 年增长 12.6%，增速远高于全球服务贸易 4.7%的平均水平。其中，服务出口 2 222.1 亿美元，增长 7.6%；服务进口 3 821.3 亿美元，增长 15.8%。服务贸易逆差扩大至 1 599.3亿美元。据世界贸易组织（WTO）最新统计，2014 年中国服务出口额与进口额的全球占比分别为 4.6%和 8.1%，分别位居全球第五位和第二位。

随着中国经济结构转型升级，服务业规模不断扩大，带动服务贸易进入快速发展期，服务进出口额从 2007 年的 2 509 亿美元攀升至 2014 年的 6 043.4 亿美元，7 年时间里增长了 1.5 倍。“十二五”以来，中国服务贸易在对外贸易总额（货物和服务进出口额之和）中的比重持续上升。2014 年，中国服务贸易增速高出货物贸易增速 10.3 个百分点，服务贸易占对外贸易总额的比重达 12.3%，比 2013 年提高 0.8 个百分点。

2014 年，中国服务贸易逆差 1 599.3 亿美元，同比增长 35%。其中旅游贸易逆差为1 078.9亿美元，大幅增长 40.3%，占服务贸易逆差总额的 67.5%，是服务贸易逆差的最大来源。其次是运输服务、专有权利使用费和特许费逆差额分别为 579 亿美元、219.7 亿美元，均比 2013 年略有增长。保险服务逆差 179.4 亿美元，比 2013 年小幅收窄。

2014 年，中国加工服务顺差为 212.7 亿美元，是顺差最大的服务贸易项目。咨询、建筑服务顺差均突破 100 亿美元，分别为 166 亿美元和 104.9 亿美元。计算机和信息服务、其他商业服务分别实现 98.6 亿美元和 97.4 亿美元的顺差，广告宣传实现了 12 亿美元的小额顺差。

（二）中国服务贸易进出口行业结构

在进出口结构中，是劳动、资源密集型的行业占较大比重，还是知识资本密集型的行业占较大比重，是衡量一国服务贸易国际竞争力高低的一种尺度。2014 年，中国三大传统服务（旅游、运输服务和建筑服务）进出口合计 3 765.5 亿美元，占服务贸易总额的 62.6%。三大服务出口合计增长 10.7%，占服务出口总额的 50.4%。其中，旅游出口增长 10.2%，占服务出口总额的比重为 25.6%，仍居各类服务之首；运输服务出口同比微增 1.7%，占比降至 17.7%，位居第二；建筑服务出口实现了 44.6%的强劲增长，占比上升至 7.1%。受中国居民“出境游”持续升温的影响，旅游服务进口增长 28.2%。建筑服务进口增幅也达到 26.7%。传统服务进出口仍占据服务贸易的过半江山。

2014年，中国高附加值服务进出口快速增长，金融服务、通信服务、计算机和信息服务进出口增速分别达到59.5%、24.6%、25.4%。其中金融服务出口大幅增长57.8%，达46亿美元；计算机和信息服务出口增长19%，达183.6亿美元。咨询服务出口增长5.8%，达429亿美元，占服务出口的比重为19.8%，仅次于旅游出口。电影音像出口增长22.3%，金额为1.8亿美元。金融服务、计算机和信息服务、通信服务、广告宣传进口分别增长61%、42%、40.7%和21.2%。高附加值服务进出口的快速增长为资本技术密集型企业发展提供了助力，推动了中国经济转型升级。

据商务部统计，2014年中国承接服务外包合同金额首次超过1 000亿美元，达到1 072.1亿美元，执行金额813.4亿美元，同比分别增长12.2%和27.4%。其中承接离岸合同金额718.3亿美元，执行金额559.2亿美元，同比分别增长15.1%和23.1%。云计算、大数据、移动互联等技术快速普及应用，推动中国服务外包产业向价值链高端延伸。离岸知识流程外包业务达186.7亿美元，占离岸执行总额的比重为33.4%。

离岸服务外包市场多元化趋势日益显现，逐渐从美欧日和香港地区等传统市场拓展至东南亚、大洋洲、中东、拉美和非洲等近200个国家和地区。2014年，中国承接美国、欧盟、中国香港和日本的离岸服务外包执行金额合计346.5亿美元，占执行总额的62%，比2013年同期下降2.9个百分点。与此同时，中国与“一带一路”沿线国家的服务外包合作快速发展，承接“一带一路”沿线国家服务外包合同金额和执行金额分别为125亿美元和98.4亿美元，同比分别增长25.2%和36.3%，均远高于总体增速。服务外包产业发展成效显著。

二、我国国际服务贸易竞争力存在的问题及原因

我国仍处于主要依靠工业支撑经济增长的发展阶段，服务业逐渐成为经济增长的新动力。经济的发展存在三个阶段：第一阶段，人均GDP在364~728美元，经济增长主要由初级产业和传统产业支撑；第二阶段，人均GDP在728~5 460美元，经济增长主要由急速上升的工业支撑；第三阶段，人均GDP在5 460美元以上，经济进入发达阶段，服务业的稳定增长成为整个经济增长的主要支撑力。我国目前人均GDP8 900美元（2016），经济进入发达阶段，服务业的提升，保障了经济的持续发展的从属地。

但我国服务业仍然存在很多问题。如，我国服务业的行业垄断现象较为严重，投资主体单一，束缚了服务业和服务贸易的发展。我国服务业长期处于过度保护和行政垄断状态，市场准入的限制比较多，竞争不充分，在银行、保险、电信、铁路、民航、新闻出版、教育卫生、广播电视等服务领域，仍保持着十分严格的市场准入限制，其他一些行业对非国有资本和外资也没有完全开放。另一方面，我国大部分服务领域主要以国有成分为主，据国家计委统计，在全社会固定资产分类中，第三产业的国有资产比例高达70%多。显而易见，服务业绝大多数行业国有企业占据主体地位，甚至绝对地位，长期的过度保护和行政性垄断，束缚了服务业和服务贸易的发展，使服务业缺乏必要的市场竞争，丧失了行业活力，服务业国际竞争力极弱。

另外，服务业整体开放程度较低，市场化程度低，制约了服务业整体竞争力的提

高。我国服务业的开放程度远远落后于制造业，许多服务业的对外开放都是在20世纪90年代才开始的。据不完全统计，服务业外资利用占全国利用外资总额的1/5左右。目前，我国对外国直接投资开放程度低的领域，基本都集中在服务业。服务业开放程度较低，在一定程度上降低了我国服务业的发展速度，使市场自由化程度低，服务业的国际化水平难以提高。另外，服务贸易管理严重滞后。服务贸易立法不健全、立法严重滞后。

我国国际服务贸易竞争力存在问题的原因：人员素质低下；管理水平落后；基础设施建设不配套；营销文化理念不先进等。

三、提高我国服务贸易竞争力的对策

（一）积极培育生产性服务市场

根据波特的竞争优势理论，一国的国内需求是提高竞争优势的原动力。对服务产业来说，服务需求的增长主要表现在两方面，一是消费者需求的增长，二是生产者需求的增长。其中生产者需求的增长，与由技术进步和市场体系发达程度决定的分工与专业化的发展有关。近年来，随着科技特别是信息技术的发展，国际服务贸易中，知识、技术密集型的服务业发展很快，其中增长最快的是电信、金融、保险等生产性服务业。而我国服务业技术含量不高，长期依赖劳动密集型或资源禀赋型产业，影响了生产者需求的增长。在当今服务业发达的国家中，服务出口主要也是向高科技产业集聚，附加值高，这使得我国服务贸易的比较优势难以获得。因此，要积极培育生产性服务市场，依靠技术进步促进消费性服务业向生产性服务业转化，通过使企业现存的大量内在化的服务不断外在化，来实现增加生产者需求，提高我国服务贸易的竞争力。

（二）重视服务贸易中的直接投资

服务业已经成为国际直接投资的主要方向。WTO秘书处的测算表明，通过商业存在（即外国投资）进行的服务贸易占世界服务贸易总值的56%左右，跨境服务贸易约占28%，通过境外消费方式进行的服务贸易占14%，而纯粹通过自然人提供的服务仅占2%。重视服务贸易中的直接投资，一是，要重视服务贸易中吸引外国直接投资。进一步加大服务业吸引外资的力度，在与外国同行的竞争与合作中迅速提升服务水平。波特认为，一国某一行业内的竞争状态对该行业竞争优势的创造和保持有密切的关系。因为国内竞争的激烈程度，与企业提高质量、降低成本、创造发明的欲望成正比。二是，要重视服务贸易中的对外直接投资。对外直接投资成为拓展服务贸易的最理想形式由于服务产品的无形性和不可储存性，通过国际间的消费者定位服务转为消费国内部的生产者定位服务，有利于服务提供者批量生产，降低成本和价格，取得规模效益。

（三）加强政府的宏观调控作用，把握企业的战略管理角色

我国服务业和服务贸易发展都相对滞后，应充分发挥政府在服务贸易的管理优势以带动整个服务业的发展，要从以下几个方面着手：一是政府应对服务业及服务贸易实施政策倾斜和支持，为服务业和服务贸易的发展创造广阔的空间。二是顺应国际服

务贸易自由化的趋势，放松对服务业的管制，引入竞争，鼓励创新；同时采取有效的服务贸易政策，建立一个有效、完善、可靠的市场体系，完善管理规则，提高市场交易的可靠性，限制垄断，尤其是行政垄断，确立服务业公平竞争规则，维护市场秩序。三是制定适度的服务贸易保护政策。由于我国服务贸易国际竞争力还很弱，尤其是知识密集型企业很难与外商抗衡，面对外国高水平服务业的冲击，我们必须制定适度的服务贸易保护政策，对国民经济具有战略意义或处于幼稚期的服务业实施有限的适当的保护。发达国家服务业较强的国际竞争力都是经历过国内竞争的洗礼后才形成的。此外，要切实改善教育状况，加强对高新技术等高等要素的孵化，加速健全高等要素的生成机制，努力提高高等要素供给能力，建立和完善相互配套的科学评估与检测机制，提高研发质量，保证优秀科技成果尽快转化为现实生产力。

（四）加快发展知识、技术密集服务贸易，优化服务行业结构

我国服务贸易在传统的劳动、资源密集型行业中具有比较优势，有较强的国际竞争力，如旅游业。今后应进一步保持、发挥和提升这方面的比较优势。但仅仅发挥比较优势是不够的，更重要的是培养竞争优势，这就需要大力发展知识密集型、技术密集型服务业，培育新兴服务业的竞争优势，提升服务业的整体发展水平。为此，各服务部门、企业应从我国经济和服务发展的实际情况出发，对服务业内部结构进行合理调整。一是有选择地输入一些人力资本含量较高的服务，发挥示范效应，带动服务业中的薄弱部门，尽快缩小差距。加快建设以劳动力密集型服务出口为主，技术知识密集型服务为辅的出口结构，做到两者并举，最终达到以技术知识密集型服务出口为主，劳动力密集型服务出口为辅的目标。二是大力发展现代服务业，重点发展信息、科技、会议、咨询、法律服务业等行业，以带动服务业整体水平的提高。同时，积极发展新兴服务业，主要是需求潜力大的房地产、物业管理、旅游、社区服务、教育培训、文化体育等行业，以形成新的增长点。三是对交通运输、批发和零售贸易、餐饮、医疗等传统服务业，要运用现代经营方式和服务技术进行改造，提高这些服务行业的科技含量和服务水平，以推动服务业整体技术水平和经营效率。四是要加大科技的投入力度，提高服务业的研究投入，同时促进科技成果在服务业中的推广与应用。

（五）提高人力资本素质

波特认为，人力资源状况是决定产业竞争力的基本因素之一。在发展迅速且附加值高的国际服务贸易领域，对于从业人员的技能要求越来越高，因此重视教育投入，加强专门的技能培训，对提高我国服务贸易的竞争能力是至关重要的。首先，在充分发挥劳动力密集型服务业竞争优势的同时，应多渠道、多层次培养服务业所需的各类人才，特别是能够适应现代服务业发展要求，精通国际金融、国际运输、国际商法等业务的复合型人才，加快发展技术人力资本密集型服务产业，使服务业发展真正建立在提高劳动生产率的基础之上，为我国服务贸易的发展奠定坚实的人力资本基础。可以通过制订人力资本培养计划，有步骤地开发，也可通过某服务领域的对外开放，引进人才和技术。同时，大专院校也应调整相关的专业设置，为中国服务贸易的发展不断输入新生力量。其次，加强国内服务业人力资源的保护，通过优惠政策增加国内服

务业对海外人才的吸引，从而避免高素质人才的短缺和流失。除了增加教育投资，促进教育结构调整，更重要的是要建立一个尊重人才和科学评价人才的机制，这样才能培养和留住人才，增强服务贸易的竞争力。

（六）培植相关支持产业

现在国际竞争已不是单个企业的个体行为，而是相关行业乃至整个国家的集体行为。单靠一个企业一个行业的单打独斗很难形成竞争优势。中国服务贸易竞争力整体较低的一个原因是相关产业支持不力。由于受传统体制惯性的束缚，条块分割仍然局部存在，相关产业间合作不紧密，行业内恶性竞争较为普遍，企业间缺乏协同意识。

（七）重视企业组织与战略的重构

产业或国家竞争优势的构建，说到底要落实到企业的市场竞争力上，这就要求企业建立合理的组织结构，实施战略管理，同时还要有较高的市场竞争度和集中度。目前，在企业组织方面，国际企业组织结构普遍趋向扁平化、柔性化；在企业战略上，国际企业重视竞争战略，而中国现有的企业尚未达到这个层次，这势必阻碍中国服务贸易竞争力的提高。

（八）建立和完善服务贸易管理体制

要对我国国际服务贸易实施有效的宏观管理，关键是要迅速建立科学的管理体制，确定统一协调的服务贸易进出口政策以及归口管理部门。首先，应明确或建立国家统一的服务贸易管理与协调机构；其次，应明确各服务行业行政主管部门的职责；最后，建立健全服务行业的协会组织，充分发挥行业协会对服务市场的协调作用。

思考题

1. 简述需求条件对国际竞争力的影响。
2. 简述基本要素和生产要素的区别。
3. 论述比较优势理论和竞争优势理论的区别和联系。
4. 衡量服务贸易竞争力的指标主要有哪些？
5. 我国国际服务贸易存在的问题有哪些？如何进一步提高我国国际服务贸易竞争力？

第七章　服务业的国际直接投资

服务业经历了服务贸易、服务业对外直接投资、服务业跨国经营和服务业跨国公司四个由浅入深、由易变难的过程。本章主要介绍后三个阶段，简述服务业与资本的结合，通过三种不同形式的服务业发展途径，分析服务业在发展过程中的相关理论及其对东道国的影响。

第一节　服务业国际直接投资概述

一、服务业的分类

服务业在20世纪被作为一个完整的概念提出，一般认为服务业就是第三产业，是除了农业和工业之外的其他产业。我国的第三产业包括四个层次：流通部门（含交通运输仓储业、邮电通信业、批零贸易和餐饮业等）、为生产和生活服务的部门（含金融保险业、房地产业和地质勘探业等）、为提高居民素质和科学文化水平服务的部门（含文教艺术业、广播电视电影业、卫生体育和社会福利业等）和为社会公共需要服务的部门（含国家机关、党政机关和社会团体等）。

服务业的范围非常广泛，因此，学者对其分类也因其侧重点或用途不同而不同。比较受到学界认可的是经济学家辛格曼（Singlemann）的分类，他把服务业分为四类：①流通服务。指从生产到消费的最后一个阶段中间的服务，如通信业、运输业，仓储业、网络服务、广告业以及商业的批发和零售业；②生产者服务。指那些与生产直接相关的服务，如银行、信托及其他金融业、保险业、房地产、工程和建筑服务业、会计和出版业、咨询信息、法律服务等；③社会服务。是为社会公共需要的服务，包括仪表和保健业、医院、教育、福利和宗教服务、非营利机构、政府、邮局、及其他专业化服务。④个人服务。指与个人消费相关的服务，包括家庭服务、修理服务、旅馆和饮食业、洗衣服务、理发与美容、旅游、娱乐与休闲、及其他个人服务等

二、服务业国际直接投资的概念

服务业国际直接投资，又称外商直接投资或对外直接投资，指的是一国（地区）的投资者，将部分或全部生产要素转移到国（地区）外，建立企业，参与生产经营与掌握企业经营控制权的投资行为。通常认为，跨国公司是外商直接投资（FDI）的产物，同时也是外商直接投资（FDI）的主要执行者。

可以看出，服务业的国际直接投资包含两层意思：

一，实施的方式是对外直接投资。从投资角度来说，现实国际间资本流动的方式包括对外直接投资，对外间接投资（对外证券投资）和国外借款三种。当代经济发展中，直接投资越来越成为经济全球化的主要驱动力。国际直接投资主要体现在两个方面：第一，是生产要素的跨国流动。生产要素，可以是像资本这样的有形要素，也可以是专利技术、管理技能等无形资产；第二，是投资方拥有对直接投资企业的经营管理权。以中国商务部对国际直接投资的统计为例，对外直接投资统计的范围主要包括境内投资者通过直接投资方式在境外拥有或控制10%或以上投票权或其他等价利益的各类公司型和非公司型的境外直接投资企业。换句话说，国际直接投资反映了一国经济体中某一居民（或实体直接投资者）在另一经济体的某一企业（或直接投资企业）中获得永久利益的行为，这种永久利益意味着直接投资者和直接投资企业之间存在着一种长期关系，并对该企业的管理产生了重大影响。

二，实施的主体为服务业。通过对外直接投资即资本的使用方式与投资主体服务业相结合，即产生了服务业的国际直接投资。与服务贸易的主要区别在于：直接投资利润收入来源于外国股权所带来的收益；而服务贸易仅与接受服务者支付的销售利润额、佣金、使用费有关。因此服务业国际直接投资可定义为：由服务业作为投资主体，通过对外直接投资方式而形成投资收益。按这一标准，可以将许可和管理合同等服务业广泛使用的投资方式包括在直接投资的范围内。

三、服务业国际投资的发展及原因

（一）服务业国际直接投资的发展过程

服务业领域国际直接投资的发展与国际服务贸易的发展趋势是一致的。生产者服务是现代服务业的主体。作为追加性服务的生产服务，其实质是一种诱导性需求。所以，“服务”跟着“生产”走，跨国“生产”到了哪里，跨国“服务”就跟到哪里。从跨国公司发展史来看，服务业一般是跟随在制造业后推行其跨国活动的。早期的服务业外商直接投资（FDI）并不主要由服务业跨国公司进行，相当数量的制造业跨国公司在东道国建立附属性服务企业，其目的是降低成本和实现服务内部化以及产业垂直一体化。

20世纪70年代初，服务业外商直接投资（FDI）只占世界对外直接投资总量的1/4。这之前，国际直接投资主要集中在原材料、其他初级产品，以及以资源为基础的制造业领域。20世纪80年代以后，服务业的跨国直接投资不断升温，跨国投资逐渐成为服务业国际竞争的一种主要形式，在全球跨国投资总额中所占份额日益增多。在联合国跨国公司中心《1993年世界投资报告》显示：1970年，发达国家的对外直接投资中，第二产业占首要地位，其份额为45.2%，第三产业（即服务业）只占31.4%。1985年，服务业对外直接投资超过了第一、第二产业的总和，达50.1%。发达国家服务业所接受的外国直接投资，1970年仅23.7%，1990年达到48.4%。相比较来说，流入发展中国家的外国直接投资，主要在第二产业。服务产业领域的投资，从1970年到1990年只从23.5%增加到29.5%。这说明发展中国家由于经济发展阶段的局限，服务产业的对外开放和国际化过程明显慢于发达国家。进入 20 世纪 90 年代以后，服务领域的国际投资在全球直接投资总额中一直呈占据半壁江山以上的格局。

进入 21 世纪，以金砖四国为代表的新兴经济体迅速发展，与此同时，由于 2008 年美国金融危机的爆发与 2010 年欧洲债务危机的蔓延，发达国家的经济增长乏力，因此，服务贸易对外直接投资的趋势产生了深刻的变化。2011 年世界海外直接投资为 15 086亿美元，同比增长 17%。其中，向中国、印度等新兴国家的投资增长显著，向欧洲子公司注资增加导致向欧洲增资急增。2011 年向欧洲投资 4 257 亿美元，同比增长 22. 8%；向美国投资 2 107 亿美元，同比下降 7. 7%；向新兴国家投资 2 024 亿美元，同比增长 10. 2%；向日本投资特别低调，资金流出超过流入 13 亿美元。联合国贸易和发展会议发布的《2017 世界投资报告》显示，由于国际经济环境的波动以及经济的持续疲软，2016 年全球外国直接投资（FDI）小幅下降 2%至 1. 75 万亿美元，对发展中国家的投资更是减少了 14%，预计 2017 年全球外国直接投资将增长 5%，达到近 1. 8 万亿美元。图 7. 1 显示了 2005—2016 年这十一年的全球对外直接投资情况。

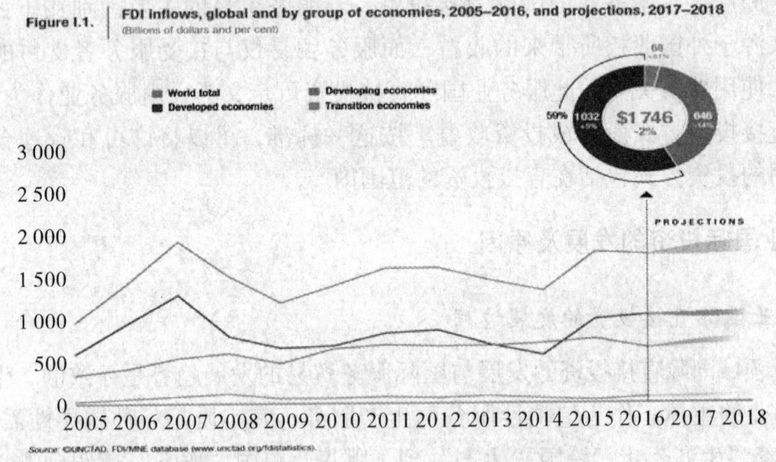

Table I.1. FDI inflows by group of economies and region, 2014–2016, and projections, 2017 (Billions of dollars and per cent)

Group of economies/region	2014	2015	2016	Projections 2017
World	**1 324**	**1 774**	**1 746**	**1 670 to 1 870**
Developed economies	**563**	**984**	**1 032**	**970 to 1 080**
Europe	272	566	533	560
North America	231	390	425	360
Developing economies	**704**	**752**	**646**	**660 to 740**
Africa	71	61	59	65
Asia	460	524	443	515
Latin America and the Caribbean	170	165	142	130
Transition economies	**57**	**38**	**68**	**75 to 85**
Memorandum: annual growth rate (per cent)				
World	**-8**	**34**	**-2**	**(-4 to 7)**
Developed economies	**-18**	**75**	**5**	**(-9 to 2)**
Europe	-20	108	-6	~5
North America	-15	69	9	~-15
Developing economies	**4**	**7**	**-14**	**(2 to 15)**
Africa	-4	-14	-3	~10
Asia	9	14	-15	~15
Latin America and the Caribbean	-3	-3	-14	~-10
Transition economies	**-33**	**-34**	**81**	**(10 to 25)**

Source: ©UNCTAD, FDI/MNE database (www.unctad.org/fdistatistics).

图 7. 1　2005—2016 年全球对外直接投资情况

（二）服务业国际直接投资快速增长的原因

服务业跨国投资的发展，是在经济全球化趋势不断增强、全球国际直接投资总量快速增长的背景下发生的。毫无疑问，制造业企业跨国投资的发展，需要更多地依赖贸易、金融、通信、运输等生产性服务的支持，对服务业跨国投资产生拉动作用。然而，更重要的是20世纪80年代以来，服务产业发展中技术与制度变革合力的推动。

1. 发达国家国内服务管制制度变革的影响

20世纪70年代以来，西方国家经济出现严重的“滞涨”，西方经济理论界的一个重大变化，就是自由主义经济思潮的重新崛起，强调政府放松管制，充分发挥市场机制的作用重新成为占主导地位的经济思想。同时，微观理论层面，有关政府管制理论以及自然垄断产业理论研究的新进展，促进了西方国家在金融、电信、邮政、交通运输等服务领域大规模的管制变革。放松产业进入管制，打破垄断，促进竞争，是管制变革的中心内容。进入管制的放松，开始是对国内企业，然后是对国外企业，由此使服务业出现了放松管制与大规模企业兼并相互影响的两股潮流，促进了发达国家之间服务业投资规模的迅速扩大。以电信业为例，1991年年底，英国国内电信开始有限竞争，1996年6月英国解除国际长途垄断，同年12月第一个对外彻底开放电信市场。短短几年内，英国发出150多个电信经营许可证，1996年年底发出44个外国公司许可证。1996年所有欧盟成员国加瑞士和挪威决定在1998年元旦全面开放电信市场。现在许多国家，不但在长话和增值业务等部门已经引入竞争，在本地网层次上，数网竞争也被允许。

2. 服务贸易自由化国际性制度安排的推进

服务业所包含的产业门类非常广泛，其中许多涉及国家主权、国家经济安全、社会就业等问题，因此在乌拉圭回合多边贸易谈判之前，服务业一直没有纳入全球贸易自由化体系之内。服务贸易自由化问题，在1986年成为关贸总协定乌拉圭回合多边贸易谈判的新议题，其最终成果是《服务贸易总协定》的达成与生效。根据《服务贸易总协定》的规定，服务贸易的内容包含四个方面，即过境交付、境外消费、商业存在、自然人流动。其中商业存在方式就涉及市场准入与跨国直接投资。《服务贸易总协定》扩大了全球贸易体制的涵盖领域，初步形成了制订规则、组织谈判、解决争端三位一体的全球服务贸易协调与管理体系，对降低或消除各成员方对外国资本的进入壁垒，推进服务业国际投资，起着相当大的作用。

3. 信息技术的发展

信息技术的发展，导致服务企业组织管理成本的降低和规模经济边界的拓展，同时也促进了服务企业跨国投资方式的变革。20世纪80年代以来，科学技术尤其是信息技术的突破性进展，为许多服务活动的跨国交易创造了可能性。服务企业的信息化管理，从根本上改变了收集、处理、利用信息的方式，也对决策和响应速度提出了新的要求，从而导致组织形式的巨大变革，原来的金字塔形的结构，向扁平化的“动态网络”结构发展。一方面，计算机系统取代中层监督控制部门的大量职能，加强了决策层和执行层的直接沟通，使中层管理的作用大为降低，从而减少了管理层次和信息失真，削减了机构规模，提高了管理效率，这是企业规模向国际化扩张的重要条件。另一方面，服务企业的国际化网络拓展有很多方式，除了传统的在国外建立分支机构、股权合作等方式外，20 世纪 90 年代以来，非股权合作方式更为流行，如特许经营、管理合同等方式。这些方式可以让公司的“特殊资产”声誉、品牌形象、积累的经验等，实现更好的增值。如大多数连锁旅馆或连锁餐饮业都采取了以公司网络方式运行的特许连锁制。这种关系更灵活、成本更低的合同形式，使公司得以在世界范围充分发挥他们的特殊才能，同时集中全力实现“人格化”产品的规范化和标准化，并做到更好地监督与品牌形象紧密相关的服务质量。从技术手段看，信息技术的发展，给大企业和银行提供了更多的在全球范围内监督其资产发展状况和加强在全球运作的可能。电子信息网络使大公司可以更好地通过一体化管理节省交易费用和减少与这些费用有关的办公费用。

4. 服务产业的特性决定了跨国直接投资对服务业国际化扩张的重要性

随着发达国家服务产业进入壁垒的取消或放松，一些大的服务性公司为了赢得更多的市场份额，致力于建立国际化生产网络，越来越多的服务企业成为全球性企业。这一方面是由于服务营销的特性所要求，在服务生产与消费过程中，很多情况下，需要与顾客有着密切关系和直接接触，因而对外投资在争夺和占领市场方面具有特殊的地位；另一方面相当多服务部门具有网络型产业的特征，如电信、交通运输以及金融等，规模报酬递增明显，即生产规模越大，单位产品的成本就越小。

第二节　服务业国际直接投资理论

随着资本主义发展到垄断阶段，国际间接投资得到迅猛发展。19 世纪末 20 世纪初，资本主义垄断代替竞争并取得统治地位后，在少数发达资本主义国家中便出现了所谓的“过剩资本”。这些国家为了获取高额利润，争夺销售市场，便竞相把这些资本输到国外去。第二次大战结束后，对外直接投资迅速发展，由此引起的跨国公司的国际生产和销售活动，超过了传统的商品贸易而成为世界经济的一项最重要的活动。因此，一些西方经济学家开始注重国际直接投资理论的研究。20 世纪 60 年代以来，国际直接投资理论研究取得了较大的进展。20 世纪 80 年代，全球国际直接投资开始向服务业转移，随着“服务经济”时代的到来，服务业 FDI 在近 20 年里获得了较快的发展。其中主要理论包括四种：海默（S. H. Hymer）以产业组织理论为基础提出的垄断优势理论；巴克利和卡逊（Peter J. Buckley & Maik C. Casson）运用科斯的交易成本概念提出的内部化理论；邓宁（J. H. Dunning）综合了传统的要素禀赋理论和产业组织理论，提出了具有一定综合性的国际生产折中理论；弗农（Raymond Vernon）提出的产品周期理论。

到目前为止，服务业的研究框架主要分为两种思路：一是基于传统外商直接投资理论的视角，将传统制造业 FDI 理论应用到服务业 FDI 中去；二是基于国际贸易理论的视角，将国际贸易理论应用到服务业外商直接投资中去。

一、基础传统理论的国际直接投资理论视角

（一）垄断优势理论（Theory of Monopoly Advantage）

垄断优势理论，也称为市场不完全论（Market Imperfection Theory），是由美国麻省理工学院教授海默（Hymer S. H.）于1960年在其博士论文中第一次提出的，他认为企业的垄断优势和国内、国际市场的不完全性是企业对外直接投资的决定性因素。这是最早专门研究对外直接投资的理论。海默因此被称为国际直接投资理论的先驱。美国经济学家查尔斯·金德尔伯格（Charles P. Kindleberger）等人进一步发展了海默的垄断优势理论。

该理论的核心内容是市场不完全与垄断优势。传统的国际资本流动理论认为，企业面对的海外市场是完全竞争的，即市场参与者所面对的市场条件均等，且无任何因素阻碍正常的市场运作。完全竞争市场所具备的条件是：①有众多的卖者与买者，其中任何人都无法影响某种商品市场价格的涨跌；②所有企业供应的同一商品均是同质的，相互间没有差别；③各种生产要素都在市场无障碍地自由流动；④市场信息通畅，消费者、生产者和要素拥有者对市场状况和可能发生的变动有充分的认识。海默认为，对市场的这种描述是不正确的，完全竞争只是一种理论研究上的假定，现实中并不常见，普遍存在的是不完全竞争市场，即受企业实力、垄断产品差异等因素影响所形成的有阻碍和干预的市场。

海默认为，市场不完全体现在以下四个方面：①商品市场不完全，即商品的特异化、商标、特殊的市场技能以及价格联盟等；②要素市场不完全，表现为获得资本的难易程度不同以及技术水平差异等；③规模经济引起的市场不完全，即企业由于大幅度增加产量而获得规模收益递增；④政府干预形成的市场不完全，如关税、税收、利率与汇率等政策。海默认为，市场不完全是企业对外直接投资的基础，因为在完全竞争市场条件下，企业不具备支配市场的力量，它们生产同样的产品，同样地获得生产要素，因此对外直接投资不会给企业带来任何特别利益。而在市场不完全条件下，企业则有可能在国内获得垄断优势，并通过对外直接投资在国外生产并加以利用。

在此基础上，海默认为当企业处在不完全竞争市场中时，对外直接投资的动因是为了充分利用自己具备的“独占性生产要素”即垄断优势，这种垄断优势足以抵消跨国竞争和国外经营所面对的种种不利而使企业处于有利地位。企业凭借其拥有的垄断优势排斥东道国企业的竞争，维持垄断高价，导致不完全竞争和寡占的市场格局，这是企业进行对外直接投资的主要原因。

关于垄断优势的构成，海默和其他学者，如金德尔伯格以及后来的约翰逊（H. G. Johnson）、卡夫斯（R. E. Caves）、曼斯菲尔德（E. Mansfield）等人进行了充分的论述，大致可归纳为技术与知识优势、规模经济优势、资金优势、营销以及组织管理能力优势等，其中海默特别强调了技术与知识的核心优势作用。这些优势后来被邓宁总结为“所有权优势”，并成为其国际生产折中理论的重要组成部分之一（如表7.1所示）。

表 7.1 国际生产折中理论的组成

市场不完全的表现	垄断优势包括
由产品差异性引起。	获取特殊原材料优势。
由管理技能、技术等要素市场引起。	组织管理能力、技术优势。
由规模经济问题引起。	工业组织优势，如规模经济。
由关税等政策管制引起。	资金和货币优势。

垄断优势理论在某种程度上可以解释服务型跨国公司 FDI 的一些方面，但是具有一定的局限性。服务型跨国公司的垄断优势主要是由商标、专利、品牌效应等无形资产带来的，拥有大量高素质的服务人员、雄厚的资金、先进技术的服务型跨国公司可以依靠自身的垄断优势在其他国际市场建立分支机构，提供相关服务产品并规避各国对服务贸易的壁垒。但这一理论并没有解释为什么服务型跨国公司在追求利润最大化的过程中要采用 FDI 的形式而不是有偿技术转让的形式来扩展海外市场，也无法解释像中国这类发展中国家的服务型跨国公司（例如银行）的境外投资活动，这类企业通常在国际上并没有太强的垄断优势。

（二）内部化理论（Internalization-Special Advantage）

由英国学者巴克莱、卡森和加拿大学者拉格曼共同提出。内部化理论认为，由于市场的不完全，企业之间通过市场进行的买卖不能保证企业盈利，因而会出现企业之间固定的供需合作，这种供需合作与市场上的买卖商品有所不同，这是在一个共同的大企业内部进行的供求交换。这种变市场上的买卖关系为企业内部的供需交换关系的现象被称为市场的内部化。卡森和巴克利认为：以前的直接投资理论缺乏综合性的理论、基础，并且不能对直接投资以外的许多活动做出很好的解释。例如，中间产品的流动，不仅是指半加工的原材料的流动，更重要的是知识、技术密集型的零部件的流动。这些流动与研究和开发专利、人力资本等有密切的关系。公司在跨国性的活动中，面临着关税、配额、税收、汇款限制、汇率政策等市场障碍。要想实现利润最大化，就必须使中间产品在公司内部自由流动，而不通过市场以减少贸易成本。这是因为，内部化贸易可以通过“转移价格”使税收支出最小，并且由于贸易在公司内部进行可以使买卖双方对商品质量和价格有准确的认识，从而可以减少通过市场进行贸易的风险。当内部化过程超越了国界，跨国公司便产生了。所以，内部化优势促成了企业的对外投资。由此可见，内部化理论是建立在这样的三个假设基础上的：企业在不完全市场上从事经营的目的是追求利润最大化；当生产要素特别是中间产品的市场不完全时，企业就有可能统一管理活动，以内部市场取代外部市场；内部化超越国界就产生了跨国公司。

一般而言，与服务业国际直接投资特别有关的内部化优势包括以下几个方面。

1. 避免寻找交易对象并与其谈判而节约成本

服务业国际贸易的起始点是跨越国境寻找合适的客户资源，这其中必然会产生包括寻租成本、协商成本等在内的一系列交易成本。跨国公司通过将外部交易内部化，可以有效地降低交易成本，尤其是当跨国投资的启动成本低于外部交易成本时，对外直接投资就是有利可图，企业也能因此取得竞争优势。

2. 弱化或消除要素投入在性质和价值等方面的不确定性

由于服务产品的差异性较大，又具有量身制作的特征，信息的不对称性使得买方对产品的了解程度远低于卖方，容易出现服务业的买方出价过低或卖方要价过高的现象。内部化可以克服以上弊端，消除投入方面的不确定性因素，对于中间服务产品尤为重要。

3. 中间产品或最终产品的质量的保证

产品质量控制是服务型企业对外直接投资的主要动力之一，通过将服务交易内部化，服务型企业可以用统一的衡量标准，实现在全球范围内对产品质量的监控，使其所有权优势得以保持和发挥。

4. 避免或利用政府干预

目前，对服务产品跨国交易的严格管制普遍存在，配额、关税、价格管制、税收差异等干预手段。相对来说，外商投资由于其在一国经济发展中所产生的积极影响而易于被东道国所接受。因此，通过跨国境投资设厂可以降低服务业国际交易中的政策性因素干扰，而且能得到东道国的一些优惠性待遇，有利于企业在当地市场展开竞争。

内部化使用可以比非股权式转让带给无形资产所有者更多潜在的或现实的利益，同时具有所有权的内部化优势的企业也并非一定选择对外直接投资，因为它也可以在国内扩大规模，依靠出口来获得充分补偿。所以垄断优势和内部化优势只是企业跨国经营的必要条件，而非充分条件。表 7.2 反映的是服务业国际直接投资的内部化优势。

表 7.2　　服务业国际直接投资的内部化优势

服务业国际直接投资的内部化优势
避免寻找交易对象并与其谈判而节约的成本。
避免行使产权的成本。
弱化或消除要素投入（如技术）在性质和价值等方面的不确定性。
禁止价格歧视的规定。
中间产品或最终产品质量的保证。
对缺乏期货市场的补偿。
避免或利用政府干预（如配额、关税、价格管制、税收差异等）。
控制要素投入（包括技术）的供应和销售条件。
控制市场渠道（包括可能被竞争者利用的市场渠道）。
使用交叉补贴、掠夺性定价、提前或推迟结汇、转移价格等竞争或反竞争策略。

（三）国际生产折中理论（The Edectic Theory of International Production）

作为对外直接投资的集大成者，邓宁（1980）在 1977 年撰写的《经济活动的贸易区位与多国企业：一种折中理论的探索》（Trade Location of Economic Activities and the

MNE：A Search for an Eclectic Approach）中提出了国际生产折中理论。邓宁认为，过去的各种对外直接投资理论都只是从某个角度进行片面的解释，未能综合、全面地分析，因此需要用一种折中理论将有关理论综合起来解释企业对外直接投资的动机。在服务业对外直接投资方面也有比较系统的论述，提出生产折中理论。他指出，服务业对外直接投资也应同时具备所有权优势、内部优势化理论和区位优势三个条件。相对而言，该理论体系比较完善，也最有代表性。邓宁的折中理论在理论渊源上融合了以往各种学说的精华，并加以归纳与总结，使理论更加丰富，较以往的各种理论更全面地解释了企业国际经营的动因，从而形成了一个具有普遍性的理论体系。

第一，所有权特定优势（Ownership Specific Advantage），又称垄断优势（Monopolistic Advantage），是指企业所独有的优势。所有权特定优势具体包括：①资产性所有权优势，指在有形资产与无形资产上的优势，前者指对生产设备、厂房、资金、能源及原材料等的垄断优势，后者指在专利、专有技术、商标与商誉、技术开发创新能力、管理以及营销技术等方面的优势；②交易性所有权优势，指企业在全球范围内跨国经营、合理调配各种资源、规避各种风险，从而全面降低企业的交易成本所获得的优势。

邓宁认为，企业开展对外直接投资必然具备上述所有权特定优势，但具有这些优势并不一定会导致企业进行对外直接投资，也就是说，所有权特定优势只是企业对外直接投资的必要条件，而不是充分条件。企业仅仅具有所有权特定优势，而不具备内部化优势和区位优势时，国内生产出口销售或许可也是企业实现其优势的可行途径。

第二，内部化优势（Internalization Advantage），是指拥有所有权特定优势的企业，为了避免外部市场不完全对企业利益的影响而将企业优势保持在企业内部的能力。内部交易比非股权交易更节省交易成本，尤其是对于那些价值难以确定的技术和知识产品，而且内部化将交易活动的所有环节都纳入企业统一管理，使企业的生产销售和资源配置趋于稳定，企业的所有权特定优势得以充分发挥。

邓宁同样认为，内部化优势和所有权特定优势一样，也只是企业对外直接投资的必要条件，而不是充分条件，同时具有所有权特定优势和内部化优势的企业也不一定选择进行对外直接投资，因为它也可以在国内扩大生产规模再行出口。

第三，区位优势（Location Specific Advantage），是指某一国外市场相对于企业母国市场在市场环境方面对企业生产经营的有利程度，也就是东道国的投资环境因素上具有的优势条件，具体包括：当地的外资政策、经济发展水平、市场规模、基础设施、资源禀赋、劳动力及其成本等。如果某一国外市场相对于企业母国市场在市场环境方面特别有利于企业的生产经营，那么这一市场就会对企业的跨国经营产生非常大的吸引力。区位优势的获取与保持是服务业对外直接投资的关键，当企业投资的产业选择与东道国的区位特色相融合时，会强化产业比较优势和区位比较优势，促进对外直接投资的发展；反之；则使两者的优势相互抵消、衰减乃至丧失。但应注意的是，区位因素直接影响跨国公司对外直接投资的选址及国际化生产体系的布局，只构成对外直接投资的充分条件，而非必要条件。

表 7.3 列出了影响服务业跨国公司活动区位的特殊因素与服务业跨国公司活动有

关的优势。

表 7.3　　服务业国际直接投资的区位优势

服务业国际直接投资的区位优势
自然资源、人造资源禀赋和市场的空间分布。
劳动力、能源、原料、元件、半成品等投入的价格、质量和效率。
国际运输和通信成本（在服务业中可能极高）。
鼓励和抑制投资的因素。
对服务贸易的人为障碍（如进口管制）。
基础设施（商业、法律、教育、运输和电信）。
心理差距（文化、语言、商业、习俗等差异）。
信息收集和解释。
R&D、生产及销售。
经济制度与政府政策、资源配置的框架。
市场和市场准入法规。

邓宁认为，在企业具有了所有权特定优势和内部化优势这两个必要条件的前提下，又在某一东道国具有区位优势时，该企业就具备了对外直接投资的必要条件和充分条件，对外直接投资就成为企业的最佳选择。

邓宁的折中理论在理论渊源上融合了以往各种学说的精华，并加以归纳与总结，使理论更加丰富，较以往的各种理论更全面地解释了企业国际经营的动因，从而形成了一个具有普遍性的理论体系。但是，该理论的不足之处在于，它过于注重对企业内部要素的研究，忽略了企业所处的特定社会政治、经济条件对企业经营决策的影响。

（四）产品周期理论

弗农在 1966 年发表的《产品周期中的国际投资与国际贸易》(International Investment and International Trade in the Product Cycle) 一文中提出了产品生命周期理论 (The Theory of Product Life Cycle)，试图用产品生命周期假说来揭示美国企业二战后开展对外直接投资和国际贸易的规律。该理论将产品生命周期划分为创新、成熟和标准化阶段，说明在产品生命周期的不同阶段，各国在国际贸易中的地位不同，并把企业的区位选择与海外生产及出口结合起来进行系统的动态分析。该理论将世界各国大体上分为三种类型，即创新国（一般是发达国家）、次发达国家和欠发达国家。

第一，创新阶段。是指新产品开发与投产的最初阶段。创新国企业凭借其雄厚的研究开发实力进行技术创新，开发出新产品并投入本国市场。由于需要投入大量的研发力量和人力资本，产品的技术密集度高，且由于生产技术不稳定、产量低，所以成本很高。生产主要集中在创新国，因为新产品的需求价格弹性较小，创新企业通过对新产品技术工艺的垄断地位即可在国内获得高额垄断利润。对于经济发展水平相近的次发达国家偶尔的少量需求，创新企业通过出口即可满足，因此这一阶段无需到海外进行直接投资。

第二，成熟阶段。是指新产品及其生产技术逐渐成熟的阶段。随着新产品生产和市场竞争的发展，市场出现了一系列变化：新产品的生产技术日趋成熟，开始大批量生产；产品的价值已为经济发展水平相近的次发达国家的消费者所认识，国外需求强劲；需求价格弹性增大，企业开始关注降低生产成本；生产工艺和方法已成熟并扩散到国外，研发的重要性下降，产品由技术密集型逐渐转向资本密集型。与此同时，随着创新国向次发达国家的出口不断增加，进口国当地企业开始仿制生产，而进口国为了保护新成长的幼稚产业开始实施进口壁垒限制创新国产品输入，从而极大地限制了创新国的对外出口能力。因此，创新国企业开始到次发达国家投资建立海外子公司，直接在当地从事生产与销售，以降低生产成本、冲破市场壁垒，占领当地市场。

第三，标准化阶段。是指产品及其生产技术的定型化阶段。生产技术的进一步发展使产品和生产达到了完全标准化，研发费用在生产成本中的比重降低，资本与非技术型熟练劳动成为产品成本的主要部分。企业的竞争主要表现为价格竞争，创新国已完全失去垄断优势。于是，创新国企业以对外直接投资方式将标准化的生产工艺转移到具有低成本比较优势的欠发达国家，离岸生产并返销母国市场和次发达国家市场。最后当该技术不再有利可图时，创新国企业通过许可方式将其转让。

可见，随着产品及其生产技术的生命周期演进，比较优势呈现出动态转移的特点，国际贸易格局相应发生变动，各国的贸易地位也随之发生变化，创新国由出口国变为进口国，而劳动成本低的欠发达国家最终则由进口国变为出口国。根据该理论，各国应当依据比较优势的动态转移决定生产区位选择与贸易方向。

二、基于国际贸易理论视角

将跨国公司理论引入国际贸易框架后，正如可以把贸易分为产业内贸易与产业间贸易一样，我们也可以把外商直接投资分为产业内外商直接投资和产业间直接投资。前者指在国际投资中占有主要地位的、发达国家之间的企业利用产业间的相对优势进行的国际直接投资，后者指发达国家企业利用其在某个产业所具有的比较优势向发展中国家进行的直接投资。国际投资究竟是在产业间进行还是在产业内进行，取决于两国的经济规模和要素禀赋：在具有相似经济规模和较大差异的要素禀赋的两个经济体之间，产业间的跨国公司主导生产；当两个国家经济规模和要素禀赋都比较相似时，并且国际贸易成本适中或者较高的时候，产业内跨国公司主导生产。

从国际贸易理论的角度解释服务业 FDI 的关键在于，为什么服务业的国际扩张采取对外直接投资的形式而非国际贸易形式。一些研究认为，企业特性、国家特性和贸易成本可以被用来解释服务型跨国公司在进行国际扩张时在 FDI 与贸易之间选择的主要原因。

第三节 服务业对外直接投资的影响

一、服务业 FDI 对世界经济的影响

服务业跨国投资的发展对世界经济产生着多重效应。

（一）对全球服务产业的发展起着重要的促进作用

首先，服务业 FDI 促进全球服务产业的资源优化配置与重组，从而扩大各国服务产业发展的市场空间，各国服务企业可以在规模经营和国际化经营的基础上，增加服务产品的生产和供给。其次，服务业 FDI 加剧各国服务业竞争，竞争直接带来产业效率的提高，促进服务企业的生产和交易成本下降以及消费者福利增进，同时也促进服务方式创新、服务质量提高。航空运输和某些电信服务的价格大幅度下降就是全球服务市场竞争加剧的直接成果。最后，服务业 FDI 有利于新技术、新产品、新的管理方法在全球的扩散。金融服务竞争产生的发展与效率提高效应也很明显。经统计表明，大部分国家银行的工资开支占总收入的比重下降，营业费用与总收入相比也下降了。这是竞争促进成本下降的效应。

（二）加剧了全球服务业的市场整合与企业重组

在相当多的领域内，大型服务性跨国公司的垄断地位越来越强，呈现出寡头垄断的局面。从行业分析看，金融与信息业的市场与企业整合尤为激烈。通过跨国投资与兼并，大型或超大型金融垄断企业不断在竞争中产生，金融企业的国际竞争力出现此消彼长的格局。1990 年，按资产额排名分别为全球第一名、第二名的银行是日本第一劝业银行和富士银行。1998 年，美国花旗银行与旅行者集团合并为花旗集团，合并后的花旗集团资产总额近 7 000 亿美元，超过了当时占据第一位的东京三菱银行。在 1999 年的银行业资产额排名中，全球第一、第二的位置已被美国花旗银行和美洲银行所取代。2007 年，苏格兰皇家银行因为收购荷兰银行，总资产跃升到 38 079 亿美元，资产增长率到达 122.6%，2008 年一举跃升为世界银行总资产的第一名，德意志银行跻身排行榜的第二位。规模的巨型化已成为银行业经营的一种趋势。到 2016 年，在英国《银行家》月刊中，银行业排名第一位和第二位的分别是中国工商银行和中国建设银行，排名第三位的是美国摩根大通银行，排名第四位和第五位的分别是中国银行和中国农业银行。

服务领域跨国投资与并购的发展，使服务跨国公司得到快速发展。在美国《财富》杂志每年一度的全球 500 强评比中，服务业公司在绝对数量上和相对比重上都有了较大的增长，其所占比重超过了工业、农业跨国公司份额的总和。

（三）服务产业国际投资成为推动经济全球化发展的重要力量

从经济全球化发展的历史来看，服务产业的国际化或全球化的发展晚于农业与工业的全球化发展进程，20 世纪 80 年代以来国际服务贸易与服务业国际投资增长，意味

国际资本在农业、工业和服务业 3 个产业领域向国际市场全面渗透。服务业的跨国投资发展，不仅是经济全球化的主要内容，而且成了促进全球化的重要条件。

通过服务业的国际投资，在全球范围形成一个更大的服务交易网络，这有助于跨国公司内部分工和专业化的进一步发展，以提高他们的竞争力。例如，全球化中国际竞争的加剧，使制造业需要更为廉价而又可靠的联结全球的通信和运输网络以维持出口业绩；同时，由于更短的产品生命周期和“及时”生产的采用，国外厂商购买产品对时间的要求日益紧迫，只有高效率的通信与运输系统才能满足这种要求。

服务业的国际化经营，促进了发达国家跨国公司在更大范围、更多层面上的扩张，带给更多的企业（尤其是中小企业）进入国际市场的机会。以电信、运输和金融服务业为代表的现代服务技术的进步，已卓有成效地降低了国际服务链的相对成本，跨国生产所需的最小规模变得越来越小，使得不同生产规模的厂商都可以利用国际服务链进行高效分散的生产，更多的企业参与跨国化的生产经营活动。全球跨国公司数量的快速增长，就是一个明证。根据 2016 年《财富》世界 500 强的统计，全球跨国公司的分布也产生了很大的变化：美国上榜企业仍居榜首，共计 134 家。中国上榜企业从 2011 年的 57 家上升到 110 家，含台湾地区企业 7 家。日本企业在 500 强公司排行榜中的数量逐步下降，从最高峰 1995 年的 149 家下跌到 2011 年的 68 家，目前仅有 52 家。欧洲三强德、英、法加起来一共有 84 家。

由此可见，服务业国际化经营与各国经济实力的发展呈正比。一个国家经济实力是该国服务业对外经营的基础。以日本为例，日本曾是世界服务业对外直接投资的大国，但伴随着日本经济低迷，日本拥有的跨国公司（世界 500 强）的数量逐年减少，如表 7.4 所示。

表 7.4　1989—2014 年日本跨国公司数量的变化　数量：家

年份	1991	1993	1995	1996	1997	1998	1999	2000	2001
数量	119	135	149	141	126	114	101	108	105
年份	2002	2004	2006	2008	2010	2012	2014		
数量	87	82	70	64	71	68	54		

（四）进一步调整着发达国家与发展中国家在国际分工中的利益分配

服务业国际化经营促进了国际分工的深化，在发达国家与发展中国家之间，首先是强化了它们的垂直分工，即发达国家高新技术制造业和知识技术密集型服务业与发展中国家劳动密集型制造业和服务业的分工；同时，正在强化它们之间一种新的分工形式——加工工序与生产服务的分工。这使发展中国家在整个国际分工中处于更加不利的地位，将导致世界财富向服务业竞争力强的发达国家进一步积聚。在发达国家与发展中国家生产服务与加工工序的分工中，发展中国家充当的是发达国家的生产加工基地，影响产品价值链的诸多重要的生产服务环节，如产品设计、新产品、新工艺开发和海外市场的拓展、原材料的采购供应、资金的筹集调度和财务控制等高附加价值的业务，都由发达国家掌握。这种分工，虽然能够为发展中国家带来就业、产出增加等效应，但在总体利益分配上，发展中国家只能分配到极少的一部分产品加工所得。而且作为发达国家制成品的生产加工基地，发展中国家还要付出环境恶化的代价。

在国内服务市场开放中，发展中国家虽然可以通过引进外资、外国先进技术促进服务业发展，但由于国内服务企业与跨国公司竞争力相差悬殊，本国服务企业的成长空间会受到严重挤压。同时，由于金融、通信、信息、数据处理等服务部门涉及国家主权、机密和安全，国家经济安全也会受到威胁。特别是信息技术和互联网的发展，使全球置身于一个全球性的统一网络中，也在不断加大发展中国家经济所面临的外来风险。需要正视的是，由市场开放所引发的外来风险的冲击，是目前发展中国家自身的管理与调控能力所难以控制的。

二、服务业 FDI 对东道国的影响

（一）正面影响：外溢效应

外溢效应，是指外商直接投资对东道国的经济效益和经济增长或发展能力发生无意识影响的间接作用。这种外溢效应既可表现为正面的，也可表现为负面的。在这里，我们主要讨论正面的外溢效应。外商直接投资的外溢效应主要表现为除资本和劳动力之外的其他影响经济增长的因素，从而使全要素生产率提高，实现对经济增长的促进作用。全要素生产率对经济的贡献主要可分为资本效应、产业结构效应、技术进步、制度变迁和贸易发展效应五个方面。

1. 资本效应

国际直接投资不仅能增加东道国的资本存量，而且能为东道国当地的资本市场提供具有吸引力的投资机会而动员当地储蓄，成为引发国内投资的催化剂。用“双缺口模型”的解释就是，外资的增加有效改善了发展中国家储蓄不足，并且有助于将储蓄转化为投资。与制造业一样，服务业 FDI 流入一般只是东道国经营的外国分支机构资金来源的一部分，跨国公司也可以从东道国的资本市场和国际资本市场筹集资金。这些资金不包括在 FDI 流入的数据中，但这些资金的来源对东道国的经济影响很重要。当资金是在国际资本市场筹集的，对国际资本市场上的投资国来说，如果筹资额很大，资金来源国内的利率就会上升，致使资本对国内企业更加昂贵；对东道国而言，这些资金就是东道国 FDI 流入量的净增加值，当投入量很大时，资金面相对更加宽裕，东道国国内利率下降，致使国内企业资金成本下降。另外，服务业 FDI 对发展中国家更是尤为重要，特别是基础设施服务的资本需求量巨大，又处在快速发展阶段的发展中国家，这些国家的政府大部分面临着预算约束，服务业 FDI 对这些服务供给的增长提供了重要的资金支持。

2. 产业结构效应

产业结构变动主要是指第一产业、第二产业和第三产业产值占国民生产总值比重的变化情况。世界经济发展的一个基本规律是：随着人均收入水平的提高，服务业在国民经济中的产值比重呈上升趋势，并最终超过农业和工业而在国民经济中占据主导

地位。第一产业的产值占国内生产总值的比重越小，说明产业结构变换的速度越快，产业结构的高级化程度越高。关于外国直接投资的产业结构效应，以日本学者赤松要的“雁行模式”最为著名。赤松要认为，一国某产业的发展大致经历进口、当地生产、开拓出口、出口增长等几个发展阶段。某产业随着进口的不断增加，先后出现国内生产和出口，其图形如飞行的雁群。“雁行模式”表明，外国直接投资的产业结构效应来源于有效地利用东道国的比较优势。外国直接投资所带来的“一揽子”资源，尤其是技术和管理技能，不仅有助于中国建立新产业，而且还能使传统产业升级，使内向型产业向出口导向型、具有国际竞争力的产业演进。

服务业 FDI 进入东道国，首先作用于东道国的相关服务行业，以资金投入为手段进入东道国的产业链，对原有产业链上的服务行业产生冲击。与此同时，服务业 FDI 的资金也增强了东道国相关产业的资金实力，伴随着服务业 FDI 资金、技术、管理等要素融合到相关产业，相关产业得到有益的促进和发展，这一变化可以用相关产业规模的变化、产出的变化、市场占有率、市场地位等指标来描述。

以中国为例，大多数第三产业部门对外开放度提高并调整利用外商直接投资政策，而第一产业的投资比重已经逐年下降，第二产业制造业的比重日益提高，这与前几年跨国投资集中在制造业领域密切相关。作为投资新热点的第三产业服务业尽管增长率不明显，但是服务业投资已经成为全球投资的重点。因此，第三产业投资占 GDP 的比重会日益提高，从而带动我国的产业结构升级，由制造业大国转向服务业大国。

3. 技术进步效应

FDI 投入资本对东道国产生的是短期效应，FDI 对东道国经济增长的长期效应还要依靠技术效应来实现。技术是一个广义的概念，它不仅包括生产技术和方法，也包括管理技术和劳动者素质的提高等方面。因此，这里主要用人力资本和 R&D 资本来衡量技术进步。大部分服务型跨国公司都是通过 FDI 方式实现技术转移，这是因为：第一，服务生产与消费的不可分性，使软技术传播无法像制造业那样通过引进设备等多种方式，在很大程度上只能通过 FDI 实现；第二，服务业跨国公司为人员流动提供了良好的制度和组织安排，人员是服务业核心技术的主要载体，人员流动是服务业实现技术溢出的最重要的方式，而跨国公司内部人员流动十分频繁，非常有利于技术溢出和扩散；第三，在许多服务行业，尤其是生产服务业，技术往往是“内嵌式”的，存在于企业内部的人际关系中，很难复制，而跨国公司的组织形式为“内嵌式”技术的跨国溢出提供了有利条件。

按照技术溢出的实现方式，服务业 FDI 的技术溢出可分为两类：行业间溢出和行业内溢出。

4. 制度变迁效应

制度因素对经济增长的影响主要表现为制度变迁，中国经济制度的变迁主要表现在产权制度的变迁、市场化程度提高、分配格局变化和对外开放程度四个方面。一国经济增长是在一定的制度框架中实现的，利用外国直接投资作用是中国对外开放的行为之一，其本身就是一种制度变迁。此外，外国直接投资主要来源于发达的市场经济国家，为了吸引更多的投资，必须改善市场环境，从而促使中国市场化程度不断提高。

根据新制度经济学的观点，制度是一种重要的经济增长要素，一国通过制度变迁会促进经济增长及发展，从而产生制度绩效。外国直接投资在中国产生的制度绩效，主要是指它通过影响中国决定制度供给和制度需求的某些因素，来促进中国经济的发展。

5. 贸易发展效应

商品、生产要素的国际流动主要是通过国际贸易和国际直接投资两种途径进行的，贸易与投资之间的关系可以分为替代论和互补论两种。从东道国的角度来看，服务业FDI流入对服务贸易出口既有促进效应也有替代效应，两者的大小比较最终决定服务业FDI流出对东道国服务贸易出口的影响方向：如果促进效应大于替代效应，那么就表现为东道国服务贸易出口的增加，反之则表现为东道国服务贸易出口的减少。

（1）促进效应

服务业FDI流入对东道国服务贸易出口的促进效应主要体现在以下几个方面：

通过服务业FDI的目的是利用东道国廉价的自然资源或劳动力，进而降低自己的成本获取更大的出口竞争力，从而向母国或其他国家出口这些服务，那么投资国的服务业FDI是出口导向型。这样，东道国服务贸易出口会得到显著增加。

如果服务业FDI是市场导向型，即投资国对东道国进行直接投资是为了占领东道国国内的消费市场，在这种情况下，流入东道国的服务业FDI企业的服务质量不会低于东道国本土企业服务业的水平。由于服务具有无形性、不可储存性、生产消费同时性等特殊性质，大多数服务业FDI都是这种情况。因此，此类服务业FDI不会对东道国服务贸易出口产生很大的促进作用，其作用主要体现在长期效应（如技术外溢等）。

服务业FDI流入会给东道国带来出口引致效应，即出口导向型的FDI带来货物贸易出口的增长进而带来与此相关的服务企业在金融、保险、运输等方面的服务贸易出口增加。

（2）替代效应

服务业FDI流入对东道国服务贸易出口的替代效应主要体现在两个方面：

如果流入东道国服务业的FDI质量低于东道国本身的服务业水平，这说明外资进入东道国是想享受逆向的技术溢出，学习东道国服务业的先进技术、管理经验等。这种外商直接投资会反向提高投资国服务业的发展水平，进而提高投资国服务出口竞争力，逐渐减少自东道国进口的某些服务。也就是说，服务业FDI会对东道国原有的某些服务出口产生替代效应。

（二）负面影响：内敛效应

（1）大部分服务业FDI旨在市场开拓，寻求非交易性活动，并有可能以对外支付的形式进行利润汇出，所以，不仅可能对增加外汇收入无任何作用，反而可能对国际收支造成负面影响。许多跨国公司通过利润转移方式来进行逃税，从而严重干扰了东道国的市场秩序。20世纪90年代后期，跨国企业逃税一年高达300亿元人民币，相当于近年中国财政收入的二十分之一。六成以上的外企存在非正常亏损，虚亏实盈。目前中国40多万家外资企业，年亏损金额逾1 200亿元，但其中有相当数量的外企通过各种避税手段转移利润，造成账面上大面积亏损。

（2）东道国相关行业受到很大冲击。在东道国原有的高度保护下，诸如银行、电信、旅游等行业，其国内市场是非完全竞争的，甚至是垄断的，因而适应市场的能力和提高竞争优势的自身能力有限。随着外资在这些行业的进入，东道国国内原有企业从资金、经验、技能和创新方面都受到巨大挑战。跨国公司往往凭借其资金雄厚的优势大规模收购当地同行业企业甚至龙头企业及其原有品牌，从而在当地形成技术、品牌、市场和产业垄断。这种情况在我国的许多行业都存在，有些还十分突出，不仅严重压抑了民族产业的发展，而且在形成品牌市场垄断后还会侵害消费者权益，对我国的经济和产业安全都构成严峻挑战。

（3）外资服务机构将与东道国本地企业更加激烈地争夺人力资源，其工作条件与薪酬状况可能导致大批优秀人才流向外资企业，这样对本地企业的发展将会带来更多困难。以金融业为例，外资银行进入中国后，大量中资银行的骨干跳槽或被高薪聘请去外资银行，这对于发展不够完善的中资银行来说带来的风险和压力是双重的。

（4）服务业 FDI 可能带来三方面的风险。如果东道国政府管理控制不善，缺乏有效的规章制度，有可能在体制方面带来严重的本国经济动荡；如果在管理公用事业和私有化时缺乏有力控制，有可能导致私人垄断；此外，因为各国在社会文化背景上差异极大，外资在这些领域的运作容易造成冲突和伤害。

因此，对于开放服务业 FDI 的东道国来讲，最重要的是正确分析当前的国际环境，针对外国直接投资制定有效的引导、管理和控制措施，使其对外资的运用发挥最大的正面作用。

第四节　中国引进服务业国际直接投资现状分析

一、中国服务业 FDI 发展的理论支持

（一）基于交易成本学说的内部化论

该理论认为，市场不完全的原因不仅是规模经济，寡头或关税壁垒，更重要的是市场失效和某些产品的特殊性优势或垄断势力的存在。市场的结构失效，导致企业市场交易成本增加，促进跨国公司进行交易内部化活动。中国的服务业市场发展时间不长，市场上更多的是小规模的生产者，大规模系统性强的生产联合很少，这就决定了国内的服务业生产很难实现生产销售的垄断。由于国际直接投资的来源通常是某些特殊性优势产品或是具有垄断优势的产品。因此，国际投资向中国服务市场输出，能有效开发更大的市场空间，并使其交易成本大大减少。

（二）基于产业组织理论的垄断优势理论

该理论认为跨国公司在进行对东道国的对外投资时，在语言，法律，文化经济制度等方面处于劣势，但其拥有的垄断资源是能够在国外进行直接投资的基础。运用这个理论，可以证明中国服务业对 FDI 的吸引。第一，服务业产品的特点是生产和消费

同时进行，因此，产品质量便取决于服务技能，企业的技术设备，管理技能等。获得这些资本的成本很高，周期也很长，对于跨国公司来说拥有这些资源形成了他们的垄断优势。第二，在服务业中，要素市场上最重要的因素是无形资产。中国服务业市场起步较晚，因而在服务技能上也并不发达，也就是说无形资产的质量不高。在这个情况下，无形资产的不完全优势还是很明显的，能够为外商直接投资创造垄断优势。第三，中国的服务业市场尚未完全开发，并且我国服务业正处于进一步的市场开放进程中，进入壁垒不断降低，给跨国公司的进入创造了不错的条件。

二、中国引进服务业 FDI 的总体概况

（一）发展现状

1. 服务业吸收外资成为我国 FDI 的新增长点

2015 年，中国服务业领域新设立外商投资企业 12 916 家，合同外资金额5 078 475 万美元，实际使用外资金额 1 491 400 万美元，同比增长分别为 29. 35%、26. 86% 和 24. 72%。另外，随着中国服务领域的逐步对外开放，包括银行、保险和证券在内的金融业，包括批发、零售、外贸、物流在内的流通业，包括增值电信和基础电信在内的电信服务业，以及包括法律、会计、管理、公关等业务在内的专业咨询业等行业成为外资进入的热点。

2. 生产性服务业是外商投资的重点

随着先进技术和管理理念在生产中的广泛应用，成熟的规模化生产不再是资源配置的主要方向，而是为生产提供服务的领域成为效益产出的主要领域。随着生产性服务业在生产过程中重要性的不断提高，其规模也随之不断增加，目前生产性服务业已是世界经济中增长最快的行业，发达国家以通信、金融、专业服务业、物流等生产性服务业占总服务业的 50%以上，而且是外商直接投资的重点领域。2015 年，我国金融业、房地产服务业以及租赁和商务服务业吸引外商直接投资占服务业外商投资总额的 80%左右。

3. 服务业外商直接投资的地位和比重增加

近年来，中国服务业发展迅速，2015 年我国服务业利用外资规模增加，增幅为 111. 01%。同期，我国固定资产投资 47 000 多亿元，比 2015 年增加 46%。2015 年，外资占固定资产比重达到 4. 54%，同期增加 44. 31%。与此相反，2015 年我国实际利用外资 603. 25 亿美元，下降了 0. 05%，2006 年上半年实际利用外资又下降了 3. 2%。当前，中国利用外资的“一升一降”现象，说明我国利用外资趋向理性，进入产业结构调整期，即将到来的是我国服务业利用外资的又好又快发展阶段。

（二）主要行业特点

1. 金融业成为实际使用外资金额最人的服务业

截至 2015 年年底，金融业新设立外商企业 149 家，合同金额 19. 92 亿美元，占第三产业的比重分别是 0. 12%、0. 53%。2015 年，金融业实际使用金额位居第三产业之首，达到 123. 01 亿美元，同比增长 4 781%。银行业新批 7 家机构引入境外战略投资

者，实际使用外资118.69亿美元；保险业新批设立4家中外合资企业，实际使用外资1.5亿美元；证券业新批设立7家合资基金管理公司，实际使用外资0.62亿美元。

2. 房地产建材行业利用外资规模最大

截至2015年年底，中国房地产建材业利用外商直接投资项目44 828个，合同外资金额达到2 137.85亿美元，占第三产业比重分别是35.66%、56.64%，是服务业中利用外资规模最大的行业。外商在华投资房地产开发合同项目个数达到2 113个，同比增加19.58%，大型项目388个。合同外资金额为156.14亿美元，同比增加15.76%；实际使用外资金额53.9亿美元，同比减少9.41%。

3. 交通运输、仓储和邮政业利用外资持续快速增长

截至2015年年底，中国交通运输、仓储和邮政业利用外商直接投资项目6 607个，合同外资金额314.1亿美元，占第三产业比重分别是5.26%、8.32%。2015年，实际使用外资金额18.12亿美元，年均增长13.17%。水上运输业、交通运输辅助业总体增势迅猛，开始形成规模。水上运输业新设立外商投资企业48家，与2015年持平，合同外资金额18.13亿美金，实际使用外资金额8.41亿美元，同比增长分别为309.98%，133.41%。同期，交通运输辅助业新设立外商投资企业32家，合同外资金额7.98亿美元，实际使用外资0.83亿美元，同比增长分别为77.78%、208.04%、107.94%。

4. 信息传输、计算机服务业和软件业利用外资增长幅度低于世界平均水平

截至2015年年底，中国信息传输、计算机服务业和软件业利用外商直接投资项目3 115个，合同外资金额65.33亿美元，占第三产业比重分别是2.48%、1.73%。2015年，实际使用外资金额10.15亿美元，同比增长9.75%。近年来，发达国家快速掀起了将软件设计、开发、测试等环节转移到亚太等更低成本国家的浪潮。据预测，未来几年全球服务外包市场将以每年30%～40%的速度递增。软件产业在中国是新兴行业，规模由1999年440亿元增长到2015年的3 900亿元，年均增速40%以上，未来几年借助全球软件产业转移之际，从接包中低端软件开始继续大力发展。但是，目前中国软件业利用外资增速低于世界平均水平，而且原本比重就小，没有充分利用和发挥外资效益。

5. 租赁与商务服务业利用外资增势强劲

截至2015年年底，中国租赁与商务服务业利用外商直接投资项目21 080个，合同外资金额454.93亿美元，占第三产业比重分别是16.77%、12.05%。2015年，实际使用外资金额37.45亿美元，年均增长48.4%。2015年，我国租赁业吸引外商直接投资项目41个，合同外资金额21 661.1万美元，同比增长107.1%，实际使用外资3 896万美元，同比增长56.78%。商业经纪和代理业新设立外商投资企业235家，合同外资金额12.86亿美元，实际使用外资金额0.66亿美元，同比分别增长31.28%、260.65%、44.3%。

6. 商业利用外资继续快速增长

截至2015年年底，批发与零售业利用外商直接投资项目27 867个，合同外资金额356.86亿美元，占第三产业比重分别是22.17%、9.45%。2015年，实际使用外资金额10.39亿美元，同比增长45.87%。随着入世开放外资商业领域的承诺实施，零售商业

成为外商投资新热点，新登记的外资企业、其投资总额、注册资本和外方出资额都呈增长趋势。2015 年，零售业新设立外商投资企业 437 家，合同外资金额 12.86 亿美元，实际使用外资金额 4.54 亿美元，同比分别增长 106.13%、94.1%、14.3%。

（三）中国服务业吸收外资的发展趋势

1. 服务业外商投资继续快速增长

从 20 世纪 90 年代到 2015 年，服务业的外资存量翻了两番，占全部外商直接投资存量的比重由 47%上升到 67%，2015 年服务业 FDI 流量为 4 523 亿美元，约占当年 FDI 总量的 70%。近几年服务业跨国投资继续较快增长，2015 年服务业跨国投资比重仍占 2/3以上。其中，美国服务业对外投资从 1995 年的 469 亿美元上升到 2015 年的1 406亿美元，年均增长 13%。借助服务业跨国转移的新兴浪潮，以及国际社会普遍看好中国经济当前的快速增长形势和长期持续增长的潜力，以及从 2015 年起我国服务业全面对外开放等国内外大好环境，中国服务业外资直接投资趋势继续快速增长。

2. 中国服务外包异军突起，发展前景广阔

发达国家跨国公司管理、经营日益专业化，保留核心优势业务，将后勤办公、顾客服务、商务业务、研究开发、咨询分析等许多非核心业务活动外包给新兴发展中国家。目前，国际外包业务只占全部业务流程的 1%~2%，尚处于初始阶段。据 Gartner 预测，近年来软件外包年均增长率在 30%以上，2015 年全球软件外包将达 2 015 亿美元，以美、英为主的英文软件占 80%以上。根据赛迪顾问的研究报告，2015 年中国承接软件外包规模已经达到了 9.2 亿美元，到 2015 年将达到 70.28 亿美元的规模，年均增长超过 50%。我国软件外包以日本市场为主。2015 年中国承接日本软件外包金额为 5.58 亿美元，日本离岸外包增速达 50%，估计 50%以上将转向中国。另外，“不要把鸡蛋都放在一个篮子里”的思想使欧美企业选择外包合作伙伴时为了规避外包风险，不再局限于印度、爱尔兰，而是扩展到中国、菲律宾、俄罗斯等国家。

3. 投资方式多样化，收购兼并投资增加

外商直接投资服务业有股权投资和非股权安排两种方式。非股权安排可分为特许经营、管理合同、许可证协议等方式，在服务业运用最为成功的是特许经营。住宿、餐饮、商务服务业等采用非股权安排的方式比较普遍，例如国际著名餐饮企业麦当劳、肯德基在国外的经营方式。股权投资有新建投资和跨国并购。随着我国服务市场的全面开放，投资环境的不断改善，中国法律、政策对外国投资的放宽、内外资企业所得税并轨等发展环境，以及利用本土企业的营销渠道、网络等经营资源迅速扩大在中国市场占有率的需求，跨国公司在华投资出现了从合资、合作等新建投资向收购兼并投资方向发展。加大跨国并购外资比重，有利于加快我国企业国际化进程和国有企业改革步伐。当然，外资并购话题会成为社会多方关注的焦点，争论将显现“贱卖论”“恶意并购论”和知识产权方面等问题。

4. 投资研发中心的趋势持续加强

向中国转移研发能力，提升其在中国产业的竞争力，已成为许多跨国公司的共识。据商务部研究院统计，截至 2015 年 9 月，著名跨国公司以各种形式在华设立的研究开

发中心约有 750 家，其中仅 2015 年 1~9 月份就设立了 298 家，同比增幅达到 48.2%。从行业分布上看，主要集中在信息通信、生物制药、精细化工、运输设备制造等行业；从地区分布上看，主要集中在北京、上海、广东、江苏、天津等外商投资集中的地区。随着中国作为全球重要制造基地地位的逐渐形成和加强，投资研发中心的趋势还会持续和加强。在商务部就研发投资进行的调查中，61%的跨国公司明确表示在未来三年内将继续扩大对华研发投资。其中，46%的企业倾向于建立独立的研发中心，33%的跨国公司倾向将更多的先进技术引进中国进行研发，同时有 25%的企业计划扩大在中国原有的研发人员数量，24%的企业选择合作研发。

5. 投资地域差距较大，大中城市是吸引服务业外资的集中区域

由于服务业特有的性质，外商在投资地域的选择方面，更加注重当地的基础设施、区位特征、产业配套能力等因素。而东部地区在以上几个方面均有优势，因而已成为服务业外商投资最为集中的区域。中西部地区由于自然条件限制，与服务业配套的相关基础设施落后，外资投入的比例较低。此外，服务业外资集中进入的区域是大中城市，城市化水平越高，吸引外资的能力也就越强。2015 年，上海、北京和深圳等城市的服务业 FDI 都超过了 50%。

（四）服务业直接投资对中国服务业的影响

在华服务业的直接投资对中国服务业的促进作用和负面作用同时存在。从正面影响来看，在华服务业直接投资有以下积极影响：

（1）优化了中国服务业内部结构，增强了国际竞争力。跨国服务公司的进入，其先进的管理经验和带来的竞争迅速培育了一批具有竞争实力的中国企业。

（2）打破服务行业垄断，优化市场结构。以服务业中的交通运输业为例，国际物流先进企业，如 DHL、敦豪等进入中国市场，打破了原先中国物流业的垄断现状，不仅促进了中国邮政 EMS 业务的迅速发展，更培育了相当一部分具有竞争力的民营物流企业，如顺丰、申通、圆通等。

（3）延长服务业产业链，形成产业集群及发展新兴服务业。目前，服务业的迅速发展，减少了第三产业的经营成本。以阿里巴巴集团为代表的电子商务快速发展，中国相当一批 B2B、C2C、B2C 等网上企业也促进了国际电子企业如亚马逊等进驻中国。

（4）在华服务业跨国公司通过技术转移和外溢提高服务业技术水平。有研究表明，服务业跨国公司在中国的经营活动，通过竞争效应、人员培训效应、关联效应等已经形成了一定程度的技术溢出，如零售业、快餐业、金融服务业等，都已经通过服务业跨国公司的技术转移和外溢，极大提高了我国同行的技术水平。同时，在华的服务业跨国公司也促进了我国服务人员的就业，对就业人员的技术水平的提高起到了促进作用。

当然，服务业跨国公司在中国的经营也不是可以高枕无忧的。首先，许多服务业跨国公司表示至今仍然处于亏损状态，高昂的固定成本以及员工的费用，使许多公司入不敷出，短时间内还无法实现盈利。其次，中国的服务业专业人员缺乏是服务业跨国公司遇到的主要问题，而且许多跨国公司花费巨大代价培训员工后，员工却跳槽，这也是非常棘手的。最后，基础设施的落后以及制度的不完善对服务业跨国公司的发

展造成了很大影响。更重要的一点，由于拥有先进入者优势，在华服务业的跨国公司迅速占领了市场份额，培养了一批具有品牌忠诚度的消费者，这对于尚处于起步阶段的中国服务业公司提出了巨大的挑战。中国企业如何应对这种国际化竞争成为决定中国未来服务业国际化的关键所在。

尽管如此，广阔的中国市场还是吸引着越来越多的服务业跨国公司来华投资。不难预料，随着中国日益与世界接轨，中国服务市场将成为世人瞩目的焦点。中国现在十分重视塑造附加价值链及制造“中国设计”产品，“中国制造”“中国创造”到“中国想象”，中国服务业的升级也将引导在华服务业跨国公司新的投资动向。

思考题

1. 什么是服务业的对外直接投资？对外直接投资转向服务业的原因有哪些？
2. 什么是生产折中理论？如何运用生产折中理论来解释服务业 FDI？
3. 什么是所有权优势？服务业对外直接投资的内部化优势有哪些？
4. 什么是内部化优势？服务业对外直接投资的内部化优势有哪些？
5. 什么是区位优势？如何根据区位优势确定服务业对外直接投资？
6. 生产周期理论在服务业对外直接投资中的扩展。

阅读分析

联邦快递在中国

曾经联邦快递突然宣布，以 4 亿美元的现金完成对大田的收购，联邦快递在中国正式变身独资企业。此举显示洋快递正在加快抢占中国市场的速度。

独吞中国市场

欧美快递企业无论走到哪个国家，都会最大限度地谋求控股和独资。由于在中国政策受限，他们最初进来时不得不先与内地企业合资，UPS、DHL、TNT 分别选择了有着强大政府背景的中外运，联邦快递则选择了民营企业大田。

联邦快递与大田是在 1999 年 7 月共同组建了合作公司——大田联邦快递有限公司，这也是联邦快递公司在世界上唯一一家合作公司。联邦快递与大田之间的合作模式与其他快递巨头在中国的方式如出一辙，即联邦快递提供自己的品牌，大田用自己在国内的网络优势和车辆，共同完成快递业务，双方在国内的业务利润按一定的比例分成。

根据中国加入 WTO 所作的承诺，2005 年年底对外资全部开放快递市场，不允许外资在中国设立独资快递公司的大限已过，对于在中国已打下根基的联邦快递而言，大田这个“壳”已失去价值。这几年，联邦快递一直在马不停蹄地拓展各地分公司和服务网点。联邦快递董事会主席、总裁兼首席执行官施伟德指出，此项战略性投资，将更有利于公司在未来几年中进入到许多重要的市场，加速地方经济发展，并从广度和深度上进一步加深我们与中国的合作伙伴关系。

与大田合作之前，联邦快递与一家国内企业——大通国际运输有限公司（简称大通）有过3年短暂“婚史”。1995年年初，大通已在全国拥有30多家分公司，辐射几百个城市，成为当时国内货代行业中的佼佼者。这时，中国市场上出现了对快递的大量需求，中国快递业兴起一股与外资合作的风潮，外资巨头开始抢滩中国。但由于政策限制，外资企业只能在中国寻找企业进行代理业务。联邦快递、DHL、UPS、OCS、TNT等都找中外运作代理。但联邦快递很快发现了已基本形成全国网络的大通，随即与中外运解除到期的合约。一直期望寻求更大发展的大通，也正有合作意向。双方一拍即合，在1995年底订下三年合作协议。

双方的合作模式与其他快递巨头在中国的方式如出一辙，即联邦快递提供品牌，大通用其在国内的网络和车辆，共同完成快递业务，国外业务则交由联邦快递完成。双方在国内的业务利润按一定比例分成。据称，当年业务十分红火，营业额几乎与中外运的快递业务追平。

但好景不长。“大通所有的客户都要进入联邦快递的系统。因为这些客户是长期采用信用卡结算，大通一直用这个系统做业务，不断地做，客户便不断地进入联邦快递的系统。”大通一位高层人士表示。他认为这种做法实质上是在掠夺自己的客户，非常不平等。事实上，联邦快递在中国还成立了一个销售部用于维护自己的客户，但大通和这个系统没有关系。大通高层们为此很担忧：“这样下去，在快递行业就只知道联邦快递，不知道大通了。”由于业务发展迅猛，大通网络的扩张难以跟上联邦快递的野心。于是联邦快递提出，在国内划分代理范围，长江以北让大通作为唯一代理，而在其他地区则寻找另外的代理，但大通则坚持要做唯一代理。当大通在1997年年底研发出一个据称比联邦快递更先进的分拣系统时，没有给对方使用。双方矛盾进一步加深。

当时大通认为，大通并不局限于快件，而是一家集普货、海运、仓储等业务于一身的多功能公司。而现实情况是，随着中国入世时间表的推进，市场对外资巨头迟早要开放，尤其是货代公司，如果没有客户就很容易被击垮。在此背景下，合作满3年后双方没有续约，1998年年底各自分飞。双方合作告吹的结果是“双输”。合约解除的那段真空期间，联邦快递每天要积压近30万件快件。而缺乏一个强势品牌的大通，其快递业务开始走下坡路。大通原先置办用于快递车辆的财务成本也逐渐加大。

不久，他们各自寻找新伙伴。联邦快递找到民营企业大田集团，大通与美国第四大快递企业安邦快递合作。但两个结果却相差巨大，后来居上的大田集团声名鹊起，而大通业务则继续下滑。

当时联邦快递的一个重要考量就是，选择实力相对弱小的公司，可以在合作中得到绝对话语权。大田董事长王树生曾表示，作为联邦快递的合资公司，大田—联邦快递将接受联邦快递中国业务分区总部的领导。然而事实上，在大田—联邦快递中，大田和联邦快递各占50%股份，双方不应是谁领导谁的问题，更何况大田-联邦快递的董事长是王树生，陈嘉良是副董事长。对大田来说，这种模式下的合作，最大的目的莫过于利益分成。据了解，王树生大概每年都能拿到近1亿元分红，收益颇丰。在双方合作的近6年时间里，大田利用这笔资金不断拓展国内网络，不仅建立了118家分支机构，服务于国内541个城市，而且大田总资产也由1992年成立之初的6万元壮大到现在的9亿元，增长上万倍。

然而，这是一个“看上去很美”的合作，繁荣的表面背后存在泡沫。模式并不能掩盖双方的实力差距。正如王树生所言，由于大田—联邦快递完全由联邦快递方面“领导”运营，办公地点、人员招聘、业务开展、财务结算等各方面都是其独立操作。据了解，在之后的合作中，大田联邦快递在业务上几乎全部由外方掌控，大田只能分红。一旦联邦快递舍其而去，大田的快递业务无疑将因此断臂。

王树生不可能没有意识到这一点。2003 年，就在与联邦快递合作到两年的时候，大田开始大力扩张自己的网络，冠名“大田快递”。同年 12 月，大田与欧洲最大的汽车物流服务商——法国捷富凯合资组建了汽车物流企业。此举标志着大田全面进军物流市场，开始转型为物流企业。

而大田打造自有的国内快递业务，一方面是为与联邦快递的国际快递实现互补。在双方合作战略中有个承诺，联邦快递主攻中国境外的业务，大田则负责国内网络拓展。大田在开展国内业务时，会把接到的国际业务拿给联邦快递去运作。同时，联邦快递在销售过程中有一些国内业务，大田理所当然成为承运人。另一方面，王树生很明白，一旦联邦快递有意独资，大田所拥有的国内网络无疑是与其谈判的最大筹码。近几年来，虽然大田快递本身并不盈利，但王树生在网络建设上不遗余力。

这正是联邦快递所乐见的。“我是联邦快递派过来，帮助大田快递的。”现任大田集团执行副总裁的王王景，曾在联邦快递服务 26 年。而当时大田快递另两个核心人物销售副总裁白俊明以及现任董事长助理卢天麟均从事过联邦快递。

“大田出售股权是必然的，事情可能不会拖过今年年底。”据联邦快递内部人士说，联邦快递此番打算购买的大田联邦快递 50%股权和大田快递全部股权，王树生要价约 4 亿美元。但联邦快递认为价格过高，双方一直僵持不下。

事实上，联邦快递去年曾接触山东海丰国际航运集团，有意收购海丰下属的快递业务。而大田也在去年五月与扬子江航空快运有限公司谈判，打算利用它的地面网络来换购扬子江的股份，借此进入航空领域。虽然都没有获得进展，但双方似乎都试图证明：对方并不是唯一的选择。

最新的消息则是，大田集团业务重点正在发生转移，今后业务重点将由快递转为陆运。陈嘉良一改过去“将长期与大田合作”的官方说法，一席话颇为意味深长：“至于未来和大田的关系，有一些事情我现在还不能讲。更重要的是，我不希望讲一些假话，那更没意义。”

合资转为独资

联邦快递近日已与天津大田集团有限公司签署协议，以 4 亿美元现金收购大田集团在双方从事国际快递业务的合资企业——大田联邦快递有限公司 50%股份，从而将该合资企业转变为联邦快递独资公司；并收购大田集团目前用于开展国际快递业务的资产，以及大田集团位于国内 89 个地区的经营国内快递业务的资产。该协议成交后，联邦快递将在中国拥有超过 6 000 名员工。

讨论：

1. 结合联邦快递在中国的经营，分析服务企业在对外直接投资中采取的战略。
2. 中国在服务业对外引资的过程中应该注意哪些问题？采取什么对策？

第八章　国际服务贸易与知识产权保护

知识产权与国际服务贸易具有天然的紧密联系。本章概述了知识产权理论与知识产权贸易的发展状况，介绍了知识产权保护的国际立法状况以及对于发展中国家的影响，最后对知识产权壁垒的表现形式和服务贸易中知识产权的对策作了适当的阐释。

第一节　知识产权理论与知识产权贸易

一、知识产权理论概述

（一）知识产权的界定

知识产权是法律所赋予的智力成果完成人对其特定创造性智力成果在一定期限内享有的专有权利。其主要的功能是保护知识拥有者和创造者的利益。该概念最早于17世纪由法国人卡普佐夫提出（另一说法是18世纪产生于德国），其英文是Intellectual Property。1967年建立的世界知识产权组织（WIPO）沿用了这一术语，从而使其在全世界范围内被普遍接受。知识产权包含的范围十分广泛，在现实中，通常有如下分类：

1. 工业产权和著作权

传统上知识产权可以分为两大类：工业产权和著作权。工业产权是指工业、商业、农业、林业和其他产业中具有实用经济意义的一种无形财产权，主要包括专利权和商标权，但又不局限于此两种。如《保护工业产权巴黎公约》规定，工业产权的保护对象为“专利、实用新型、工业品外观设计、商标、服务标记、厂商名称、货源标记或原产地名称以及制止不正当竞争”。著作权又称版权，是指自然人、法人或者其他组织对文学、艺术和科学作品依法享有的财产权利和精神权利的总称。主要包括著作权及与著作权有关的邻接权；通常我们说的知识产权主要是指计算机软件著作权和作品登记。

2. 广义的知识产权和狭义的知识产权

按广义的概念，知识产权是一种无形的财产权，包括人身权利和财产权利，即精神权利和经济权利。在1967年签订的《成立世界知识产权组织公约》中，规定的知识产权包括以下几项智力成果：关于文学、艺术和科学作品的权利；关于表演艺术家的演出、录音和广播的权利；关于人们努力在一切领域的发明的权利；关于科学发现的权利；关于工业品式样的权利；关于商标、服务商标、厂商名称和标记的权利；关于制止不正当竞争的权利；以及在工业、科学、文学或艺术领域里一切其他来自知识活动的权利。WTO 有关文件中对知识产权的定义是：思想的所有权，包括文学艺术作品（受版权保护）、发明（受专利保护）、企业驰名商标标记（受商标权保护），以及工业资产的其他成分。可见，现代知识产权已经比传统知识产权的范围要大得多，随着新技术革命的兴起，知识产权的范围已经扩展到微生物技术、计算机程序、集成电路等方面。

广义的知识产权可以分为与贸易有关的知识产权和不与贸易有关的知识产权，这些与贸易有关的知识产权通常就是我们所指的狭义的知识产权，在“乌拉圭回合”谈判的过程中达成的《与贸易有关的知识产权协定》（Trade-related Aspects of Intellectual Property Rights，TRIPS），主要从七个方面规定了对其成员保护各类知识产权的最低要求：版权及相关权利，即作家、艺术家表现其思想或才能方式的专有权；商标，即一个可以将某种货物或服务与其他货物或服务区别开来的标记；地理标志，即能够表明某种产品源自一个特定地域的标志；工业设计，即与产品外观有关的特征，如形状、装饰、图案及构造等，在工艺品、纺织及皮革制品、汽车等产品制造中，该类知识产权尤为重要；专利，即经一国专利机构审查并注册的技术创新或发明；集成电路的外观设计，即集成电路分布图设计及结构设计；对未公开信息的保护，即通常所谓的“商业秘密”。按照有关国际公约，应受到商业秘密保护的应同时具备四个条件即具有秘密性、具有商业利益性、具有实用性，权利人采了以了保密措施。

3. 与服务贸易有关的知识产权

国际贸易中包括有形的货物贸易也包括无形的服务贸易。与服务业和服务贸易有关的知识产权主要包括以下几种：

（1）版权保护

服务贸易中的标的主要以版权为载体。如果说在货物贸易中的知识产权主要与专利权和商标权相连的话，那么在服务贸易中知识产权主要与版权和商标权相关。因为，文化、娱乐以及设计服务等在服务贸易中占据异常重要的地位。TRIPS 版权产业和版权产品保护以及互联网环境中的版权保护的有关条款，都可以直接作用于相关的服务业。世界知识产权组织中的《世界知识产权著作权公约》《世界知识产权组织表演和录音制品公约》以及《保护文学艺术作品伯尔尼公约》等的相关规定，都与服务业和服务贸易的知识产权保护有关。

（2）商标保护

对服务商来说，商标和是重要的无形财产。商标的保护对服务商来说具有重要的意义。这是由于服务具有无形性且服务市场存在着严重的信息不完全和不对等。因此，在消费者购买服务品之前，往往只能依据企业的商标等来选择供应商。TRIPS 就是考虑到服务商标保护的重要性，因此强化了对服务商标的保护。具体表现在：①将对驰名商标服务商标的特殊保护扩大到了服务商标；对驰名商标的特殊保护有条件地扩大到不相类似的商品或服务范围；还将商标优先权的适用范围由商品商标扩大到了服务商标。②《有关商标注册用商品和服务国际分类的尼斯协定》的修改：增加和细化了服务商标的分类。将原来 42 大类（商品商标 34 类、服务商标 8 类）扩充为 47 类（商品商标 34 类、服务商标 13 类）。

（3）商业秘密的保护

商业秘密作为知识产权受到保护，与世界贸易组织的 TRIPS 协议有关，其中第三十九条规定了对“未披露信息”的保护。其对未披露信息的定义是该信息作为整体或作为其中内容的确切组合，并非通常从事有关该信息工作领域的人们能普遍了解或容易获得的。TRIPS 协议提出的“未披露信息”要件与我国法律对“商业秘密”的定义是一致的。与商业秘密相关的服务贸易类别，首当其冲的就是“跨境交付”中的服务外包了。是否能够严格保护服务外包委托人的商业秘密，决定着服务外包这一服务贸易形式能否良性发展。

（4）专利保护

在“服务过程”和“服务结果”中都起着重要作用的是体现在计算机软件中的商业操作方法，而商业操作方法在一些国家是可以通过授予专利权给予保护的。

（5）传统的知识和民间文学等

其包括医药卫生知识、民间传说、民间音乐、民间舞蹈和服饰等。

（6）商品化形象保护（略）

（7）反不正当竞争（略）

（二）知识产权的特点和作用

1. 知识产权的特点

（1）知识产权主体的专有性

知识产权的专有性是指权利人对其智力成果享有垄断性的专有权，非经权利人同意或法律规定，其他任何人均不得享有或者使用该项权利，知识产权人以外的任何单位或个人无权干预或者妨碍知识产权人行使其权利，具有独占性和排他性。

（2）知识产权客体的无形性

知识产权是基于智力活动形成的创新成果即无形财产。不同于有形商品贸易中贸易标的物是有形的商品，在贸易中既存在商品使用权，又存在商品所有权转移，而知识产权的标的物只能是使用权。知识产权不占空间，难以控制，容易脱离知识产权人的控制，同时知识产权人在全部转让知识产权以后，仍可能利用其获利。知识产权客体的无形性还表现在其必须通过各种载体表现出来。如，技术发明、文学创作、商标、服务标记等。而对知识产权的保护并不是保护的载体，而是智力成果。

（3）知识产权的地域性

知识产权的地域性是指按照一国法律获得确认和保护的知识产权，只在该国具有法律效力，除非签有国际公约或双边互惠协定的情况外，知识产权无域外效力，其他国家对一国知识产权没有保护义务。

（4）知识产权国家机构的认可性

知识产权因国家主管机关依法确认或授权而产生，这是由其无形性的特点所决定的。智力成果没有形体，不占空间，容易脱离权利人的控制，适用智力成果也不会引起全部或部分消失、损耗，也不限于一定场合为一定主体实际适用，处理智力成果也不像有形财产那样须交付实物，只要公之于众，就为第三者所得。因此，知识产权所有者若想正常地按照自己的意愿行使对其知识产权的占有权、使用权、处分权，就必须通过主管机关的授权或认可，以得到国家法律的保护。

(5) 知识产权有效期的时间性

法律对知识产权的有效期作了限制权利人只能在一定的期限内对其智力劳动成果享有专有权，超出这一期限，权利即告终止，其智力成果便进入公共领域，成为人类共享的公共知识、成果，任何人都可以合法使用。作为对创新智力成果所付出的智力活动、资本投入的补偿，法律仅赋予权利人在一定期限内的专有权，从而达到既能促进科技和文化成果的传播，又能保护智力劳动者的合法权益。

2. 知识产权的作用

(1) 增加商品中高科技含量

在国际贸易中，与知识产权相关的贸易比重逐步扩大，所占地位日趋重要。随着世界市场竞争的加剧，一些拥有高、精、尖技术，能够开发技术密集型产品并制造和出口高科技产品和服务的企业在市场上居优势地位，高科技成为企业在市场上竞争成败的关键。含有知识产权的产品和服务在国际贸易中所占的比重越来越大。

(2) 传播科学技术

知识产权国际贸易是传播技术的重要方式，而科技革命又促进了国际技术贸易的发展。而现在信息技术、生物技术、新材料技术、新能源技术、海洋开发技术等高新技术正在以历次科技革命所没有的规模和速度发展，并且越来越深刻地影响着世界经济和社会发展的进程。同时，随着科学技术的迅猛发展，技术贸易也得到了前所未有的发展，国际间科学技术的传播主要是通过国际技术贸易进行的。国际间的知识产权交流与贸易又加速了科学技术突破国家界限，在世界范围内的普及和提高。

(3) 加快经济发展

知识产权国际贸易促进了国际经济交流和合作，也促进了有关国家经济的发展，有效地缩短了国家经济技术现代化的进程。知识产权国际贸易现已成为一国扩人对外经济合作交流的重要工作。因此，知识产权国际贸易的产生、发展在世界各国经济发展中的作用正日益明显。

二、知识产权贸易

知识产权作为一种财产权，其所有人可以通过对其所拥有的知识产权的许可或转让而获得收益。随着知识经济的到来，知识和技术本身已经成为了产品。各国特别是主要的经济大国尤其注重对知识产权的保护，其已成为21世纪创造新的竞争优势的基础和最有价值的财产形式之一。知识产权贸易、货物贸易与服务贸易，已经成为国际贸易的三大支柱。尤其是知识产权贸易在世界经济中的地位已经日益重要，也已经成了21世纪创造新的竞争优势的基础和最有价值的财产形式之一。其对经济的促进作用也已经远远超过了货物贸易对经济的增长速度。

(一) 知识产权贸易的主要形式

知识产权的国际流动主要有两种方式：间接方式和直接方式。

（1）间接方式，即借助货物或服务的流动而流动，主要指的是涉及的知识产权在国际贸易中表现为含有知识产权的产品贸易，指那些知识产权（尤其是版权）的价值占产品价值相当比例的产品贸易，如计算机软件、集成电路、影视作品、音像制品、出版物等，大多属于服务产品的物化方式。这些服务产品的物化方式已经广泛渗透到了服务业的各行各业。如版权作为知识产权的重要组成部分，已经渗透到出版发行业、新闻业、广播影视业、网络服务业、广告业、计算机软件业、信息及数据服务业等行业，形成了版权产业。即使对于传统的旅游业来说，无论是直接为旅游业配套的餐饮业、饭店业、交通业，还是旅游纪念品的制作和销售业，都存在着品牌（主要是服务商标）、商誉的树立和维护、商业秘密的保护和反不正当竞争问题。在网络环境和知识经济的背景下，文化、计算机和软件等产业的发展，与知识产权的关系更为密切。互联网的迅速发展，对于知识产权保护特别是版权保护，提出了许多新的问题。如作品和录音制品的数字化、作品和录音制品在网络环境下的传播、对作品和录音制品的技术保密措施、作品和录音制品的权利和管理信息的保护、数据库的保护、网络环境中商业标记的保护，这些都为知识产权流动的间接方式。

（2）直接方式，即作为商品直接进入国际市场流动。这种方式涉及的知识产权则可视为独立存在的知识产权，包括专利许可、商标许可、专利的转让、商标的转让、版权的许可、版权的转让、商业秘密的许可等。以独立的知识产权转让为核心的技术贸易是世界贸易中增长最快的部分，其中专利许可和转让又是国际技术贸易中最重要的种类。世界各国对专利技术的输出与输入，均实施政策引导和法律保障。国际商标交易主要以品牌授权（即商标许可）为主。品牌授权是指授权商或授权代理商将自己所拥有或代理的商标或品牌等，以合同的形式授予（许可）授权经营商使用，从而获得年费、权利金及部分的商品销售收入等。在知识经济和经济全球化时代，版权产品的生产、销售、提供和利用，形成了版权产业。在国际版权产业中，计算机软件的销售居于领先的地位。除了上述主要种类外，以商号（厂商名称）许可、商业秘密许可、版权许可等形式为主要内容的知识产权贸易也有了飞速的发展，并且已成为知识经济条件下，实现企业发展虚拟化的主要方式。

（二）知识产权交易的不平衡性

现如今，知识产权与国际贸易的联系已经越来越紧密，这表现为货物贸易和服务贸易的技术含量开始变得越来越高，在货物贸易领域原料及初级产品的比例逐年下降，高新技术及知识、资本密集型产品所占比例迅速上升的今天，国际知识产权交易的不平衡性也越来越明显，在国际知识产权贸易中主要体现了发达国家的利益。首先，随着高新技术产业的发展，这个趋势将会更加得到加强。这主要是由于发达国家已经十分重视创新知识产权的竞争及其进一步发展。美国极力打造其知识产权霸权，而日本将“知识产权立国”作为国家的战略。其次，知识产权的生产不仅与一国技术基础有关，更是与一国的经济实力和投入相联系，因此发达国家在知识产权贸易中的优势也将凸显。最后，在经济全球化的今天，发达国家在劳动力和自然资源等方面的相对优势已经不在，在低端产品的生产上已经丧失了竞争优势，但在技术、品牌、文化等知识产权保护客体方面具有很大的相对优势。因此，发达国家将会更加注重知识产权保护和极力发展知识产权贸易，这无疑也会造成发达国家与发展中国家知识产权贸易不平衡性加剧。

第二节　知识产权保护的立法

随着知识产权保护国际协调运动的发展，建立一个全面性的、具有执行力的国际组织的需求日益迫切，于是在1967年根据《建立世界知识产权公约》成立了世界知识产权组织（The World Intellectual Property Organization，WIPO）。1970年，WIPO设立了知识产权国际局，作为该组织的秘书处。1974年，总部设在瑞士日内瓦的WIPO成为联合国组织系统的特别机构。

一、世界知识产权组织成立之前的两个主要国际知识产权公约

（一）巴黎公约

《保护工业产权巴黎公约》，简称《巴黎公约》，于1883年3月20日在法国首都巴黎签订，1884年7月7日起正式生效。它是世界上第一个有关保护工业产权的公约，也是各种知识产权公约中成员国最为广泛的一个综合性的公约，绝大多数国家已批准公约的最新版本是1967年斯德哥尔摩版本。其宗旨在于按协商一致原则，对工业产权实行有效的国际保护，以便充分维护发明人的其他工业产权所有人的权益，促进世界经济合作与科学技术交流。

《巴黎公约》保护的工业产权包括：发明、实用新型、外观设计、商标、服务标志、厂商名称、货源标记或原产地名称，还有有关制止不正当竞争的内容。《巴黎公约》共有30条，主要规定了该公约联盟的建立与保护范围、优先权、国民待遇原则和工业产权保护的基本规则。

（二）伯尔尼公约

《保护文学与艺术作品伯尔尼公约》，简称《伯尔尼公约》，是1886年在瑞士的伯尔尼签订的，经过几次修订，最新版本是1971年巴黎版本，《伯尔尼公约》共有38条与附录6条，主要规定建立伯尔尼联盟，明确版权保护范围，确立版权保护国际协调的三项基本原则以及一系列起码保护标准与发展中国家的特别规定，也是后来逐步建立的版权及邻接权国际保护体系的基础。《伯尔尼公约》主要由三项基本原则，即国民待遇原则、自动保护原则和独立保护原则，和一些对公约成员国国内法的最低要求和发展中国家的特殊优惠等部分。

二、与贸易有关的知识产权协定

（一）《与贸易有关的知识产权协议》的制定

《与贸易有关的知识产权协议》是世贸组织最重要的文件之一，是有关国际知识产

权保护中最具影响力和效力的国际公约，它是知识产权与货物贸易、服务贸易一起构成世贸组织的三大支柱。这一协议不但扩大了国际知识产权保护的范围，而且延长了知识产权国际保护的期限，并在此基础上强化了国际知识产权保护执法的强制力。这一协议是经济全球化过程中国与国之间博弈达成的利益平衡的结果。它体现了发达国家的意愿和有关知识产权的利益关切，条约实现了以发达国家的知识产权保护标准作为国际知识产权保护的统一标准。在一些国际势力特别是美国的威胁下，发展中国家为了吸引发达国家的技术转让和投资，不得不做出妥协和退让，最终使这一协议得以签署。这一协议在一定程度上是发达国家知识产权法律制度国际化的最新发展，是发达国家做出的一种制度构建。

从 1986 年 9 月埃斯特角城关贸总协定部长会议到 1993 年 2 月，经过一轮艰苦的谈判，在大家的共同努力下，历时 7 年多的马拉松式的讨价还价之后终于通过了 TRIPS 协议，使知识产权和货物贸易、服务贸易一样成为 WTO 的三大支柱之一。

TRIPS 协议除序言外，有 7 部分组成，共 73 条。具体包括：总则与基本原则；有关知识产权的效力、范围及标准；知识产权执行；知识产权的获得与维持及相关程序；争端的防止与解决；过渡阶段的安排；组织机构及最后条款。

(二)《与贸易有关的知识产权协议》的特点和基本原则

TRIPS 协议是世界贸易组织达成的一个重要的多边协议，与以往有关的知识产权协议相比，具有非常显著的特点。首先，TRIPS 协议扩大了知识产权的保护范围和进一步延长了知识产权的保护期，其内容基本上涵盖了知识产权的各个领域，TRIPS 协议规定专利不得少于 20 年的保护期，包括计算机软件在内的著作权保护期为 50 年，集成电路布图设计不得少于 10 年的保护期。其次，TRIPS 协议把关税总协定的基本原则运用到知识产权国际保护领域，如最惠国待遇原则、透明度原则等。再次，在知识产权的执法程序上更加重视其可操作性，并建立了监督协议实施的有关组织机构，使争端程序的解决更具严厉性和有效性。TRIPS 协议在其条款中就知识产权的行政、刑事和民事程序以及救济措施和临时措施等都作出了详尽的规定。为保证这些详尽的规定能够得到切实实施，世界贸易组织专门设置了与贸易有关的知识产权理事会监督本协议的实施，监督本协议有关成员履行相关义务并就有关知识产权问题进行协商，将关税总协定和世界贸易组织中关于有形商品贸易的原则和规定延伸到知识产权保护领域，扩大了知识产权保护的适用性。最后，TRIPS 协议是在美国的威胁下，发展中国家做出让步的结果，较多地反映了发达国家的意愿，总体保护水平较高，在多方面超过了以前的国际公约对知识产权的保护水平。随着 TRIPS 协议的生效实施，国际社会有关知识产权保护的法律体系进一步完善起来。

TRIPS 协议基本上涵盖了知识产权的各个领域，其主要原则主要有以下几个方面：

第一，国民待遇原则。这一原则要求各成员对本国生产的与进口的相同产品必须同等对待，而不得歧视外国的同类产品，是国际贸易中非歧视原则在知识产权问题上的运用。TRIPS 协议条款对知识产权的国际保护，要求任何一个成员方不得给予任何其他成员方低于本国国民的优惠待遇，这是关贸总协定“国民待遇原则”在 TRIPS 协议上的运用和延伸。同时，TRIPS 协议对国民待遇的适用范围也做出了例外的规定，并不包括知识产权的所有领域和所有的知识产权种类，如以往知识产权条约或国际公约做出了例外规定的则不适用这一原则。国民待遇原则成为 TRIPS 协议的一个重要原则之后，各成员国应该按照协议规定的要求，在一定期限内完成对本国知识产权立法体系的修订和完善，从而丧失了 TRIPS 协议以前的只根据国内法为享有国民待遇的外国国民提供知识产权保护的权利。这一原则运用在 TRIPS 协议中，这实际上是形式上合理平等但实质上不合理、不平等的。这是由于发展中国家与发达国家在科技实力和知识产权保护水平上有着巨大的差异，作为发展中国家实际上很难享受到这一原则所带来的优惠。

第二，最惠国待遇原则。最惠国待遇原则是指在知识产权保护的问题上，任何成员给予第三方成员的各种利益优惠、特权及豁免，应立即、无条件地给予其他成员方。TRIPS 协议第四条规定，在知识产权保护上，任何一个成员提供给其他成员任何优惠、利益、特权和豁免，均应当立即无条件给予其他成员。这就使这一协议有了在保护知识产权问题上的国际强制力，任何成员只有履行了 TRIPS 协议的有关义务，才能享受这一待遇。但 TRIPS 协议也规定了例外，其第五条指出，凡参加了世界知识产权主持的、含有获得及维持知识产权程序的公约的成员，没有义务向未参加此类公约的成员提供这些公约所规定的程序上的优惠待遇。由世界知识产权组织成员所签署的有关知识产权的多边协定或双边协议中所规定的利益、特权、豁免等职能在这些成员内部有效，而不适用于所有的世贸组织的成员方。并且，这种利益、优惠也可以有的例外也同时包括：基于有关司法协助的国际协定或一般性质的法律实施，并且不是特定限于知识产权保护；根据《伯尔尼公约》（1971 年）或《罗马公约》有关规定允许给予的待遇，不属于国民待遇，而属于在其他国家获得的对等待遇；有关本协议未规定的表演者、录音制品制作者和广播组织的权利；在 WTO 协议生效前，根据国际协议规定的知识产权措施，如果已将这种协议通知 TRIPS 理事会，并且不构成对其他成员国的不公正的歧视。

第三，最低保护标准原则。TRIPS 协议对成员方知识产权的最低保护标准作了规定。这些最低保护标准主要体现在协议的第二部分，涉及三个方面的内容：①权利范围；②最低保护水平；③例外限制。在权利范围方面，这一协议明确指出了成员方应保护的七种知识产权，即版权与相关权利、商标权、地理标志权、工业品外观设计权、发明专利权、集成电路布图设计权和未披露的信息。TRIPS 协议还就上述七种知识产权最低保护标准做出了规定，其中包括这些知识产权的获得条件及其权利的范围和有效期限、知识产权转让、继承和订立许可合同的各项权利。

第四，透明度原则。透明度原则成为 TRIPS 协议的基本原则，这在知识产权领域也属首次。TRIPS 透明度原则要求，一方面，各成员方关于知识产权的效力、范围、获得、实施和防止知识产权滥用的法律和法规、普遍使用的司法终局裁决或行政裁决都应公布。也就是成员方应承担以下四项义务：公布义务、通知义务、提供咨询义务以及例外，以便增强成员在对外贸易管理方面的透明度以及其法律法规、贸易协定、司法判决及行政决定等方面的透明度。另一方面，各成员方还应该将本国有关知识产权的法律、法规以及同其他政府间组织签订的涉及知识产权的双边、多边或地区间的协定通知“与贸易有关的知识产权理事会”，以便理事会对TRIPS协议的实施加以审查。但这一原则不要求各国公布有关违背公共利益或有关企业合法权益的秘密信息。由于大多数的发展中国家在一定程度上存在法制不健全等现象，而这一原则要求发展中国家根据TRIPS协议有关规定及时完善本国的知识产权立法、执法方面的配套措施，因此这在一定程度上有利于促进发展中国家知识产权立法与国际接轨，促进发展中国家的法制建设。

（三）《与贸易有关的知识产权协议》对发展中国家的影响

1. 不利影响

从TRIPS协议出台的背景及其主要内容，发达国家和发展中国家在知识产权保护意识和知识产权创新能力上的巨大差别来看，尽管这一协议是在发达国家和发展中国家经过反复博弈之后才达成的，是发达国家和发展中国家相互妥协的产物，但我们可以明显地看到TRIPS协议是有利于发达国家推行其知识产权的国际保护，有利于维护其知识产权优势地位，是发达国家为维护其国家利益，压制或限制广大发展中国家而做出的一种制度构建。就连美国教授理查德也直言不讳地承认：乌拉圭回合中形成的TRIPS协议至少在四个方面完全依照发达国家的意愿做出了规定：①扩大了专利保护领域（主要指对药品、化工品的保护）；②统一了20年的发明专利保护期；③确认了“进口权”；④在确认侵权时，承认了“方法延伸到直接生产的产品”原则。理查德教授认为：发展中国家要想参与世界贸易市场并享有优惠就不得不接受它们在修订巴黎公约时所不愿接受的专利保护标准。在TRIPS协议中，对于发达国家未能取得一致意见和原则的地方则采取回避的做法。

2. 有利影响

在分析TRIPS协议对发展中国家不利影响的同时，我们也应该看到这一协议对发展中国家所产生的一些积极影响，就像一枚硬币拥有两面一样，有不利的一面就必有其积极有利的一面。在知识产权领域，许多问题不只是发达国家所面临的问题，而且也是整个世界包括发展中国家所面临的问题。尽管TRIPS协议提高了国际知识产权保护的水平，强化了知识产权保护的执法效力，是发达国家维护其利益的一种制度构建，但这一协议对发展中国家知识产权立法的完善、国际贸易的正常发展、吸引外来直接投资、引进发达国家先进技术以及促进本国科研创新等方面产生了积极影响。

第三节　知识产权壁垒与服务贸易中知识产权保护的对策

一、国际知识产权壁垒

知识产权壁垒是一些经济发达国家和地区以知识产权保护为名义，运用知识产权战略，采用技术输出、专利许可贸易和专利、版权与商标组合许可的战略，来获取利润的最大化，谋取市场的绝对竞争优势。当然，知识产权制度作为激励科技进步的一项制度安排，本质上也是一种防止竞争者适用发明人或权利人技术或销售期产品的一种“法定垄断权”。但当知识产权的垄断性超过了合理的范围，扭曲了正常的贸易时，就演变成了知识产权壁垒。随着知识产权被许多发达国家及其跨国公司以不同方式用作保护本国市场的屏障和侵占他国市场的贸易大棒时，知识产权就已经变成了一种日益重要的非关税壁垒。知识产权壁垒的主要形式有以下几种：

（一）知识产权与传统技术贸易壁垒中的标准相结合

所谓技术性贸易壁垒（Technical Barriers to Trade，简称 TBT），是指一国以维护国家安全或保护人类健康和安全、保护动植物生命和健康、保护生态环境、防止欺诈行为、保证产品质量为由，采取一些强制性或非强制性的技术性措施，这些措施成为其他国家商品自由进入该国的障碍。在实践过程中，跨国公司进行海外专利申请，并在核心知识产权基础上大量申请外围知识产权，形成专利适用与技术标准相结合的综合性壁垒。发展中国家的企业如果需要对产品改造实现升级，往往不得不支付高昂的使用费，这严重阻碍了发展中国家的产品升级和技术进步。据调查，近年来我国有 60% 的出口企业受到国外技术壁垒的限制，技术壁垒对我国出口的影响每年超过了 450 亿元。美国高通公司在 CDMA 领域拥有 1 400 项专利，其中有些专利技术已体现为第三代国际通信的国际标准，从而掌握了产业竞争的制高点。我国企业要开发、生产 CDDMA 手机就必然会受到高通公司的技术专利和标准的限制。另外，由标志权形成的技术性壁垒也是该技术性壁垒的一种，其主要指国际标准化组织和一些工商业团体经常把一些标志注册成商标，一些国家和地区往往把是否带有证明商标作为进口的一个必要条件。要使用这些技术标志，也需要得到许可。

（二）知识产权权利人对知识产权的滥用

知识产权的保护非常重要，维护了权利人的正当利益，有着积极的激励创新的作用，加速本国的经济发展，同时权利人也可以从拥有的知识产权获得当时研发、创新所付出的成本，有助于其继续进行创新。但是如果权利人为了加强其垄断的地位，对知识产权的运用超出了合法的范围，就会损害公众的利益，构成知识产权的滥用。比如，通过知识产权的抢注或国内“合法”保护索要高额的许可费，德国公司抢注我国中华老字号“王致和”就是一个例子。还有的在技术转让的谈判中强加不合理的条件，强制对方接受“一篮子”搭配销售协议，要求对方无偿反馈被引进技术的创新成果。又或是要求技术的引进方支付一些额外的费用、承担额外的义务。还有一些歧视性的价格制定。

（三）世界范围内各国立法对知识产权的过度保护

以美国为例，美国关税法“337 条”和贸易法“特别 301 条款”。《财经时报》从美国经济分析局查到的数据是，在 2005 财年，美国服务出口为 3 806.14 亿美元，进口为 3 146.04 亿美元，顺差额为 66.1 亿美元。而其非服务业贸易逆差，则是 7 827.4 亿美元。在美国的贸易平衡表中，服务业贸易包括专利权、版权的贸易以及旅游业等 7 个方面。在美国方面看来，其版权、专利权及其他知识产权的出口，本应为其提供更多的顺差，从而带动其 GDP 的增长，然而，由于知识产权受到侵犯，使其遭受了损失。因此，以美国为代表的发达国家凭借其在世界经济中的地位，强烈要求加强世界范围内的知识产权保护，从“特别 301 条款”到“337 条款”。我国已经连续 6 年成为遭遇“337 条款”调查最多的国家。

（四）跨国公司合作对象具有选择性

发达国家的跨国公司掌握着世界上 80%的知识产权，他们利用手中的财富持续不断地为他们谋得利益，他们往往不急于将手中的专利投入使用来收取有限的专利使用费，而是通过注册多项相关的专利来获取整个领域的垄断利益。其尽可能地利用这些技术，结成更高层次的战略联盟和合资合作关系或自己进行跨国投资以保持其在技术和产品上的领先地位，与此同时，其将贸易对象限定在一个很小的范围内。最主要的方式就是通过在别国设立分公司、子公司实现技术范围的扩大，或者是通过与其他有实力的公司交换对其有利的技术专利使用权，限制竞争对手的加入，严重阻碍了国际贸易中知识产权的运用，使得发展中国家在高新技术产业发展滞后，利益的制高点长期被发达国家占据着。

（五）平行进口限制与否由各国自行规定

平行进口是一个与知识产权有关的国际贸易问题，又称“真品输入”“平行贸易”或“灰色市场进口”，是与垂直贸易相对应的贸易方式。它是指在国际贸易中，当事人享有同时受两个以上国家保护的知识产权时，未经进口国知识产权人或者其独占许可证持有人的许可，第三者所进行的进口并销售该知识产权的行为。

同一种知识产权商品在不同的国家，由于其生产成本和消费水平等方面的不同，存在较大的价格差异。一般情况下，在进口国境内，知识产权产品的价格相对比较高，平行进口商将知识产权从一个价格较低的国家进口到进口国境内销售，虽经长途运输以及多个销售环节，其销售给消费者的最终价格仍然低于进口国合法知识产权人的产品，从而形成了进口商与国内知识产权人之间的竞争。在这种竞争中，平行进口商所获得的利益在很大程度上借助于进口国独家经销商的先期投资和服务。独家经销商为了开拓市场，通常要投入大量资金用于建立、完善其销售网络，进行广告宣传等。而平行进口商则无需投入这些资金，直接利用独家销售商的各种资源甚至是声誉，平行进口商的销售行为是搭了独家销售商的便车。

TRIPS 协定中，对平行进口是否侵犯知识产权的问题保持中立，完全把裁决权利交给成员去规定，许多国家的法律条文在规定平行进口时，不管认为是侵权还是合法，往往都附有灵活条件，尤其是发达国家更加灵活地通过本国的规定来设置知识产权壁垒，保护本国的市场。

二、服务贸易中的知识产权保护的对策

为了避免货物贸易的困局在服务贸易中重演，服务贸易必须从一开始就注重知识产权研发和保护，从而确保服务贸易的健康发展。

（一）熟知版权保护的法律规定和版权贸易的游戏规则

文化产业在带动国民经济增长方面具有重要的意义，文化产业属于服务贸易中最重要的产业。以美国为例，近些年文化产业一直保持着强劲的增长势头，其影视和音像产品的产值，至2000年就超过了航天航空业，成为第一出口产业。美国控制了全球75%的电视节目的生产和制作，其影片只占全球电影产量的6.7%，但是占据了全球总放映时间的一半以上。美国文化和娱乐服务在全球的传播，不仅给美国带来了滚滚财源，而且通过这种文化输出，美国的竞争优势更巩固也更丰富。再看我国的近邻韩国，韩剧所展示出来的“韩潮”现象，可见韩国文化产业的繁荣。一部《大长今》不但展示了韩剧的魅力，而且带起了韩国的服装热、料理热和旅游热。可见，文化娱乐产业是服务贸易中不可忽略的重要支柱。伴随着文化娱乐产业的发展，带起的将是版权贸易的繁荣。版权贸易不但促进了文化和娱乐的发展，而且还将带动所有需要以设计为基础蓝本的行业。我国政府充分认识到了文化产业在一国的经济发展中的重要地位，已经把推动文化产业的发展确立为我国今后发展的重要目标，而且不少的省市也已经把动漫的发展作为本地经济新的增长点来启动，这都充分地显示了我国已经把握住了顺应世界快速发展服务贸易的方向。为了确保文化产业的健康发展，相关产业应该熟知并掌握版权保护的法律规定，从而避免版权纠纷的发生。因为版权的排他性弱于专利权和商标权，所以相对于专利权和商标权纠纷，版权的纠纷处理起来更棘手。因此，文化产业的发展从一开始就要学会用版权法律制度为自己保驾护航。

（二）提升服务提供者的诚信度有利于驰名服务商标的培育

服务商标是开展服务贸易直接需要给予保护的标志。虽然在《保护工业产权的巴黎公约》中仅仅规定了商品驰名商标的法律保护问题，服务商标与驰名商标无缘。但是随着世界贸易组织TTRIPS协议的完成，服务商标开始享有与商品商标同等的法律保护待遇，对商品驰名商标的法律保护同等地适应于服务驰名商标。因此，服务贸易的开展及推进，将对我国的驰名服务商标的培育起着非常重要的作用。驰名商标在一国的经济发展中具有极其重要的作用，服务商标在我国的保护起始于1993年，还谈不上拥有世界驰名的服务商标。从我国商品商标在国际发展中所走过的艰难路程看，驰名服务商标的培育要尽早和从长计议。正因为货物贸易的生意是批量做的，而服务贸易的生意是一桩一桩做的，所以服务贸易与货物贸易相比，对诚实信用的要求更高。在培育驰名服务商标的问题上，诚实信用发挥的作用至关重要，服务提供者的诚信将成为其生存和发展的敲门砖和守护神。

（三）保护商业秘密以确保服务外包的健康发展

商业秘密在我国引发的法律纠纷多年居高不下，其中的原因既有历史的，也有文化的，还有经济和法律上的。在开展服务贸易的 过程中，特别是服务外包这种贸易形式中，尤其容易引发商业秘密的纠纷。在服务外包的业务流程中，可能涉及委托方的版权、专利权，还可能涉及委托方的商业秘密。版权有原创性原则给予保护，专利有严格的排他性给予保护，而商业秘密的保护完全取决于保密的状态。商业秘密一旦泄密，除了知道泄密者为何人之外，可能连进行法律救济的对象都没有。对委托方的商业秘密给予严格的保护，直接影响服务外包的服务贸易形式的生存和发展。

（四）加强对创意的法律保护以推动创意经济的快速发展

伴随着中国经济发展模式的转型，文化产业在经济发展中的地位和作用开始受到重视与关注，对文化产业的发展有直接影响的创意引发的纠纷逐渐增多。创意到底属于“思想”还是“表达”？是否可以或应当受到版权法的保护？对这些问题的解答直接影响到创意经济的长远发展。对创意给予保护有利于平衡保护社会公共利益和个人创新智力成果。如果对属于公共领域的“思想”给出的界线太宽泛，则必将会把一些投入了个人智力创新的创意纳入“思想”的范围，使得具有个人智力创新成分的创意难以得到法律的保护，这不符合著作权法的平衡保护社会公共利益和个人创新智力成果的精神。对创意给予保护有利于激发公众的创新热情和创新能力。任何创新作品都有一个萌芽、发展、完善的表达逐步完善过程，创意正如这个过程的萌芽，这个过程除了要依靠创作者的私力作保密的努力之外，也需要法律给予相应的保护。对创意给予保护对广告、动漫、影视等文化产业的发展意义重大。在广告、动漫、影视这些文化产业中，其文化产品产生的过程常常是先有一个点子，再把这个点子进行拓展并延伸，最后完成整部作品的表达。创意常常与这个“点子”有关，这个点子如果属于“思想”或“事实”，即属于人们非常熟悉的，并且已经是公共领域主题，那么整部作品就算完成了，表达受到了保护，但也会因为主题没有新意，而难以吸引人们的眼球。只有这个点子是具有创新性的，才能让作品具有新意而吸引消费者、读者或观众。

思考题

1. 请简要阐释知识产权的定义与种类。
2. 请简要阐释关于知识产权的国际立法状况。
3. 请简要阐释 TRIPS 协议的框架结构和基本原则。
4. 请简要阐释 TRIPS 协议对发展中国家的影响。
5. 请简要阐释知识产权壁垒的表现形式。
6. 请简要阐释发展中国家应对服务贸易知识产权保护的对策。

第九章 服务贸易产业

第一节 国际服务贸易产业概述

一、发达国家服务贸易产业概述

西方发达国家在世界服务贸易中占支配地位，其强有力的贸易地位是基于其发达的服务产业尤其是海外投资、保险、银行业务、租赁、工程咨询、专利与许可证贸易等方面，多数发达国家长期以来都是服务贸易的净出口国。

由于西方发达国家在服务出口方面拥有巨大的优势，因此力主服务贸易自由化。但为了本国的国家安全，服务和本国的文化及价值观传统，以美国为代表的西方国家在服务市场准入方面也存在着大量的壁垒和不公平做法。

二、发展中国家服务贸易产业概述

从总体上看，170 多个属于发展中国家（地区）的服务贸易规模与西方发达国家的相比仍然较小，但近 30 多年来，发展中国家的服务出口年均增长速度要高于发达国家，服务出口占世界服务出口市场的份额要高于同期商品出口占世界商品出口市场的份额。虽然服务出口增长较快，但发展中国家的服务进口增长更快，表现为巨额的服务贸易逆差。其中包括一些高债务的发展中国家。

进入 21 世纪以来，发展中国家的服务出口有了新的扩大。发展中国家利用旅游业和建筑业等方面的比较优势扩大出口；一些国家如新加坡开始在医疗保健、数据处理、金融服务、民用航空等领域的出口获得成功。由于许多服务业如运输、通信、金融、保险与医疗、教育等部门涉及一个国家的基础结构；同时发展中国家存在着服务贸易逆差扩大问题。因此，发展中国家一方面致力于振兴本国服务业并积极推进出口，另一方面对国内新兴服务业予以一定的保护。发展中国家采取一些抵制服务贸易自由化政策，主要是基于增长就业、国家安全、传统文化与价值观等方面的考虑。

三、世界服务贸易发展的原因与前景

当前世界服务贸易发展的几个鲜明特点：发达国家仍占主导地位，发展中国家（地区）地位趋于上升，其中新兴工业化国家和地区发展最为强劲；新兴服务贸易发展迅速，并日益占主导地位；国际知识产权交易日趋繁荣；技术、知识密集化趋势明显加强。

而世界服务贸易发展的原因在于：世界产业结构服务化的推动；世界商品贸易发展的推动；科学技术进步的推动；跨国公司发展的推动；发展中国家的开放政策的推动。

未来，世界服务贸易的发展趋势：在近期，美国在世界服务业的绝对优势不大可能被动摇；在知识产权和其他民间服务贸易领域的竞争力有上升的势头，中长期也仍将具备较强国际竞争力。发达国家之间服务贸易的显著不平衡状况可能会有一定的改观。在未来服务贸易格局中，发展中国家（地区）在旅游、运输等传统服务贸易领域和其他新的服务贸易领域所占份额会有所增加，但在知识产权等新的服务贸易领域仍将处于比较劣势地位。发展中国家和地区服务贸易不平衡态势会进一步加剧。

第二节　传统服务贸易产业

一、运输服务产业

（一）运输服务产业概述

1. 运输服务贸易的概念和特点

运输服务贸易是指以运输服务为交易对象的贸易活动，即贸易的一方为另一方提供运输服务，以实现货物或人在空间上的位移。按运输的对象，分为货物运输服务贸易和旅客运输服务贸易；按贸易主体的性质，分为国际运输服务贸易和国内运输服务贸易。运输服务贸易，有利于改善国际收支状况，是国际商品贸易的桥梁和纽带。

运输服务贸易的特点主要表现在：运输服务贸易派生于商品贸易；运输服务的提供者不生产有形产品，也无产品可以储存，能储存的只有运输能力；在运输服务贸易中，中介人或代理人的活动非常活跃，对贸易的开展起着很重要的作用。

2. 运输服务贸易的主体与客体

运输服务贸易的主体是运输服务的需求者与提供者；客体不是有形的商品，而是运输服务。当事人之间的权利与义务都是围绕运输服务这一客体展开，而不是以货物为对象的。

（二）国际海上货物运输

国际海上货物运输是指用船舶通过海上航道在不同国家和地区的港口之间运送货物的一种运输方式。海上运输服务贸易的主要业务形式主要包括班轮运输服务、不定期船运输服务、租船业务（航次租船、包运、期租船、光租船）、港口服务、海运代理服务。

其中，班轮运输服务是指在某一航线上提供的，按公布的船期表发船，并挂靠既定港口的一种规则化的船舶运输服务。这一服务比较适宜于运输批量小的件杂货。不定期船运输服务的贸易具体是通过租船业务即货主向船舶运输企业租船来实现的，货主充当承租人的角色。不定期船运输又称租船运输，主要服务于大宗散货的运输。

租船业务是承运人从船东处租入船舶的一种业务。租船业务包括航次租船、包运、期租船和光租船四种形式。航次租船，是以航次为基础的租船。根据合同，船东用指定的船舶在指定的港口间用一个或数个航次为承租人运输指定的货物，并负担除货物装卸费以外的一切费用；包运，即根据包运合同，船东在约定的期限内在指定的港口之间用数个航次为托运人运输一批总量已定的指定货物；期租船，是以船舶和租船为基础的租船。船东在约定的期限内，将一般船舶出租给承租人使用；光船租船，不同于期租船，是一种以船舶和租期为基础的租船，船东在约定的期限内将指定的一艘光船出租给承租人使用。光租船租期较长，一般比期租船长。

港口是船舶货物装卸的场所，是海陆运输工具的衔接点和海运货物的集散地、出入口。港口服务传统上包括两大类：港湾业务和港岸业务。港湾业务包括拖航、加油、给水、给养、引航、维修、系泊、救难、安全检查、卫生检疫及船舶检丈等。港岸业务包括船舶装卸、货物仓储、货物转运等。

海运代理服务包括货运代理业、海运经纪业和船舶代理业，它们也是海运服务贸易的组成部分。

货运代理又称报关行，是指以收取佣金为报酬，代货主办理货物进出口报关手续，或以自己的名义接受海上货物运输的托运，并将自己承运的货物交由船舶营运人运输的行业。

海运经纪业是指海运经纪人以中间人的身份代办业务的洽谈，促成交易的一种行业。

船舶代理业是指接受船舶经营人或船舶所有人的委托，为他们的在港船舶代办在港的一切业务的行业。

海上运输的主要优点是：可利用天然航道，不受道路、轨道的限制；载运量较其他运输方式大；所需动力和燃料消耗较其他运输方式省。但海上运输的不足之处是：受自然条件影响大，运输速度较其他运输方式慢，且风险较大。

（三）国际海运服务贸易市场的特性

国际海运服务贸易市场从广义上讲是指市场供求双方的交易关系，从狭义上讲则指市场供求双方交易的具体场所。

干散货船运输市场只是部分地符合完全竞争的条件，但不是全部。具体而言，其不满足完全竞争的条件表现在：市场上货主的集中度有很大的提高；大工业企业掌握船舶；市场上一些较大的货主逐渐地取得了一定的操纵市场的能力；随着干散货船的大型化，增强了船东对货主的依赖性；干散货船中发展了一部分以特定货种甚至以特定航线设计的专用性很强的大型专用船，使船东与货主不能以平等的地位进行租船谈判；干散货船运输市场中中期和长期的租船交易的成交条件是不公开的，因此市场上不具备信息的完全性。此事实所引起的主要后果是，干散货船运输市场上的若干大货主获得了控制市场的力量，市场结构属于买方寡头垄断市场。

短期的租船交易的成交条件大多是向公众公布的，比较符合完全信息的条件。

二、通信服务贸易产业

通信服务贸易是指以通信服务为交易对象的贸易活动，包括邮政服务和电信服务两种方式。邮政服务最早只传递信函，并为之建立网路。电信服务是指以光、电为载体，将语言、文字、数据、图像等各种非电信息转换成电信号，由电气手段将电信号自甲地传送到乙地，然后再还原成原来的信息符号，传递到接收人手里。

其特点是：通信服务主要以传输含有信息的物件为主；电信服务能以最快的速度传递信息，并能提供信息的多功能服务；通信服务已超越了单纯的通信而直接介入到社会经济、政治和科技等各方面。

通信服务贸易主要起到对信息的传输和交换的作用；它有利于节约人力和资金；同时，也有利于国际贸易、国际金融和国际运输等业务的开展，通信服务的发展大大促进了这些业务的发展。

在当今这个时代，各大通信巨头正在全球电信服务贸易市场中，进行一场无硝烟的争夺战。发达国家与发展中国家对于开放电信市场有着截然不同的态度；电信服务贸易的争夺实质上就是电信市场的准入问题。以美国为首的少数发达国家要求开放电信服务市场以便为本国电信产业的发展开拓海外市场；发展中国家在开放电信市场方面处于两难境地：部分开放有利于促进国民经济的发展，而过早过快的开放将不利于民族电信业的发展。

三、保险服务贸易产业

（一）保险服务及其与世界经济的关系

1. 现代保险的含义和特征

现代保险的涵义从经济学角度来看，是一种经济补偿制度，是分摊灾害事故造成损失的一种经济方法；从法律角度来看，它是一种合同行为；保险的实质是一种社会经济关系，包括三层内容：保险是多数单位和个人的集合；保险是对约定的灾害事故和约定的事件进行经济补偿或给付；保险是以公平合理的保险费为基础建立保险基金的。

保险的特性：保险和救济都是对灾害事故造成的损失给予补偿的经济制度，都能减轻人们遭受灾害事故损失的负担。但保险是双方的法律行为，救济是单方面的法律行为；保险基金来自参保的单位和个人，救济资金来自政府财政预算拨款和社会团体及公民个人的捐助。

保险与赌博同样取决于偶然事件的发生与否。但保险是以被保险人对保险标的具有保险利益为条件的，赌博是个人意愿没有保险利益条件；保险的数理基础是概率论和大数法则，赌博则完全依靠运气；保险的目的在于参保人的互助共济，赌博的目的则在于侥幸获利；保险的结果可以转移和减少风险，赌博则会制造和增加风险。

保险尤其是人寿保险与储蓄在作用上都可以用来补救自然灾害和意外事故所带来的经济负担但储蓄是自助行为，且可以随时存取，储蓄者可使用金额与本人储蓄总额相等。保险是互助合作行为参保人不能随意支取，保险金可以与保险费不相等。

2. 国际保险与风险

国际保险的定义：是指保险关系中的一方为外国投保人或被保险人的保险交易活动。国际保险服务贸易有四种形式：过境交付、境外消费、商业存在、自然人流动。

国际保险可以防范风险。保险人针对一些自然灾害和意外事故等实质性损失，采取各种预测预防和组织措施、技术措施。主要有以下几个方面：风险识别、风险估价、风险处理，风险转移。

3. 国际保险与世界经济的关系

世界经济的发展决定着国际保险的发展方向，而国际保险的发展又为世界经济的发展保驾护航。

国际保险就是国际贸易中各种风险的承担者，是在贸易者遭受保险事故损失时，给予经济补偿。例如，海上保险是国际贸易中最常见的一种保险，传统的水险市场由海上货物运输保险、船舶保险和运费保险三部分组成。在国际上，货物海洋运输基本险别分为平安险、水渍险和一切险三种。船舶保险的保障范围基本上可分为物质损失、有关利益和船东责任三类，主要险种有全损险和一切险两种。全损险指保险船舶发生保险责任范围内的全部损失时，保险人才给予赔偿；一切险指保险船舶发生保险责任范围内的损失，无论是全部或者部分，保险人均有赔偿损失的责任。船舶保险的主要条款有碰撞责任条款和姐妹船条款两种。运费保险指以船舶运送货物所收取的酬金为保险标的，并不具有实体性质，是由运送合同所产生的给付义务。

国际保险与国际投资也有紧密的关系：

投资保险具体承担三类风险，即外汇风险、征用风险和战争风险。

国际保险还能为国际信用背书。出口信用保险就是为出口商的出口信贷提供保障，对因进口商不履行贸易合同而给出口商造成的损失给予补偿。出口信用保险承担的风险主要三类：商业信用风险、政治风险、外汇风险。

综上所述，国际保险在世界经济中举足轻重，它可以补偿经济损失，促进国际贸易，分散国际风险，保障国际资金融通，防灾防损，还可以增加非贸易外汇收入。

（二）国际保险市场的基本形态

国际保险市场有狭义和广义之分。狭义的国际保险市场是指从事国际保险交易活动的场所，广义的国际保险市场是指国际保险交换关系的总和。

国际保险市场的类型可以按以下三种方式划分。以市场交易的风险层次分类：国际原保险市场和国际再保险市场；以市场交易的保险业务性质分类：国际寿险市场和国际非寿险市场；以市场交易的区域分类：英国市场、北美市场、东欧市场等。

（三）国际保险经营与管理

1. 保险经营技术

保险经营技术由保险费率厘定、保险展业、保险理赔和保险防灾防损等组成。其中，费率厘定指的是保险费率按保险金额收取保险费的比例，其厘定的原则是根据保险赔偿、给付金额和保险人的业务费用，以及保险标的的危险程度等情况。保险费率分纯费率和附加费率两部分。保险展业，在国际保险市场上，保险展业主要有保险代理制、经纪制和直接推销制三种方式。保险理赔，在国际保险市场上，财产保险赔偿方式主要有比例责任赔偿方式、第一危险责任赔偿方式、定值保险赔偿方式、限额赔偿方式等四种。比例责任赔偿方式，指按保险金额与财产价值的比例来计算保险赔偿。第一危险责任赔偿方式，亦称第一损失赔偿方式，指保险人将保险财产的价值分为两部分，相等于保险金额部分称第一危险责任，保险人只对第一危险责任部分承担赔偿。定值保险赔偿方式，指保险人对那些无法鉴定的高档艺术品的价值，在签订保险合同时，作出结论性定价。限额赔偿方式又分限额责任赔偿和负责限额赔偿两种。

保险防灾防损：保险人为了提高经济效益，减少赔款，增加盈余，必然要与被保险人共同做好防灾防损工作，这是保险人在业务经营技术上的重要环节。

2. 保险业务结构

国际保险市场上的业务组成大体可分为财产保险、责任保险、保证保险和人身保险四个部分。财产保险是以财产为保险标的的保险；责任保险是以被保险人的民事损害赔偿责任为保险标的的保险；保证保险是由保险人为被保险人向权利人提供担保的一种保险，它实际上是一种担保业务；人身保险在国际保险市场上通常分为人寿保险、健康保险和伤害保险三类。

（四）国际保险组织和国际保险业发展趋势

国际保险组织是指两个以上国家的政府、保险机构、保险团体和个人，为了特定的保险目的，以一定协议的形式而建立的国际保险常设机构，是专门从事保险及其相关领域活动的国际性组织。

其发展趋势为，保险领域不断扩大，保险服务日趋全面；保险市场的渗透加强；国际保险技术的创新和标准化；保险与银行的相互融合；风险管理日益增强。保险公司经营分为保险业经经营、保险投资经营。

四、国际金融服务贸易

（一）银行服务贸易概述

1. 银行服务贸易概念

在 GATS 金融服务附件中，对金融服务贸易所下的定义为：金融服务贸易是由一参加方（指参加贸易谈判的国家和地区）的服务供应者向另一方提供的任何形式的金融服务。银行服务贸易主要指一参加方银行向另一方参加方提供的服务。

2. 银行服务发展的背景

银行服务发展的背景是因为生产国际化要求银行服务国际化；国际贸易发展要求银行服务多样化；各国经济发展需要银行合理组织运用国际资金；离岸金融中心的出现是国际银行服务业发展的催化剂；银行国际业务的发展满足了外汇风险防范的要求；金融政策法规的宽严变化给银行拓展服务领域创造了机会。

（二）银行服务贸易网络

1. 国际银行服务网络

该网络有以下几种形式：

代表处主要与所在地的社会各界密切接触，向驻在地政府机构、贸易商和其他人员介绍情况，为总行客户提供其驻地企业和国家的信用分析及经济和政治信息。代表处不能吸储、贷款或代总行承诺信贷；开具L/C、汇票以及旅行支票等，其职能和作用非常有限，而且需要一定的开支。

代理行是指某银行总行有选择地与外国银行互订契约，按契约规定互相或单方面在对方开立账户，用于办理互相间资金来往账户的银行。

分支行处：国外的分支行处是其总行所拥有的一个机构，一般来说，它并不具备独立的法人地位，即分支行处的资产和负债、营业许可、组织章程和业务经营方针为总行所有或由总行制定。分支行处一般分为三个等级：分行、支行和经理处，其地位均高于代表处和代理行。

附属银行或联营银行：银行为了扩大它们在国外的业务网络，可以参股当地银行，收购外国银行的全部或部分股份来设置各种国外的附属机构。

国际银团组织：国际银团组织是指一群银行（不一定是同一国籍的）在国外联合设置一个独立的合资经营的银行或金融机构。

2. 银行网络的传递渠道

银行网络的传递渠道有邮件、电报和电传、环球银行金融电信协会、票据清算制度及银行内部电脑通信网络等。

（三）银行服务贸易的竞争、壁垒与自由化

1. 银行服务贸易竞争的要素

银行服务市场主要由三个要素构成：顾客、服务地点和产品。其中，顾客主要是由五个群体构成：政府、法人、同业机构、高收入的个体、零售服务对象——普通顾客。场所，是指国际银行服务贸易场所，主要有境内市场和境外市场。产品包括信贷产品、金融工程产品、风险管理产品、市场准入产品、套汇及套利业务等。

2. 银行服务贸易的壁垒

国际银行服务贸易的市场准入壁垒，即对境外银行服务商设立分支机构（商业存在）的市场准入限制主要有：以法律形式禁止其他国家的任何形式银行机构的介入；通过政策和许可证方式禁止境外金融机构的介入；除设立代表处外，通过法律形式，禁止外国银行机构的介入；除设立代表处外，通过进行各种行政管理措施来限制外国银行机构的介入；以法律形式禁止任何外国银行通过分支机构介入本地市场；禁止外国银行购买本地银行的股权；对外国银行获得本地银行的股权有一定数量限制。

另外，本地进行借贷活动的基本限制，过高的储备及营运资本要求，往往也构成市场准入的障碍。而国际银行服务的经营性限制，即市场服务范围的限制，通过允许或不允许提供服务，或应如何提供服务的规定，直接控制市场准入；资产增长与规模的限制主要指限制外资银行在本地市场上的业务绝对量或市场份额，通常规定一个上

限；融资限制：东道国政府除了在资产的规模及其增长上附加限制外，它们还对外国银行机构的负债经营方面施加各种限制措施。最后，计算银行资产负债比率口径不同，从而限制外国银行的信贷能力。

3. 银行服务贸易自由化

银行服务贸易自由化有这几层含义：自由建立分支机构及代表处；平等的竞争规则；关键性资源的进口自由；有关汇率控制应用方面政策的平等；准入本地顾客市场的平等性。

当前贸易规则和政策对国际银行服务贸易起到了一定的支持作用，如无条件最惠国待遇、国民待遇、互惠、透明度、放弃与争端解决、发展中国家差别待遇。

（四）银行服务贸易监管

1. 国际银行服务的管理

银行服务管理的主要内容有资产管理、负债管理、风险管理。

资产管理是按金融资产的速度次序排列，在保证存款提取适当比例的前提下，计算出可借贷或投资的数额，并进行营运，从而获得收益的资产。掌握顺序是：第一，现金、同业存款、法定准备金；第二，国库券、短期有价证券，作为保证流通性需要的第二储备资产；第三，已经和准备贷放的资金；第四，剩余资金，作为信贷发放和证券投资资金，以增加收益。

负债管理是指银行通过调整负债结构，使在信用紧缩的情况下，也能从市场获得资金来源，满足客户的资金需求，从而增强竞争力和增加收益。

风险管理的目的是把潜在的不利因素或不稳定因素，限制到有限的、可接受的范围或程度内，以便使国际银行业务能继续进行。

2. “巴塞尔协议”的主要内容

其主要内容强调了资本构成及其要求、风险资产的分类及测算，表外科目风险的分类及计算。

五、国际旅游服务贸易

国际旅游服务贸易是指旅游服务在国家之间的有偿流动和交换过程，即国家之间相互为旅游者进行国际旅游活动所提供的各种旅游服务的交易过程。旅游服务是指为了实现一次旅游活动所需要的各种产品与服务的组合。旅游服务产品是指在旅游者从离家开始到结束旅游回家过程中，为其提供的娱乐、休息、餐饮、行动等各种服务的总和。旅游产品的特点具有无形性、综合性、时间性、不可转移性。

自20世纪以来，尽管国际旅游迅速发展，并受到各国政府的高度重视和大力推进，但从服务贸易角度研究国际旅游的理论和政策却十分薄弱，因此我们必须从服务贸易角度充分认识和理解国际旅游服务贸易的概念和内涵。

为了加深对国际旅游服务贸易的理解，我们首先了解国际旅游服务贸易的基本特征。根据国际服务贸易和国际旅游服务贸易的概念，结合国际旅游发展的实际，国际旅游服务贸易的基本特征主要表现为以下几方面：

（一）国际旅游服务贸易的生产与消费同时发生

与商品的生产与消费不同，国际旅游服务具有不可存储性，不能生产、再销售，因此国际旅游服务的产品和服务生产者是不能分离。

（二）旅游服务贸易的国际性

与国内旅游相比，国际旅游的最大特点是旅游活动的跨国性。也就是说，不论是出境旅游还是入境旅游，其本质都必须是跨越国界的，否则就不能称为国际旅游。

（三）国际旅游服务贸易的不确定性

国际旅游服务贸易对于交易双方来讲，既存在许多利益上的一致性，又不排除双方之间存在利益冲突的可能性，从而要求国际旅游服务贸易的双发（即旅游服务的消费者和提供者之间）必须相互信任和友好接触，以保证国际旅游服务贸易的顺利实现。

旅游服务贸易与传统商品贸易相比，其最大特点是就地商品出口和就地服务出口。旅游服务贸易的运行具有综合性和整体性。同时，旅游服务贸易是国际服务贸易的组成部分，对发展国民经济起着十分重要的作用，可以增加外汇收入，创造就业机会，优化产业结构。

第三节　新兴服务贸易产业

一、技术服务贸易产业

（一）技术服务贸易概述

技术服务贸易是指技术供应国与技术需求国之间，按照国际商业惯例买卖技术上的商业行为，也称为有偿技术转让或技术的商业转让。

技术服务贸易与商品贸易存在紧密的关系，两者的联系是技术服务贸易可以与商品贸易相融合；技术服务贸易是商品贸易的发展和延续；技术服务贸易促进了商品贸易。

两者的区别是从贸易的标的看，技术服务贸易以无形的技术知识作为贸易的标的；从贸易标的的使用权与所有权关系看，技术服务贸易受让方只能获得技术的使用权，而无法获得所有权；从贸易双方当事人关系看，建立平等互利的长期合作关系通常是技术服务贸易的重要特征之一，技术服务贸易具有多次转让的性质；从贸易过程使用的法律看，商品贸易合同所涉及的法律比较简单，技术服务贸易则涉及较多法律；从贸易收支平衡表上看，一国技术服务贸易的收支一般不列入该国的对外贸易收支平衡表；技术服务贸易和商品贸易的差异还表现在，技术服务贸易的条件性。

作为技术服务贸易标的的技术有两大类：一类是有工业产权的技术，如专利、商标等；另一类是无工业产权的技术，主要是专有技术。拥有技术的企业通常采用技术专利、专有技术、商标、版权和商业秘密五种方式来确保他对某项技术的产权。

(二) 技术商品化和技术服务贸易的类型

替代型以专利费、技术费、特许权使用费等为目的，是替代商品贸易的问题；直接投资型以确保国外市场为目的，是为了确保市场，根据技术优势进行直接投资的问题；补充型作为机械机器、成套设备产品类的技术集约型产品出口的补充，是补充商品贸易的问题；中立型以技术交流合作为目的，是为提高技术水平相互交换技术，针对商品贸易，它是中立互惠的。

如果要进行技术服务贸易，对于替代型技术服务贸易，必须要满足的条件是出口国所获技术服务贸易利益大于商品贸易得益，而进口国的引进技术利益大于模仿开发得益。

如果要进行技术服务贸易，对于直接投资型技术服务贸易，必须要满足的条件是新产品出口以随着技术被吸收，生产过程标准化，并被国外市场接受后，该企业在新产品方面的优势受到侵蚀。企业为保护其在技术优势方面的统治地位，于是通过许可证制度或者利用技术优势直接对外投资进入外国市场。

补充型技术服务贸易的发生，必须满足的条件是向发展中国家出口成套机器设备时，技术指导援助是必不可少的。

中立型技术服务贸易，被视为发达国家之间的技术服务贸易，它需要两国都拥有高水平的技术以及卓越的技术开发能力。

二、信息服务贸易产业

信息资源的特征是它的存在具有普遍性、信息资源在时空中是可以转移和变换的、信息资源具有动态性和时效性、信息资源可以转化、信息资源具有主导性。

信息产业的经济特征具有服务贸易性、外部经济性、统一兼容性、社会公益性、自然垄断性、强时效性、共享性、边际成本递减性、边际效用递增、交易不可逆性、价值不确定性、价格不敏感性。

信息服务贸易可以分成四大类：在 A 类信息服务贸易中，信息服务提供者与消费者都不移动。包含两类具体的贸易形式，一是借助互联网络或电信网络等进行的远距离信息服务贸易。二是信息服务消费者与服务提供者物理分离而借助物质载体参与国际贸易。在 B 类信息服务贸易中，信息服务提供者不移动而依靠消费者移动完成服务交易。在 C 类信息服务贸易中，信息服务提供者移动而消费者不移动。在 D 类信息服务贸易中，信息服务提供者和消费者双方都移动。

信息服务贸易对经济竞争力的影响取决于这几方面的影响：信息技术（和高技术）要素（信息服务贸易促使厂商及时采取各种最新信息技术，以获得成本优势和产品差异而提高竞争力）、信息资源要素（与自身开发信息资源相比，信息服务贸易使厂商获得相对低成本的信息资源而取得竞争优势）、信息管理要素、服务要素（给外向型厂商提供了低成本参与国际竞争的外部信息条件，提高了本国厂商的国际竞争力）、信息资本（投资）要素、信息产品要素。

三、咨询服务贸易产业

现代咨询是精通某一单科知识的专家或由各单科专家组成的专门机构（咨询方），利用自己的知识、技术、信息和经验，运用科学方法和先进手段进行调查、分析、预测，客观公正地为客户（委托方）提供一种或多种可供选择的优化方案，是有偿的智力服务。

服务性是咨询服务贸易的首要特征。高知识性是咨询的基本特征。而独立性（超脱性）是咨询的最重要特征。

咨询服务的业务范围包括解答疑难问题，向服务对象传播有关方面的知识；根据委托方的要求，向委托方提供某个问题的专题报告；可行性研究；为委托方提供决策方案；为委托方解决某一技术难题；企业诊断，或称管理咨询；为委托方充当一个时期或常年顾问；帮助委托方进行人员培训。有的咨询公司还出版刊物及书籍，发表自己的研究成果。

咨询服务的基本类型按照咨询的内容，大致分为政治咨询、经济咨询。而按照具体业务内容划分为：综合咨询，又称决策咨询，是对某一城市、地区乃至全国的社会及经济发展规划、战略决策提供咨询服务；管理咨询，是改善企业经营管理，提高经济效益的有效手段，是对企业各类经营管理问题的诊断、评价和建议；工程咨询，对工程建设项目进行可行性研究与评价，即对项目进行技术、经济论证；产品、技术咨询；专业咨询，局限于某一专业领域内的咨询服务。

咨询服务的整个工作程序从委托方和被委托方相互接触到签订合同阶段（也称前期阶段）开始，再到组织咨询小组或专题委员会，调查研究，广泛收集资料，然后再进入研究阶段，最后是咨询报告实施阶段。

四、专业服务贸易产业

专业服务，一般是指当事人一方运用自己的知识、技术、经验和有关信息，采用科学的方法和先进的手段，根据委托人的要求对有关事项进行调查、研究和分析等，并提供可靠的数据，法律依据，客观的论证、判断和具体意见。

WTO 把专业服务贸易列为商业服务贸易的一种，具体包括以下几方面：法律服务，如律师业；会计、审计与簿记服务，如会计师、审计师等；税收服务；建筑服务；工程服务；综合工程服务；城市规划与风景建筑服务；医疗与牙科服务；兽医服务；助产、护士、理疗与护理人员提供的服务；其他专业服务。

专业服务贸易主要有四种形式：过境交付、境外消费、商业存在、自然人流动。

有关专业服务的法律规范，主要体现在 GATS、总协定下设的第 2 个附件（《根据本协定自然人提供服务活动的附件》）和部长级会议作出的《有关专业服务的决定》中。

（一）会计服务贸易

注册会计师职业是由有关部门审核批准的注册会计师组成的会计师事务所进行的

服务。注册会计师业务主要是审计和会计咨询两大领域。注册会计师审计是由会计师事务所的注册会计师接受委托，以被审单位在一定时期内的全部或部分经济活动为对象，进行审核检查，收集和整理证据，确定其实际情况，对照法规和一定的标准，以判断经济活动的合规性、合法性、合理性和有效性，以及有关经济资料的真实性和公允性，并出具审查报告或证明书的经济监督、评价和鉴证活动。会计咨询是以会计专业知识为基础，运用会计专业人员的智慧，帮助委托人解决会计方面的问题，受托帮助企业建立健全会计制度，进行企业经营诊断，建立会计电算系统，以及重大经济决策和项目的实施进行论证等方面提供咨询服务。

国际会计组织包括国际会计师联合会、国际会计准则委员会、国际审计实务委员会；其他著名会计组织和协会：欧洲会计师联盟、亚洲与太平洋地区会计师联合会、美国执业会计师协会等。

中国会计市场逐渐对外开放，如允许境外会计师事务所在中国境内设立常驻代表处，国际会计公司中国成员所，设立中外合作会计师事务所，对外开放中国注册会计师考试，境外会计师事务所在中国境内临时执业等。

（二）医疗服务贸易

医疗服务贸易，是指国际间交易的商品在医疗业方面劳务的交换，是一种特殊商品的交易。既包括本国病人的出境治疗——国际支出医疗，又包括外国病人入境治疗——国际收入医疗。

医疗服务贸易具备的特点是就地商品出口、就地服务出口，且运行要考虑综合性和整体性。

对于医务人员劳务输出而言，可分为公派和民间两种形式。公派的医务人员劳务输出由有劳务输出经营权的劳务输出公司和医疗主管部门、医疗单位共同组织，将医务人员派往境外医疗机构工作。民间的医务人员劳务输出由劳务输出公司向社会公开招聘或由医务人员自行联系。

境外办医分为技术输出性办医、资金投入性办医和技术输出及资金投入混合性办医三种形式。

（三）律师服务贸易

律师，是指依法取得律师执业证书，为社会提供法律服务的执业人员。律师服务贸易包括律师服务和公证服务两方面。

律师服务范围包括接受公民、法人和其他组织的邀请，担任律师顾问；接受民事案件、行政当事人的委托，担任代理人，参加诉讼；接受刑事案件犯罪嫌疑人的聘请；代理各类诉讼案件的申诉；接受当事人的委托，参加调解、仲裁活动；接受非诉讼法律事务当事人的委托，提供法律服务；解答有关法律的询问，代写诉讼文书和有关法律事务的其他文书。

公证服务是指国家专门设立的公证机关通过对公民、法人、其他组织间的各种法律行为，具有法律意义的文书和无争执的事实给予证明，确认它的真实性和合法性等为社会提供法律服务。

公证服务的范围主要包括：证明合同（契约）、委托、遗嘱；证明继承权；证明财产赠与、分割；证明收养关系；证明亲属关系；证明身份、学历国、经历；证明出生、婚姻状况、生存、死亡；证明文件上的签名、印鉴属实；证明文件的副本、节本、译本、影印本与原本相符；对于追偿债款、物品的文书，认为无疑义的，在该文书上证明有强制执行的效力；促使证据；代当事人起草申请公证的文书；根据当事人的申请和国际惯例办理公证事务。

思考题

1. 简述当前世界服务贸易发展的特点及趋势。
2. 简述租船业务的四种形式。
3. 论述保险业务在世界经济中的地位和作用。
4. 简述银行服务贸易竞争的要素。
5. 简述银行海外分支机构的几种形式。
6. 简述旅游服务贸易的特点及作用。
7. 简述技术服务贸易的条件与动机。

第十章　国际服务外包

国际服务外包是服务业国际转移和国际服务贸易的一种新形式，也是服务全球化的一种特殊方式。随着经济全球化和信息业的快速发展，发达国家市场竞争的日益激烈，国际服务外包以其显著的低成本优势成为企业提高核心竞争力的战略选择，在全球范围内蓬勃发展。

第一节　国际服务外包简介

一、国际服务外包的定义及分类

（一）国际服务外包的定义

外包是指企业动态地配置自身和其他企业的功能和服务，并利用企业外部的资源为企业内部的生产和经营服务。外包是一个战略管理模型。所谓外包（Outsourcing），在讲究专业分工的20世纪末，企业为维持组织竞争核心能力，且因组织人力不足的困境，可将组织的非核心业务委托给外部的专业公司，以降低营运成本，提高品质，集中人力资源，提高顾客满意度。外包业是新近兴起的一个行业，它给企业带来了新的活力。

服务外包是指企业将价值链中原本由自身提供的具有基础性的、共性的、非核心的IT业务和基于IT的业务流程剥离出来后外包给企业外部专业服务提供商来完成的经济活动。服务外包中涉及的服务性工作（包括业务和业务流程）可以通过计算机操作完成，并采用现代通信手段进行交付。服务外包使企业通过重组价值链，优化资源配置，降低了成本并增强了企业核心竞争力。服务外包从软件开发外包和测试外包开始，逐渐发展和成长起来。

国际服务外包就是服务外包跨域国界，又称离岸服务外包。在商务部的服务外包“千百十工程”中，“国际服务外包”指服务接包方向境外客户提供服务外包业务。联合国贸易与发展会议在2004年发布的《世界投资报告》中提到两种国际外包方式：一是母公司在国外设立分公司，外包业务给其在他国设立的分公司或子公司；二是公司将服务外包业务发包给第三方服务提供者，即外国公司或本公司在国外设立的子公司，该报告将后者定义为国际服务外包。另外，世界贸易组织在2005年发布的《世界贸易报告》中提到，离岸外包有两种情形：附属离岸外包和非附属离岸外包。二者的区别在于当企业将相关业务外包给海外企业时，服务提供者与外包企业是否存在附属关系。

作为全球化的分工产生方式，服务外包的参与方大多是大型跨国服务业企业，自身全球化特征明显，本章将国际服务外包定义为，公司将其生产过程中原本自我提供的部分服务环节或流程，以合同的方式交由外国服务供应商完成，该供应商可以是该公司设立的海外子公司或分公司，可以是独立的外国企业，也可以是本国其他公司在海外设立的分公司或子公司。

在这里需要强调的是：第一，承包方一定在本国或地区之外；第二，承包方可以是与发包方存在附属关系的海外子公司或合资公司，也可以是独立于发包方的海外企业；第三，发包的内容一定是服务环节或流程，而不是制造业中的有形产品。

典型案例

提起苹果 Mac 机、宏碁 Aspire 电脑，几乎人所共知；可说到青蛙设计公司，则鲜有人知。更少有人知道的是，苹果与宏碁这两款大名鼎鼎的产品造型设计，都是外包给这位“青蛙”完成的。

总部位于德国的青蛙设计公司（FROG DESIGN）是国际设计界最负盛名的设计公司。作为一家大型的综合性国际设计公司，青蛙设计以其前卫甚至未来派的风格不断创造出新颖、奇特、充满情趣的产品。公司的业务遍及世界各地，包括 AEG、苹果、柯达、索尼、奥林巴斯、AT&T 等跨国公司。青蛙公司的设计范围非常广泛，包括家具、交通工具、玩具、家用电器、展览、广告等。20 世纪 90 年代以来，该公司最重要的设计领域是计算机及相关的电子产品，并取得了极大的成功。

（二）国际服务外包的分类

服务外包分为信息技术外包服务（ITO，Information Technology Outsourcing）、业务流程外包服务（BPO，Business Process Outsourcing）以及知识流程外包（KPO，Knowledge Process Outsourcing），它们都是基于 IT 技术的服务外包，ITO 强调技术，更多涉及成本和服务，BPO 更强调业务流程，解决的是有关业务的效果和运营的效益问题。BPO 往往涉及若干业务准则并常常要接触客户，因此意义和影响更重大。服务外包的分类和内容如下表所示。

1. 信息技术外包服务（ITO）

信息技术外包服务是指发包商战略性选择外部专业技术和服务机构，代替内部部门和人员来承担其 IT 系统或业务系统运营、维护和支持服务，其内容主要包括软件研发及外包、信息技术研发服务外包和信息系统运营维护外包三类服务。

（1）软件研发及外包（表 10.1）

表 10.1 软件研发及外包

类别	适用范围
软件研发及开发服务	用于金融、政府，教育、制造业。零售、服务、能源、物流和交通、媒体、电信、公共事业和医疗卫生等行业，为用户的运营、生产、供应链、客户关系、人力资源和财务管理、计算机辅助设计、工程等业务进行软件开发，定制软件开发，嵌入式软件、套装软件开发，系统软件开发软件测试等。
软件技术服务	软件咨询、维护、培训、测试等技术性服务。

（2）信息技术研发服务外包（表 10.2）

表 10.2　　信息技术研发服务外包

类别	适用范围
集成电路设计	集成电路产品设计以及相关技术支持服务。
提供电子商务平台	为电子贸易服务提供信息平台等。
测试平台	为软件和集成电路的开发运用提供测试平台。

（3）信息系统运营维护外包（表 10.3）

表 10.3　　信息系统运营维护外包

类别	适用范围
信息系统运营和维护服务	客户内部信息系统集成、网络管理、桌面管理与维护服务；信息工程、地理信息系统、远程维护等信息系统应用服务。
基础信息技术服务	基础信息技术管理平台整合等基础信息技术服务（IT 基础设施管理、数据中心、托管中心、安全服务、通信服务等）。

2. 业务流程外包服务（BPO）（表 10.4）

业务流程外包服务是指发包商将其内部管理、业务运作和供应链管理等一些重复性非核心业务或运作整个业务流程。

表 10.4　　业务流程外包服务

类别	适用范围
企业业务流程设计服务	为客户企业提供内部管理、业务运作等流程设计服务。
企业内部管理数据库服务	为客户企业提供后台管理、人力资源管理、财务审计与税务管理、金融支付服务、医疗数据及其他内部管理业务的数据分析，数据挖掘、数据管理、数据使用的服务；承接客户专业数据处理和整合服务。
企业运营数据库服务	为客户企业提供技术研发服务、为企业经营、销售、产品售后服务提供的应用客户分析、数据库管理等服务。主要包括金融服务业务、政务与教育业务、制造业务与生命科学、零售和批发与运输业务、卫生保健业务、通信与公共事业业务、呼叫中心等。
企业供应链管理数据库服务	为客户提供采购、物流的整体方案设计及数据库服务。

3. 知识流程外包（KPO）

知识流程外包是指发包商为提高其自身的决策能力和专业化运作水平，要求外包服务提供商利用其独特的专业优势提供全面、及时、综合的市场判断和研究解释，提出专业的研究成果和解决方案，包括数据信息分析、转向业务领域咨询、投资研究和技术研究、监管报告、专利申请、网上教育等。换句话说，KPO 是一种帮助企业研究解决方案的方式，主要通过多种途径获取信息，经过即时、综合的分析、判断和研究，提出对策与建议，为发包企业的决策提供依据。

4. 外包服务的具体业务（表 10.5）

表 10.5 外包服务的具体业务

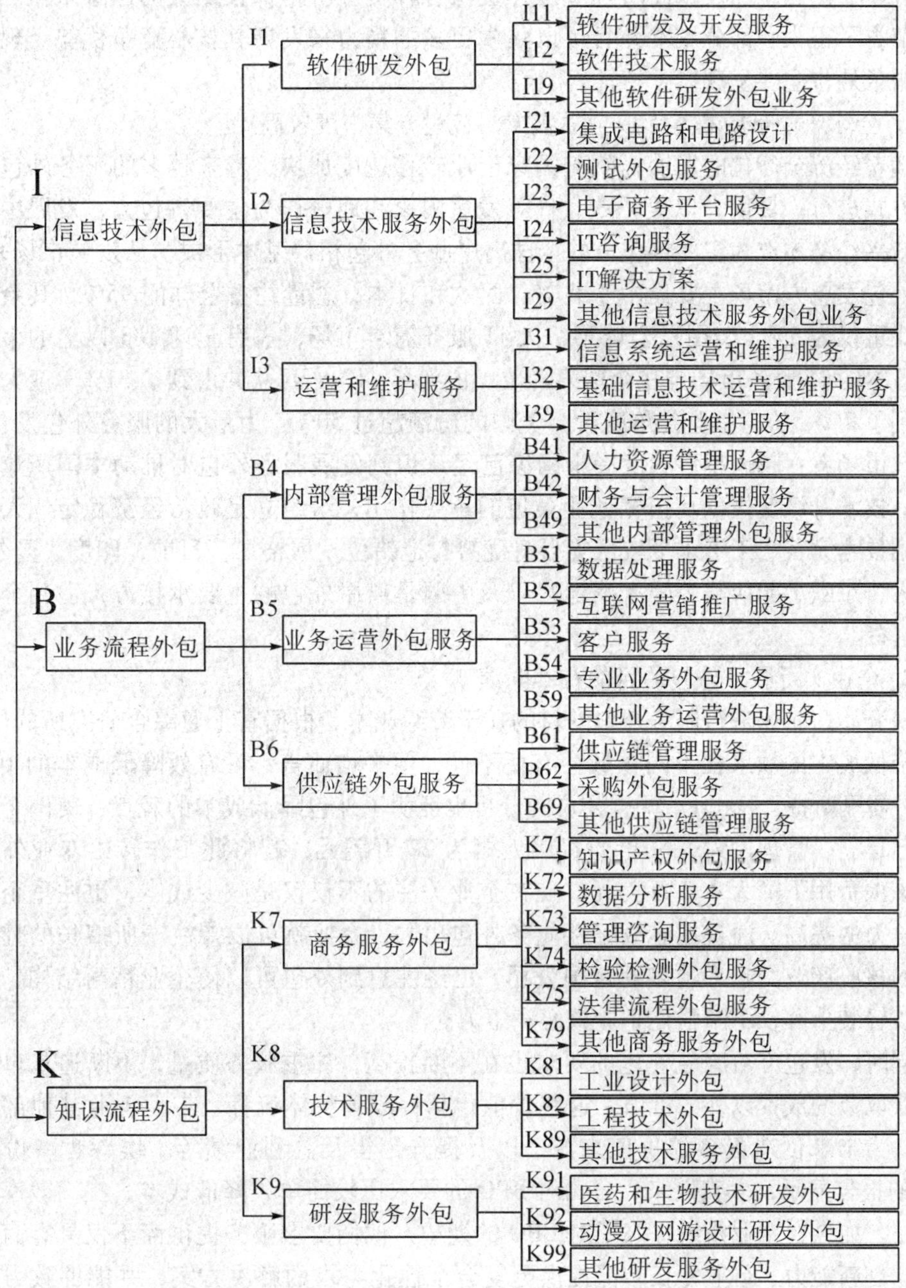

二、国际服务外包的特征

我们熟知的外包行业是从制造业的外包开始发展的，起初外包的目的就是为了降低成本，在全球范围内进行资源优化配置，利用各自的优势发展全球经济。如今，随着互联网技术的普及，IT 服务外包慢慢兴起。这种特殊经营策略进入了服务行业以及各个领域，最大的原因仍然是成本驱动，发达国家和发展中国家巨大的资源成本差距使得许多发达国家的发包商将很多工作交由各种资源价格都很低廉的国家来做。这样不仅节省了很大一部分成本并且可以集中更多的精力来发展其核心竞争优势。现阶段国际服务外包主要呈现以下特征。

1. 全球产业布局基本形成，发包方与接包方集中度较高

随着经济全球化的发展，欧美国家产业转移速度加快，越来越多的服务外包以离岸的方式进行。目前，以美、欧、日等发达国家和地区作为主要发包方，发展中国家中的新兴经济体作为主要接包方的全球离岸服务外包格局基本形成。从发包市场来看：服务外包发包方市场主要集中于北美、西欧和日本，总量约占全球的 95%，其余国家所占比重仅为 5%。美国是全球第一大 IT 服务需求市场，占有全球 1/3 以上的市场份额，日本的 IT 服务市场排在全球第二位，占到了 14%。西欧共占到了 31%。亚太地区则占到了 7%。从离岸业务角度看，美国的份额超过 50%，为最大的服务外包发包方。从接包市场看：越来越多的发展中国家已经认识到发展服务外包对推动本国产业结构调整、技术升级换代以及拓宽就业渠道的重要作用，纷纷立足政治经济稳定、人力资源基础技术完善、工资水平较低等自身优势打造错位发展格局。目前，印度、爱尔兰、加拿大、东欧、菲律宾等国家及地区以及中国是离岸外包的主要承接方，占到全球的 94%左右。

2. 企业实行服务外包的目的在不断演变

最开始，企业进行服务外包的目的在于节约成本。根据富士通综合研究所的估计，外包降低成本的效果在不同领域会有所不同，但平均而言，可有效降低成本的 10%～20%。福里斯特（Forest）调查公司的分析也证明了外包降低成本的观点：美国企业若是自己建立、管理网站，一年的费用大概为 22 万美元，若将此工作转给专业外包公司，该项费用下降为 4. 2 万美元。现在企业关注的不仅仅是减少成本，更注重企业核心竞争力的提高。通过把非战略性业务外包出去，企业就可以专注于所擅长的且具有竞争的核心产业。越来越多的跨国公司，已经注意到外包可以使企业精简结构、缩小规模、轻装上阵，不断强化企业核心竞争力。

同时，发包方对服务外包的要求也在不断提高，注重服务质量，不断追求卓越绩效，获取节约成本以外的价值。这些价值包括：改善整体流程、带动企业其他部门的绩效、为未来创造更多的价值来源，以及提升销售及盈利业绩等。埃森哲一份关于 BPO 的报告显示，一直以来，公司对 BPO 的要求比较简单，降低成本、提高效率、简化操作。如今，企业纷纷提高了对 BPO 的期望，他们要求服务提供商不仅具有商业洞察力、创新能力、行业专长，能提供更复合个性化需求的解决方案，并能够致力于不断提升服务水平等。

3. IT 服务产品结构调整加快，高端业务扩容，服务附加值增长

作为发展最早和市场份额最大的 ITO，在全球金融危机中显示出较强的抗危机性，成为支撑整个服务外包市场的中坚。而随着新兴技术的发展以及企业外包需求的不断

细化，ITO 和 BPO 市场将向更高附加值方向延伸，同时 KPO 市场开始崭露头角，成为 ITO 和 BPO 市场的重要补充，推动服务外包向更专业化、技术更密集化的方向发展。服务外包层次不断提高。在服务外包发展演变过程中，外包出去的业务从低技术含量走向高技术含量，从价值链的低端走向高端。如今外包面向的已不再仅仅是各种劳动密集型产业，企业从外包简单的制造加工环节，发展到外包集中在价值链的高端位置，如数据挖掘、设计研发、供应链管理、金融服务等的核心业务环节，并开始向法律服务、会计服务、审计服务、税务服务、建筑设计服务、新兴 IT 基础设施服务、离岸设计研发服务、知识和创意产业等领域拓展。高端业务迅速细分，在向上攀升的过程中，接包方的业务利润率也在逐步提高，竞争对手不断减少，市场的空间显著放大，服务附加值快速增长。

4. 客户在制定服务外包采购战略时日渐成熟，发包商需不断优化服务商系统，建立全球交付体系

发包商服务外包的目的在于集中自己的现有资源和经历来发展核心业务和开拓新的经营空间，离岸外包的目的从单纯降低人力成本，向获取人才、开发新产品、新业务和新技能转变，服务外包交易的结构变得愈加复杂，同时也愈加专注在战略成果方面。国际外包服务正在变得更加复杂，不仅包括应用软件的开发与维护，还包括了借业务流程与技术而实现的企业转型。发包商会从服务商那里寻求成熟的产业化服务模式与方法，期待交付的外包服务中能够包括转型变革能力。在考虑大规模外包服务时，他们通常将寻求全球采购的方式，建立“一对多”以及“多塔式”（multi-tower）的服务平台，这样他们就能够在规模优势中获利。客户只想同有资质及成功案例的供应商进行合作，发包商不断在外包地寻求最佳组合，进一步整合供应商，优化供应商系统，建立全球交付体系。服务外包对业务流程知识的要求，正考验印度等外包服务商的能力极限，这样，客户外包服务协议中的专业性与灵活性变得更为重要，只有那些在人才人力外包服务以及客户所在行业都具规模、经验和能力的服务提供商，才能获得可持续的成功。

第二节 国际服务外包的发展现状

一、推动国际服务外包的现实因素

随着世界经济的快速发展，出现了新一轮的国际产业转移高潮。而在这次的产业转移浪潮中，服务产业是新一轮国际产业转移的重点。国际服务外包正是服务产业转移的一种重要的方式。国际服务外包被形象地定义为供给者和服务者都不发生位移的跨国服务的采购。服务外包是作为生产经营者的企业将服务流程以商业形式发包给本企业以外的服务提供者的经济活动的总称。服务外包的发包方可以是企业，也可以是政府和社团组织等，其承包方可以在本国市场、东道国市场或第三方市场。通常情况下，服务外包的形式是以合同为基础的过境支付。在新一轮产业转移进程中，跨国公

司通过建立可控制的离岸控制中心或海外子公司向第三方提供服务，而非直接向当地服务承包方分包业务，这种商业流程向海外转移的形式被称为服务离岸。服务外包并非仅限于服务行业，制造业和其他行业所需要的服务流程更倾向于对外发包。

在服务外包行业飞速发展的表象下，什么是推动其快速发展的现实力量，其快速、健康、平稳发展的主要影响因素都来源于如下几个方面。

1. 科学技术进步为国际服务外包提供了技术支持

科学技术进步极大地提高了交通、通信和信息处理的能力，为信息、咨询和以技术服务为核心的各类专业服务领域提供了新的服务手段，使原来不可贸易的许多服务领域可以进行跨国贸易，并且使核心服务特别是高新技术跨国服务的贸易得到更快发展，为服务业可贸易边界的扩展和经营手段的变革提供了无限的空间。如信息技术的进步，不仅改变了许多服务的提供方式，而且使信息更加便于收集、甄别、处理、储存和传送，降低信息处理的传递成本，刺激了直接建立在信息技术基础上的服务外包加速发展。信息网络技术的快速发展大幅度降低了市场的交易成本，这使企业业务规模和市场占有率的扩大更倾向于通过离岸外包这种方式来实现。同时，互联网的发展扩大了企业的选择范围，使其可以打破地域限制选择理想的服务提供商。因此，我们可以看到科学技术的进步，特别是信息网络技术的快速发展为国际服务外包提供了必要的技术支持。

2. 经济全球化和区域一体化为国际服务外包的发展提供了良好的外部环境

经济全球化极大地刺激了资源在全球范围内的合理流动和配置，尤其是世界贸易组织等国际组织积极推进服务贸易自由化的谈判进程，各国政府在此基础上逐渐放松对服务业的经济管制，从政策上为国际服务贸易发展创造了有利条件，从而为服务外包发展提供了广阔的空间和丰富的渠道。经济全球化发展使发达国家通行的商业准则被发展中国家普遍接受，这一点降低了企业之间跨国合作的不确定性。在经济全球化进行的同时，区域一体化趋势也是有增无减。许多区域集团采取内外有别的政策，促进区域内部服务贸易快速发展。这些都给国际服务外包的发展提供了良好的外部环境。

3. 跨国公司是推动国际服务外包发展的内在动力

降低业务运营成本，是跨国公司拓展国际服务外包活动的最大驱动力。成本的降低，对于追求利润的企业是个巨大诱惑。为了应对日益激烈的国际竞争，跨国公司纷纷通过服务离岸外包在全球范围内寻求成本最小化与利润最大化。根据 Gartner 的预测，服务离岸外包可以平均最少节省 12%的成本。服务外包降低成本的途径主要有三种：一是规模经济。在服务外包中，多个客户共享生产设备，不仅节约安装和建设费用，而且提高各种设备、原材料、能源的利用率和人力资源的生产率，规模越大，成本越低。二是提高利用率。在服务外包中，供应方为不同客户提供多个不同的外包服务项目，提高利用率，实现成本降低。三是降低交易成本。服务外包企业可以依靠信息技术、与供应方通过建立长期稳定的合作关系等手段来降低交易成本。

关注核心竞争力也日益成为跨国公司进行国际服务外包的目的。随着市场垄断化趋势的进一步加强，国际竞争也主要是在跨国公司之间进行，因此，一个国家参与国际竞争能力的高低，主要体现在跨国公司的强弱上。跨国公司在服务外包过程中，为了充分利用全球资源，提高核心业务的竞争力，都会经过下列步骤：培育或找出一些精心挑选的核心竞争力，并确定自己从事这些核心活动的能力是世界最好的；把人、财、物等资源和管理注意力集中到这些核心竞争力上；外包其他非核心业务。这样，企业一方面集中资源和能力从事自己最擅长的活动来实现内部资源回报最大化，另一方面充分利用外部供应方的投资、革新和专门的职业技能。如此一来，跨国公司就可以通过增强核心竞争力，阻止现有或潜在的竞争者进入企业的利益领域，从而保护市场份额，增强战略优势。

通过上面的叙述，我们可以看出跨国公司进行全球战略布局，是推动国际外包服务市场发展的主要力量。世界经济全球化发展趋势下，跨国公司不断进行产业调整和产业转移，以提高跨国公司的国际竞争力。跨国公司产业调整和转移的第一次浪潮是把产品生产制造环节转移到发展中国家和地区，而第二次转移的浪潮就是将产品价值链上非核心服务业务转移到发展中国家和地区，以增强核心竞争力。

4. 发展中国家的快速发展为服务离岸外包创造了良好的条件

以中国、印度为代表的发展中国家的经济和科技近年来迅速发展，基础设施建设日趋完善，教育水平和条件也有了很大改善，人力素质有了很大提高，具备了承接国际服务外包的条件。同时，人力成本比发达国家要低得多，满足了发包方降低成本的目的。另外，发展中国家的政府实行了很多鼓励承接离岸外包的政策。这一切构成了对发达国家企业强大的吸引力，这也是促使近年来承接服务外包的国家逐渐从发达国家转移到发展中国家的一大原因。

二、国际服务外包发展的三个阶段

（一）国际产业转移的四个阶段

国际服务外包源于国际分工的深化，因此国际服务外包与世界范围内的国际产业转移有着密切的联系。随着经济全球化发展的深化和全球产业转移的加速，国际产业转移在不同阶段呈现出不同的势头：

（1）第一阶段为20世纪50~60年代，发达国家跨国公司开始转移制造业，即制造业外包。

（2）第二阶段为20世纪80年代后期，发达国家开始转移服务业。近年来，在服务业转移的过程中，服务外包几乎同时发展，而且服务外包逐渐成为服务业转移的主要形式。

（3）第三阶段为20世纪90年代，跨国公司开始转移研发业务。

（4）第四阶段为进入21世纪后，跨国公司开始转移地区总部。

全球产业结构转移的上述四个阶段与服务外包的发展几乎同时发生、同步进行，由此可见国际产业转移与国际服务外包是相辅相成的关系。

（二）服务外包发展的三个阶段

在20世纪80年代以来的国际产业转移中，离岸服务外包呈显著增长趋势并迅速从发达国家向新兴经济体（中国、印度、巴西、俄罗斯、南非）延伸。在此期间，又经历了三个延伸阶段：

（1）第一阶段为20世纪80年代，美国与英国最先动作。美国最先实施离岸服务外包，而英国紧随其后，它们的初衷是为了降低成本，并获得通信工具与网络的支持。

（2）第二阶段为20世纪90年代，服务外包扩散到西欧，促使呼叫/客户服务中心大量兴起，主要是WTO的有关约定促进了制造业和商业服务领域中的服务外包快速发展。

（3）第三阶段是进入21世纪后，服务外包在整个欧洲市场得到广泛认可，涉及波兰、捷克、匈牙利等国。欧盟的统一税制推动了爱尔兰、斯洛文尼亚、保加利亚、罗马尼亚等国企业承接离岸服务外包。随着知识经济和信息化社会的加速发展以及通信及IT基础设施等软硬件环境的不断健全、完善，印度、中国及其他发展中国家开始调整政策，逐步加入离岸服务外包承接行业。自此，服务外包的发展领域日趋广阔。

三、全球服务外包的发展现状

（一）全球服务外包的总体规模

根据亚太总裁协会（APCEO）发布的《全球服务外包发展报告》显示，近几年全球服务外包经历了快速增长→急速减少→缓慢上升的阶段。全球服务外包的市场规模2006年为8 600亿美元，2007年达到1.2万亿美元，2008年为1.5万亿美元。然而受全球金融危机、欧债危机、通货膨胀以及美元贬值影响，2009年全区服务外包业务处于不景气的状况，仅为8 099.1亿美元，2010年继续减少到7 995亿美元，全球服务外包市场在2011年呈现出金融危机以来最快速增长，总额为8 200亿美元，其中：ITO为6 440亿美元，BPO为1 760亿美元。进入2013年全球服务外包市场规模约为13 000亿美元，比2012年只有不到5%的增长，虽然2013年的离岸市场规模较上年增长了17.8%，但与前几年相比，增长趋缓。全球服务外包市场增长已经趋于平缓。IDC预测认为，未来几年，全球服务外包整体市场和离岸市场将维持在5%和16%的复合增长水平上。

（二）全球服务外包的市场结构

到目前为止，全球服务外包市场的产业格局并没有发生大的变化，服务外包的需求方——美、日、欧等发达经济体仍然主导整个产业的发展。

从发包方来看，美国、日本、欧洲是主要的发包方，提供了全球服务外包业务的绝大多数份额。美国占了全球市场的64%，欧洲占了18%，日本占了10%，留给其他国家的还不到10%。全球服务外包市场严重依赖于美、日、欧，使产业格局呈现出一种“中心—外围”的发展格局。

从承接方来看，服务外包承接方数量激增，但是发展的层次是不一样的。从发达国家来看，服务外包承接大国澳大利亚、新西兰、爱尔兰、加拿大等国国内服务外包行业成熟，已经形成了一定的产业规模和发展优势，但是和发展中国家相比，人力资源优势已经不复存在，因此其在最近几年的发展中明显落后。许多国家已经跌出2010年Gartner IT排行榜的前30强。

从发展中国家来看，最近几年承接服务外包的发展中国家数量激增，已经成为全球服务外包市场上重要的承接方。拉美、亚太地区的服务外包行业发展极为迅速，正在成为服务外包行业发展的重要引擎。亚太地区已经成为全球最具吸引力的服务外包投资地，中国、印度、菲律宾承接了全球服务外包60%以上的份额。拉美的巴西、墨西哥等国也是世界上重要的服务外包承接国，2010年拉美的服务外包IT市场规模达到了2 300多亿美元，2011年的增长率将达到9.2%。另外，近几年许多中小贫困、落后国家，如柬埔寨、肯尼亚、斯里兰卡等，国内的服务外包行业得到了飞速的发展。如，2010年斯里兰卡IT与商务外包产业产值达到3.9亿美元，同比增长了25%，目前国内从业人员达到35 000人，相关企业达到150家。

四、全球服务外包产业发展趋势

(一) 服务外包产业已经进入产业上升期，未来发展将十分迅猛

最近几年，受到经济危机的影响，全球服务外包产业的发展受阻，许多国家的服务外包产业陷入停滞，甚至出现了倒退。而从爱尔兰、希腊等国蔓延到整个欧洲的债务危机更使全球服务外包产业发展雪上加霜。如，波兰、爱尔兰、印度等服务外包承接大国都受到了重大损失。但是，随着全球经济的复苏，服务外包行业正在重新实现快速发展。目前，这种发展势头已经十分明显，许多国家的服务外包行业都实现了大幅度的增长。如，印度2010年服务外包行业实现了10%以上的增速，据印度全国软件和服务企业协会估计，未来印度的服务外包行业将保持高速增长，到2020年，仅IT和BPO外包行业的出口额就可能增长近两倍，达到1 750亿美元；菲律宾的服务外包行业在2010年收入达100亿美元，到2020年其将占全球服务外包业务总量的20%；拉美的服务外包行业也实现了一定程度的增长，IDC预测拉美的服务外包业在2020年扩大12%。因此，服务外包行业正在走上产业发展的上升期，亚太、拉美、EMEA国家服务外包产业的快速发展，无疑将引领全球服务外包产业进入新的发展阶段，带动其迅猛发展。

(二) 产业发展的国际格局短期内不会变化，但是已经有所改变

美日欧凭借巨大的国内市场、发达的科技和创新能力以及数量众多的大型公司的优势，仍然是全球服务外包市场上重要的需求方。如：美国是全球主要的软件生产和出口大国，国内软件公司占据了2/3以上的世界软件市场，目前其提供了大约70%的全球服务外包合同；日本拥有索尼、夏普、佳能等国际IT巨头，国内信息服务产业销售额已经超过1 000亿美元。

在未来相当长的时间内，全球服务外包的主要需求方仍然是美日欧等发达国家，其仍能通过需求控制服务外包行业。但是这种产业格局正在改变。目前以印度、中国为代表的新兴国家快速崛起于世界，其国内市场巨大、产业发展迅速。如果这些国家通过发展，国内需求能得到进一步的释放，则很可能成为新的服务外包需求方，打破现在的产业垄断格局。如，印度IT行业发展迅速，目前现在已经开始与中国、蒙古等周边国家合作，共同发展服务外包行业，其国内的离岸自建中心发展迅速，保持着

21%的年复合增长率；中国国内市场巨大，国内服务外包行业的发展主要依靠自身的需求，在未来，随着市场规模的壮大，中国将成为世界上重要的服务外包发包国。因此，随着新兴国家的兴起，产业格局有可能得到修正，出现多极化的发展趋势。

（三）服务外包承接方不断向新兴发展中国家扩展，承接国之间竞争加剧

国际服务外包的承接国能从服务外包中获取很多好处。如，可以使承接国的经济和科技创新力得到提升，产业分配格局、出口结构等得到优化，吸引外资，促进服务业的发展，提升国家的国际形象和技术实力等。这导致国际服务外包的承接国数目急剧增加、竞争日益激烈。2010 年的 Gartner IT 外包排行榜中，新西兰、爱尔兰、加拿大、新加坡等许多成熟的国际服务外包的承接国最终没有进入榜单，这不仅说明国际服务外包的承接地正在向多元化发展，更加说明国际服务外包承接地之间的竞争日趋激烈。

受经济危机的影响，许多公司为了进一步降低企业运营成本、研发新的技术，不得不放弃对服务外包的偏见，把相当多的业务外包给成本低廉的发展中国家。同时，导致企业对承接地信息安全、知识产权、产业成熟度等因素的重视程度降低，对人力资源重视程度提高。这些因素都促成了服务外包行业向发展中国家进一步扩充，导致服务外包承接国数量急剧增多。

KPO 和 BPO 领域需要较高的劳动力素质、科技含量较高，所以许多国家并不具备发展条件。因此，目前的竞争集中于 ITO 这一发展成熟、较为低端化的领域，这就导致各国之间的同质化竞争，竞争态势十分激烈。

（四）融合化高端化趋势明显，服务外包引领国际产业结构调整

当今世界产业发展呈现明显的融合化和制造业服务化趋势，不同产业链相互交织，形成开放的、多维的、复杂的网络结构。制造业的“软化”和服务化，二、三产业之间的融合，将使得企业之间的供需关系变得越来越开放，企业的同一个产品或服务可能供应完全不同的行业、而不仅是同一行业的不同企业，而且往往是多个企业共同支撑一个平台，或者同一个产品涉及多个平台，例如数字制造同时涉及超级运算和超级宽带等平台。产业融合化和制造业服务化趋势使得未来服务外包逐步呈现工业化特征和规模经济效应。随着服务外包的规模化发展和国际竞争的加剧，推动服务供应商加快外包标准化、模块化，使外包服务更简单，模式更可复制，随之而来的是服务外包呈现出工业化或产品化的趋势。服务外包的工业化和产品化趋势必将助推其走向规模经济和范围经济，大大强化外包竞争和效率提升，优化提高外包供应质量，并进而激发出外包业务的更强成长性和业务领域的全面拓展，服务外包不断扩展到更广的领域，并日益向研发、销售、管理、咨询、物流、客户关系等高端环节渗透，并引发新一轮国际产业结构调整和产业转型升级。

在产业融合化的同时，国际服务外包产业也呈现高端化发展趋势。在全球化和技术革命推动下，许多高科技产业跨国公司把价值链上更多的研发环节外包给外部企业，以达到降低成本、提高效率和增强核心竞争力的目的。继信息技术外包（ITO）、业务流程外包（BPO）之后，知识流程外包（KPO）成为服务外包发展的新领域，并展现

出巨大潜力和升级空间。KPO 主要包括市场调研、投资评估、业务咨询、法律服务、软件设计、专利申请、芯片设计等研发业务，位居价值链的高端环节。KPO 的发展使服务外包的技术复杂性显著提高，外包市场的结构进一步升级，具有极高的成长性和巨大的纵深拓展空间。

第三节　服务外包理论及效应分析

一、服务外包相关理论

目前，学术界有多种理论可作为服务外包的理论基础，这些理论都从不同角度阐述了服务外包的运作原理，以下主要从劳动分工理论、比较优势理论、企业核心竞争力理论、价值链理论、木桶原理等几种理论进行分析。

1. 劳动分工理论

（1）理论基础

古典贸易理论始于亚当·斯密的绝对优势理论。斯密认为分工能够提高生产某种特定产品的熟练程度，使各种生产要素得到最有效的利用，从而大大提高劳动生产率和增加物质财富。适用于一国内部的不同职业之间、不同工作之间的分工原则，也适用于各国之间。斯密主张世界各国都应该进行分工，每个国家都只专业化生产本国成本费用绝对低廉的产品，并通过国际贸易，用部分本国具有绝对优势的产品换回自己生产成本绝对高的产品，从而使所有交换国家都将从中获利。斯密的绝对优势理论认为，每个国家都应该出口其在生产上具有绝对优势的商品，而进口具有绝对劣势的产品。

（2）劳动分工理论与服务外包

服务外包的产生原因可以用古典贸易理论来解释。服务外包是劳动分工的延伸，是随着社会生产的发展，逐渐从生产领域制造业外包发展中剥离独立出来的国际分工高端模式，是国际社会范围内合作与分工的最新产物。企业把部分业务环节外包给外部的服务供应商，使服务发包方和供应商都能专注于占有绝对优势的业务，双方均能简化管理的复杂性，提高各自专业化生产率，享受到分工带来的利益。

知识链接

亚当·斯密在其 1776 年出版的《国富论》一书中，以做扣针为例，阐述了人和人之间的分工合作使劳动生产率得到极大的提高的道理。扣针的制作比较复杂，可以分为抽铁线、拉直、切截等 18 个工序，如果所有的工序交由一人来完成，则每个工人一天最多能够生产 20 枚扣针；但若把扣针的生产流程分成 48 道工序，每个工人都只负责其中的某些工序，很多人分工合作，共同完成扣针生产工序，就会大大提高生产效率——平均每个工人每天可以生产 4 800 枚扣针。

2. 比较优势理论

（1）理论基础

大卫·李嘉图继承和发展了斯密的观点，提出了比较优势理论。他认为每个国家不一定要生产各种商品，而应该集中力量生产那些自己具有比较优势的产品。不论一个国家经济实力是强是弱，技术水平是高是低，只要各国之间存在着生产技术上的相对差别，就会出现生产成本和产品价格的相对差别，从而使各国在不同的产品生产上具有比较优势。在资本和劳动力等生产要素不变的情况下，通过国际分工，各国专业化生产自己有比较优势的产品，再通过国际贸易，进而获得比较利益。因此，李嘉图认为，各国通过出口相对成本较低的产品，并进口相对成本较高的产品，就可以实现贸易的互利。

（2）比较优势理论与服务外包

与其他国家的企业相比，在经营过程中，如果本国企业承担某些重要的、非核心的业务项目不具备比较优势，那么这些业务项目由本企业内部员工完成的话，生产成本很高，在国际市场上也会缺乏竞争力。为了降低成本，提高质量，并获得比较利益，本国企业应该将这些业务转移到其他国家的企业或专业机构，充分利用国外企业在这些特定业务项目上的比较优势。因此企业应该通过比较优势分析来决定某项业务是自营还是外包给专业公司去做。如果企业对服务要求高，业务成本比重占总成本比重大，并且内部人员对业务运作管理的效率高，则该企业应该进行自营；如果某项业务不是企业的核心业务，且企业内部的业务管理水平较低，那么企业应该将这些不具备比较优势的业务转移到具有比较优势国家进行生产。业务活动外包有利于降低成本，提高服务质量。

知识链接

大卫·李嘉图与《政治经济学及赋税原理》案例

1815 年英国政府为维护土地贵族阶级利益而修订实行了《谷物法》。《谷物法》颁布后，英国粮价上涨，地租猛增，它对地主贵族有利，而严重地损害了产业资产阶级的利益。昂贵的谷物，使工人货币工资被迫提高，成本增加，利润减少，削弱了工业品的竞争能力；同时，昂贵的谷物，也扩大了英国各阶层的吃粮开支，而减少了对工业品的消费。《谷物法》还招致外国以高关税阻止英国工业品对他们的出口。为了废除《谷物法》，工业资产阶级采取了多种手段，鼓吹谷物自由贸易的好处。而地主贵族阶级则千方百计地维护《谷物法》，认为英国能够自己生产粮食，根本不需要从国外进口，反对在谷物上进行自由贸易。

这时，工业资产阶级迫切需要找到谷物自由贸易的理论依据。李嘉图适时而出，在 1817 年出版的《政治经济学及赋税原理》中提出了著名的比较优势原理（Law of Comparative Advantage）。这是一项最重要的、至今仍然没有受到挑战的经济学的普遍原理，具有很强的实用价值和经济解释力。他认为，英国不仅要从外国进口粮食，而且要大量进口，因为英国在纺织品生产上所占的优势比在粮食生产上的优势还大。故英国应专门发展纺织品生产，以其出口换取粮食，取得比较利益，增加商品生产数量。

3. 企业核心竞争力理论

（1）理论内容

“核心竞争力”这一概念来自于1990年美国学者Gary Hamel和C. K. Praharad发表的文章《企业的核心竞争力》。该观点认为企业想在竞争中获胜，必须围绕巩固和发展企业的核心能力，实现资源的优化配置运作。根据核心竞争力理论，企业资源被划分为三个层次：核心资源、外包资源、市场资源。核心资源是支持和发展企业核心能力、培育企业核心业务和核心产品的资源平台或技术平台；市场资源是通过市场购买的质优价廉的标准产品或资源，对企业产品或服务的独特品质没有大的影响作用；外包资源与企业核心业务过程关联程度比市场资源要强，它为企业提供特定属性的产品或服务，影响核心产品的质量和绩效。核心能力实际上是企业的一种平衡能力，是在环境快速变化的反应能力和维持稳定的能力之间保持平衡的能力，是在不同的业务单位之间一体化与分散化之间的平衡能力。核心竞争能力不是一种产品，也不是可以用来生产的资源，不能把它作为商品进行交易，它也不是一成不变的。

（2）核心竞争力理论与服务外包

外包行业的迅速崛起应该归功于“核心竞争力”这个概念的普及。外包作为企业优化配置内部资源、整合利用外部资源的重要手段，成为上世纪九十年代以来企业培育核心竞争能力、实施“归核化”战略的重要措施之一。由于任何企业所拥有的资源都是有限的，它不可能在所有的业务领域都获得竞争优势。在快速多变的市场竞争中，单个企业依靠自己的资源进行自我调整的速度很难赶上市场变化的速度，因而企业必须将有限的资源集中在核心业务上强化自身的核心能力，而将自身不具备核心能力的业务以合同的形式（外包）或非合同的形式（战略联盟或合作）交由外部组织承担。通过与外部组织共享信息、共担风险、共享收益，整合供应链各参与方的核心能力，从而以供应链的核心竞争力赢得、扩大竞争优势。这样外包就成了企业利用外部资源获得互补的核心能力，强化自身竞争地位的一种战略选择。实施服务外包不仅可以为客户提供更加及时、优质的专业化服务，也可以为企业内部的核心业务争取更多的资源，实现企业内部资源合理、有效地配置。

知识链接

外包——世界500强的经营策略

“做你做得最好的，其余的让别人去做。”——企业只关注自己的核心竞争业务，将生产和经营管理的一个或几个环节交给最擅长的企业去做，这已经成为全球企业重要的战略思想和经营管理模式。世界500强企业大多得益于在专业领域中精耕细作。只有一心一意地发展自己的主业，集中企业资源从事某一领域的专业化营销，逐步形成超出同行的差异化，使主业真正具备国际竞争力，企业才能获得巨大的发展。通用电气仅生产飞机的核心部件——发动机，却不生产飞机；英特尔公司仅生产计算机芯片，却不生产计算机整机、鼠标、键盘、主板或硬盘；美国高通公司仅出售专利技术和标准，却不生产和销售手机。戴尔公司把企业内部非常有限的资源，集中在特定配件和供应组合领域，整合出企业配件体系和装配机制方面的核心竞争能力，从而在短期内成长为全球 PC 市场的佼佼者。它们不是没有能力开发新的配套产品线，而是为了突出核心竞争力。市场经济中，任何企业的发展都面临资金、人才、信息、管理等资源限制，如果把有限的资源相对集中，就能形成局部的绝对优势，做精、做透、做大、做强是专业化的成功经验。反之，如果将有限的资源过度分散，眉毛胡子一把抓，粗放型经营，其结果可能是广种薄收，根本不是那些善于细分市场的专业化行家里手的对手。

4. 价值链理论

(1) 理论基础

1985 年，美国哈佛商学院著名的战略管理学家迈克尔·波特在其所著的《竞争优势》一书中首先提出价值链的概念。波特认为“每一个企业都是在设计、生产、销售、发货、售后服务、人/事务计划、研究与开发、采购等过程中活动的集合体。所有这些活动可以用一个价值链来表明。”波特还指出企业价值链并不是孤立存在的，而是存在于由供应商价值链、企业价值链、渠道价值链和买方价值链共同构成的价值链系统中。企业的价值创造是通过一系列活动构成的，这些活动可分为基本活动和辅助活动两类，基本活动包括内部后勤、生产作业、外部后勤、市场和销售、服务等；而辅助活动则包括采购、技术开发、人力资源管理和企业基础设施建设等。这些互不相同但又相互关联的生产经营活动，构成了一个创造价值的动态过程，即价值链。价值链在经济活动中是无处不在的，上下游关联的企业与企业之间存在行业价值链，企业内部各业务单元的联系构成了企业的价值链，企业内部各业务单元之间也存在着价值链联结。价值链上的每一项价值活动都会对企业最终能够实现多大的价值造成影响。见图 10.1。

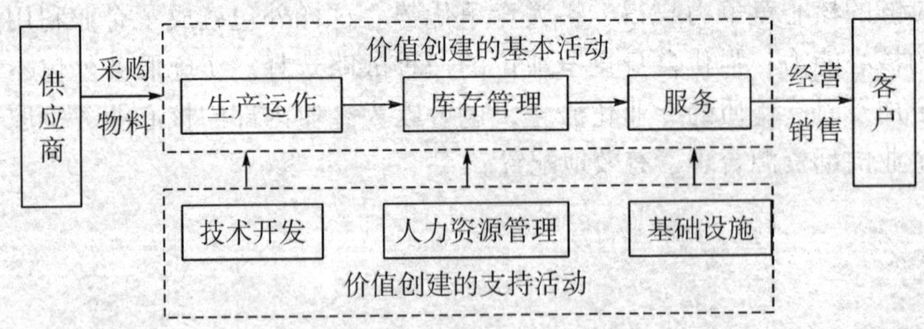

图 10.1　迈克尔·波特价值链的基本构成

(2) 价值链理论与服务外包

按照波特的价值链理论，企业的竞争实际上是企业整个价值链的竞争，为了获得竞争优势，企业在价值链的每个环节都要尽量创造出比竞争对手尽量多的净价值。但是我们知道任何一个企业的资源都是有限的，所以企业要想在价值链的每个环节都取得竞争优势是很困难的，而且试图在每个环节都取得竞争优势需要承担过大的投资支出及风险，从经济学的角度来看是不经济的。每个企业都有自己具有竞争优势的价值链环节，为了获得价值链整体层面上的更高的经营效率，企业应该把主要精力集中在具有竞争优势的价值链环节上，并采取外包的方式把自身不具有竞争优势的环节转移给第三方，这样企业就可以把更多的资源用来从事自己所擅长的价值链环节。要保持企业对某一产品的竞争优势，关键是保持这一产品价值链上特定战略环节的竞争优势，而并不需要在所有的价值活动上都拥有核心或专长。

5. 木桶原理

（1）理论基础

木桶原理认为一个木桶由许多块木板组成，如果组成木桶的这些木板长短不一，那么这个木桶的最大容量不是由组成木桶最长的木板决定的，也不是由所有木板的平均长度决定的，而是取决于最短的那块木板。要增加木桶容量，必须将木桶中最短的木板的长度增加。

（2）木桶原理与服务外包

一个企业就像个大木桶，这个企业的最大竞争力不只取决于几个突出的要素，更取决于整体状况以及企业中所有生产要素中最薄弱的要素。企业要将每个薄弱要素都做到最好是不太可能的，也是不经济的。服务外包就好像是将企业这个“大桶”打散，取走那些“短板”，通过选择合适的合作伙伴，由外面的“长板”所替代内部的短板，然后再将自己的长板和外部提供的长木板组合在一起，通过增加木桶的高度，从而扩大木桶“容量”。因此，企业为了增强总体的竞争实力，应该将其内部自身不擅长的非核心业务外包给其他专业企业来做。木桶原理很好地解释了服务外包的产生原因。

二、国际服务外包的影响分析

国际服务外包中的发包方和接包方，不是那种一方的获利以牺牲另一方的利益为代价的关系，它主要是基于比较优势的转移，并引发出这种转移所带来的积极影响和消极影响。

随着经济全球化的不断发展，世界各国之间的贸易联系越来越紧密，国际贸易给各国的产业结构带来越来越重要的影响。国际服务外包作为一种新兴的贸易形式，随着服务外包的快速发展，其对一国的经济和产业结构都将产生深远的影响。经济学理论认为一国的产业结构并不完全取决于资源禀赋，还同贸易结构、技术研发水平等因素有关，国际服务外包正是通过影响这些因素直接或间接地改变着一国的产业结构。

（一）积极影响

1. 服务外包对发包国的积极影响

第一，促进发包国经济的发展。国际服务外包作为一种新型的贸易方式，可以降低发包国国内服务价格，提高国内消费者的购买力，使利率保持较低水平，从而促进发包国经济的发展。而限制服务外包则会阻碍国家经济的发展，降低该国资本和劳动力资源的利用效率，造成国内生活水平整体下降。虽然服务外包会对某些行业的工人造成影响，但是限制服务外包将会使国家遭受更大的损失。麦肯锡公司的研究结果显示，美国外包 1 美元可使世界经济总量增加 1.45～1.47 美元，新创造 40%～50%的价值，其中美国获益 1.12～1.14 美元。所以国际服务外包既能增加世界整体经济量，实现经济共赢的结果，还可以加快发包国经济的增长，促进其经济的繁荣，国际服务外包已日益成为发包国经济的重要组成部分。

第二，创造新的就业机会。外包是否会大幅度减少发包国的就业机会一直是外包研究的热点。对此问题学术界有两种截然不同的观点。一种观点认为，外包使发包国就业机会大大减少。据 Forrester 研究公司统计，2015 年美国有 330 万个服务性工作岗位因外包流失到国外。而另一种观点则认为失业的增加是其经济运行在就业市场的反映，与外包没有直接的关系。从近期和局部来看，服务外包在一定程度上的确会导致发包国相同服务岗位的减少，但是从长远和整体来看，服务外包向国外转移一个职位并不等同于发包国损失一个职位。理论上分析，服务外包可以提高企业的劳动生产率，节省企业的经营成本，从而增加企业的利润，而利润增加又必然导致企业购买新设备、建立新实验室，最终增加发包国的就业岗位。服务外包在造成发包国部分职位流失的同时实际上也在创造着更多新的就业机会，而且创造的就业机会远大于流失的就业岗位，从而使就业总量迅速增长。服务外包不但不会引起失业率的上升，反而还可以创造新的就业机会。

第三，离岸外包的成本降低。成本的降低主要是来自于人力成本的降低。发包国（如美国、日本等）和接包国（如印度、中国等）之间存在巨大的工资差异，如国际软件业务外包迅猛发展的初始动因就是发包国家利用接包国软件产业中相对廉价的劳动力。有学者研究认为，人力资源成本的差异并不是成本降低的唯一来源，低税率带来的成本降低也是吸引外包业务的动因之一。发包国的平均税率要高于接包国的平均税率，特别是作为接包国的发展中国家大力发展离岸外包产业，政府经常会给予接包企业税收上的优惠。

第四，提高效率。成本降低仅仅是离岸服务外包产生的起因，在后续的发展中，有许多其他因素比降低成本更为重要。大部分离岸外包的先导企业会越来越看重技能的获取，以提高其所提供服务的质量。公司把业务转移出去的目的是获取更先进的技术，并非简单地为了降低成本和缩减生产规模。

离岸服务外包提高效率主要表现在两个方面。一是发包企业通过外包可以更专注于自身具备优势的核心业务。越来越多的企业通过将非核心业务外包，把企业有限的资源集中在最有价值的核心业务上，以提高企业核心竞争力。二是接包企业可以提供比发包企业更专业的服务。离岸外包服务提供商具备更多专业服务领域内的知识与经验，使其具有帮助客户提高某领域工作质量的能力。

2. 服务外包对承接国的积极影响

在国际服务外包市场上，发展中国家积极参与到市场的竞争中，并取得了一定成效。印度已经成为世界服务外包的首选承接地点，而其他发展中国家也在利用自己的优势争夺一席之地。服务外包对承接方产生的积极影响主要如下。

第一，承接服务外包有利于提升承接国在国际产业链中的地位，在“要素分工”的格局中发达国家凭借资本技术、管理经验等相对稀缺的高级要素获取较高的收益，而发展中国家大多以劳动力等初级要素参与分工，要素收益较少。在20世纪很长的一段时间里，中国过度强调以廉价、低级的劳动力参与国际分工，导致一般加工型劳动密集型产业的发展，使国内的产业发展被锁定在产业链的末端。以低层次的几乎无限供给的要素参与国际分工，其结果必然是与低层次要素相适应的低效益的回报。国际服务外包是国际分工向服务业的延伸与深化 与制造业加工贸易相比，承接服务外包是参与产业链上的更高层次的环节，能创造更高的附加值。目前，我国的要素优势不仅在于廉价的一般劳动力，还在于可以培育知识型和技术型的高级劳动力，通过提供这种相对稀缺的高层次生产要素，参与服务外包这类服务业国际分工的高附加值环节，优化了国内产业结构从而分享更多的要素收益。

第二，外资投资服务外包产业有利于外资利用方式的转变，承接企业可以在引进、消化、吸收的基础上二次创新，在整合全球资源的基础上进行集成创新，最终实现真正自主创新的原始创新，从而在软件研发、商务服务等方面形成自己的核心技术，使服务外包的技术溢出效应有助于建设创新型社会。

知识链接

"世界办公室"——印度

印度制造业在本国经济中不居于主导地位。摩根斯坦利的调研数据显示，1990—2003年，印度工业产值占GDP累计增加值的27%，而中国为54%。

正是由于基础设施落后和投入不足，印度选择了一条绕过制造业即靠服务业的发展来推动经济增长的另类道路，在某些产业上取得的成绩可圈可点。目前，印度是著名的"世界办公室"。其中印度软件和软件服务外包经过多年的发展，取得了举世瞩目的成就，也成为印度国际竞争力的集中体现。

英国《经济学家》杂志认为，在信息服务技术领域，印度领先中国12年。据统计，全球离岸服务外包的总额一共为1 000多亿美元，印度占了500亿~600亿美元，中国仅为40亿~50亿美元。

（二）消极影响

承接国际服务外包在给东道国带来有利影响的同时，也会对东道国特别是其中的发展中国家国内经济的发展造成不利影响。

从大的方面来讲，对国家的经济安全具有不利影响。联合国贸发会议的报告指出，虽然发展中国家在服务外包领域的技术水平有所提升，但基本上仍处于产业价值链的低端。发达国家企业仅仅把发展中国家作为其廉价劳动力的供应地，只是将非核心业务和标准化的科技类项目外包出去。即使是首屈一指的承接国印度，虽然服务外包领域技术水平有所提升，也基本上仍处于价值链的低端。

另外，外包服务部门尽管成为一些国家经济的主要增长点，但这些部门的发展过于依赖发包的少数发达国家，使得本国的经济发展具有很大的脆弱性。与外商直接投资不同的是，服务外包是以外包契约为基础的，双方均有可能产生违约或不完全按照合同执行的情况，这样外包合同就可能产生道德风险。这种风险主要包括由资产专用性（Asset Specificity）导致的套牢问题（Holdup Problem），这是由于接包企业所产生的中间投入品具有较强的针对性，基本上只能出售给特定的发包企业。这种资产的专用性在一定程度上削弱了承包方生产的灵活性，不利于增加利润，提高了对发包方的依赖。在信息不完全条件下，承包方可能为了避免被“套牢”而不严格按照契约的要求研发特定的中间投入品，设法增强中间的通用性。就发包方而言，为了消除企业这种倾向，要么支付额外的成本，要么转由自己组织研发。

同时，部分国家地区在国际服务外包中继续被边缘化，服务外包主要集中在一些发达国家和新兴经济体，而一些最不发达国家从中获得甚少。

第四节　国际服务外包在中国

一、中国服务外包市场的现状与特色

2011—2015 年，我国服务外包合同金额从 447 亿美元增至 1 309 亿美元，年均增长 31%；执行金额从 324 亿美元增至 967 亿美元，年均增长 31%；离岸执行金额从 238 亿美元增至 646 亿美元，年均增长 28%。离岸服务外包占服务出口总额的比重从 13%提升到 23%，成为促进外贸发展的新动力。我国信息技术外包、业务流程外包、知识流程外包的离岸执行金额比例从 58∶16∶26 发展到 49∶14∶37。2016 年，在全球投资贸易低迷的情况下，我国服务外包继续快速发展，离岸服务外包日益成为我国促进服务出口的重要力量，对优化外贸结构、推动产业向价值链高端延伸发挥了重要作用。2016 年我国服务外包产业发展主要呈现以下特点。

一是规模快速扩大。2016 年全年，我国企业签订服务外包合同金额为 1 472.3 亿美元，执行额 1 064.6 亿美元，分别增长 12.45%和 10.11%。其中离岸服务外包合同额 952.6 亿美元，执行额 704.1 亿美元，同比分别增长 9.14%和 8.94%；在岸服务外包合同额 519.7 亿美元，执行额 360.5 亿美元，同比分别增长 19.07%和 12.46%，增速均超过同期全国外贸增速，成为对外贸易及服务贸易中的一大亮点。我国离岸服务外包规模约占全球市场的 33%，稳居世界第二，离岸外包执行额占我国服务出口总额的 1/4。

二是产业结构逐步优化，技术密集型业务占比提高。从“成本套利”走到“智能化服务”，服务外包的技术支持由传统的互联网与信息技术转向以“云计算、大数据、移动互联、物联网”为核心的新一代信息技术，基于云的服务模式被广泛认可，云端交付也大量被传统服务外包企业所采用，SaaS（软件即服务）和 On-demand Payment（按需付费）成为主流的交付与定价模式。2016 年又出现服务外包企业加速人工智能、区块链等技术的研发与应用。从具体业务结构看，2016 年信息技术外包（ITO）、业务流程外包（BPO）和知识流程外包（KPO）。合同执行金额分别为 563.5 亿美元、173 亿美元和 335.6 亿美元，执行额比例由 2015 年的 49∶14.2∶36.8 调整为 53∶16∶31。

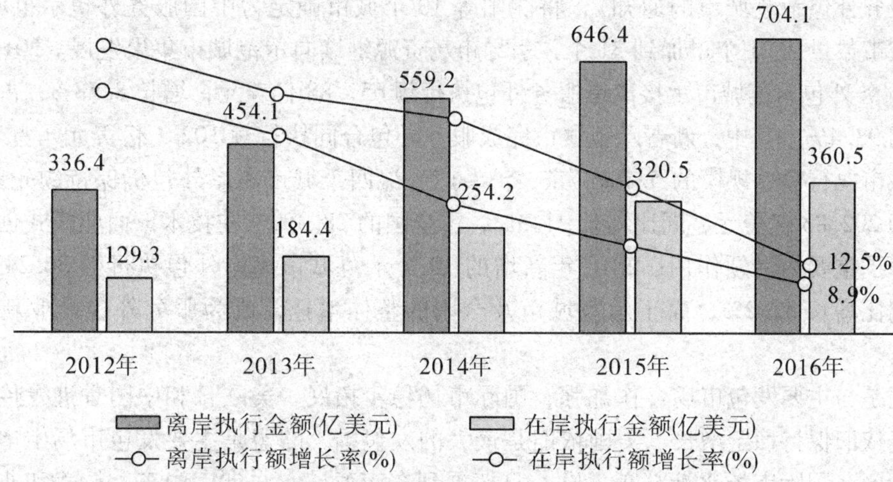

图 10.2　近几年中国服务外包离岸和在岸执行金额情况

基于企业信息化需求的提升与云计算业务的快速发展，ITO 比重大幅增加，KPO 占比小幅回落。但是得益于知识产权研究、数据分析与挖掘、医药和生物技术研发与测试等业务的超高速增长，KPO 同比增速达 31.65%，超过同期 ITO24.76%与 BPO28.98%的增速，产业向价值链高端升级特征更加明显。

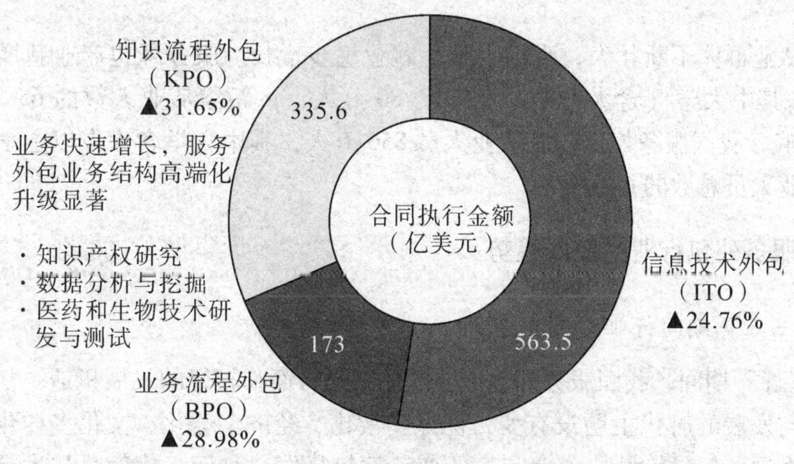

图 10.3　2016 年服务外包业务结构

三是企业专业服务水平不断提高，创新能力稳步提升。在多年的政策引领与支持下，中国服务外包产业已形成了较为完善的产业生态，全国已有 130 多个城市发展服务外包产业，累计从事服务外包业务的企业 39 277 家。2016 年，全国新增服务外包企业 5 506 家，企业经营成本的不断上升加速倒逼企业加快转型升级的步伐，通过海内外并购、与发包企业建立长久的战略合作伙伴关系、加速服务技术的研发创新投入等手段，中国服务外包企业引领着产业转型升级的步伐。中软国际、浙大网新、浪潮、软通动力、文思海辉 5 家企业入选全球服务外包 100 强企业。

四是服务外包示范城市集聚引领作用不断增强。2016 年，国务院印发《关于新增中国服务外包示范城市的通知》，将沈阳等 10 个城市确定为中国服务外包示范城市，示范城市数量从 21 个增加到 31 个，引导市场资源继续向示范城市集聚发展。2016 年，31 个服务外包示范城市承接离岸服务外包执行额 657.88 亿美元，增长 8.58%，占全国总额的 93.4%。其中，新晋示范城市完成服务外包合同执行额 102.1 亿美元，占 31 个示范城市执行额总规模的 5.1%。京、沪、广、深四个城市离岸外包仍保持领先地位，执行额 202.83 亿美元，同比增长 21.3%，占全国的 28.4%，在技术、商业模式创新方面发挥了重要的引领作用；2016 年新增的 10 个示范城市离岸外包执行额 56.24 亿美元，同比增长 32.2%，高于示范城市及全国的整体增速，成为服务外包产业新的增长极。

五是与主要发包市场合作加强，国际市场稳步拓展。美欧日和中国香港等传统发包市场依旧保持稳定增长，美国依旧是最大的发包国，欧盟是主要发包市场中增长最快的地区，国际市场逐渐从美、欧、日拓展到东南亚、大洋洲、中东、拉美和非洲等近 200 个国家和地区，业务遍布全球，促进了国际经贸合作日益深化。2016 年，我国主动承接"一带一路"沿线国家和地区服务外包执行额 121.29 亿美元，占全国总规模的 11.39%，其中，中东欧 16 国服务外包合同执行额增长 26.30%，东南亚 11 国服务外包合同执行额为 65.7 亿美元，成为增长率最快和规模最大的两个区域。乌兹别克斯坦、东帝汶、阿富汗、波黑、罗马尼亚、巴林、也门共和国等国家的服务外包业务增速较快。

六是从业群体不断壮大，吸纳大学生就业稳步增长。服务外包产业新增从业人员 121 万人，其中大学（含大专）以上学历 80 万人，占新增从业人数的 65.9%。截至 2016 年年底，我国服务外包产业从业人员 856 万人，其中大学含大专以上学历 551 万人，占从业人员总数的 64.4%。

二、中国服务外包行业的发展趋势

（一）"十三五"期间行业发展趋势

"十三五"期间，我国服务外包产业总体上仍将面临较好的发展机遇。从国际上来看，和平与发展的时代主题没有变，世界多极化、经济全球化、文化多样化、社会信息化深入发展，新一轮科技革命和产业变革蓄势待发。在新一代信息技术带动下，服务外包作为企业整合利用全球资源的重要方式，正在成为推动产业链全球布局的新动力。但国际金融危机冲击和深层次影响在相当长时期依然存在，世界经济在深度调整中曲折复苏，增长乏力，全球贸易持续低迷，贸易保护主义抬头，外部环境不稳定不确定因素明显增多。从国内来看，经济发展进入新常态，向形态更高级、分工更优化、结构更合理的阶段演化的趋势更加明显。供给侧结构性改革继续深入推进，将加快推动各类资源要素向现代服务业聚集，为服务外包产业发展营造更加有利的环境。但我国经济发展方式粗放，传统比较优势减弱，创新能力不强等问题依然突出。同时，服务外包产业本身也出现了新的趋势和特点。

一是发展空间更加广阔。世界经济进入服务经济时代，服务业跨国转移成为经济全球化的新特征，服务外包日渐成为各国参与全球产业分工、调整经济结构的重要途径。据国际权威机构预测，到 2020 年全球服务外包市场规模有望达到 1.65 万亿美元至 1.8 万亿美元，其中离岸服务外包规模约为 4 500 亿美元。“中国制造 2025”“互联网+”将释放服务外包新需求，国内在岸市场规模将进一步扩大，为服务外包产业离岸在岸协调发展提供了有力支撑。

二是跨界融合日益明显。信息技术发展成为服务外包产业的技术基础，数字交付成为服务外包交付的重要方式。信息技术外包（ITO）已由软件编码和测试等拓展到软件平台开发和数据中心运维服务。业务流程外包（BPO）和知识流程外包（KPO）也正在为更多的行业提供专业服务，ITO、BPO 和 KPO 的边界不断被打破，逐步互相融合，服务外包向技术更智能、领域更广泛、价值链更高端的趋势发展。技术方面，新一代信息技术加速与传统服务外包产业融合，基于云的服务模式被广泛认可，云端交付也大量被传统服务外包企业所采用，SaaS（软件即服务）和 On-demand Payment（按需付费）成为主流的交付与定价模式。此外，服务外包与人工智能融合催生了新业态，比如，传统的呼叫中心通过引用人机智能交互技术，实现自动语音识别、语音信息抓取及智能应答，并通过分析客户体验与反馈意见获得客户需求与市场信息，再利用新媒体平台进行精准的互联网营销。行业融合方面，“服务外包+”逐步构建出新型的农业、制造业、现代服务生产体系，实现传统产业的信息化、数据化、智能化与服务化。国内服务外包领军企业软通动力，近年来专注于智慧城市、产业互联网、跨境电子商务领域的服务外包业务，同时积极挖掘工业链上下游的产业机会，形成企业级服务外包集群效应。浙大网新为大庆采油业提供一整套利用大数据控制成本的信息化解决方案，实现实时监控、降低污染与能耗的智慧采油新模式。同时，越来越多的服务外包企业通过行业内外并购实现资源整合与服务能力拓展。战略融合方面，服务外包与“中国制造 2025”“互联网+”“大数据行动纲要”“一带一路”等国家战略紧密融合。当前，我国经济发展进入到新常态下服务经济引领期和创新国际竞争优势关键期，从“中国制造”向“中国智造”和“中国服务”转型的过程中，服务外包产业正成为推动中国产业结构转型升级、吸纳中高端人才就业、培育国际竞争新优势与提升全球价值链的中坚力量，尤其对于正在迈向制造强国的中国制造业转型而言意义重大。根据调研，2017 年将有更多的传统工业城市或加工贸易城市开展制造业服务剥离工作，释放出的制造业服务外包具有显著的技术溢出效应和绿色产业特性，有助于我国传统产业创新能力的提升，缓解节能减排压力，助推“中国制造 2025”。据中国服务外包研究中心统计，目前全国已有 130 多个地级以上城市发展服务外包产业，正在形成服务外包全国一盘棋的生动发展局面，对国民经济和服务贸易增长的贡献度有望进一步提升，持续为中国产业转型与宏观经济的健康发展注入动力。

三是创新与新技术成为核心驱动力。云计算、大数据、物联网、移动互联、人工智能、区块链等技术的快速研发与应用，促进云服务、互联网反欺诈、大数据征信、供应链金融服务、工业物联网应用、场地智能化设计、知识产权管理服务、新能源汽车服务、空间地理信息服务、创意设计等技术与价值含量高的业务成熟化发展，为服务外包产业注入新的动力。据独立咨询机构 Forrester 预测，2017 年人工智能的投资将同比增长300%，帮助企业在精准营销、电子商务、产品管理等更多领域作出更快的业务决策。由中国发起的首个全球区块链理事会刚刚成立，该平台致力于将区块链技术应用于资产托管、产业链金融、消费金融、金融科技等领域。中国在该领域的领先技术将推动更多的国内外企业与服务提供商建立基于区块链技术的区块链服务合作，将该技术应用于金融和运输、制造等非金融领域，促使服务外包更具技术密集型产业特性，推动服务外包产业能级再上台阶。与此同时，互联网让服务外包共享经济、网络协作成为可能，通过线上线下融合、大数据与平台化，打破地域、资源与成本的限制。众包模式为服务提供方与需求方的对接提供了新的渠道，不仅提高资源整合效率，形成新的平台数据价值，更重要的是为服务外包促进大众创业、万众创新提供了重要载体。

四是市场竞争日趋激烈。美欧日等发达经济体服务发包规模仍将继续增长。为争取更多市场份额，并抢占全球价值链高端环节，全球70多个国家（地区）均将承接国际服务外包确立为战略重点，并不断加大对企业能力建设的政策支持力度。印度、爱尔兰等国仍将努力维持服务外包竞争优势地位，马来西亚、墨西哥、越南、菲律宾等国的承接能力正快速提升。

综合判断，虽然我国服务外包产业面临的国际市场环境严峻复杂，但发展基础和条件依然坚实，空间广阔，仍将处于大有作为的重要战略机遇期。

（二）“十三五”期间服务外包发展的保障措施

一是完善财税政策。优化资金使用方向和支持方式，加强对企业自主研发、商务模式创新、企业境外并购等的扶持力度，在服务贸易创新发展引导基金中设立支持服务外包发展的子基金。

二是创新金融服务。鼓励金融机构创新适应服务外包产业特点的金融产品和服务，鼓励保险机构创新保险产品，支持符合条件的服务外包企业利用资本市场融资，实现融资渠道多元化。

三是提升便利化水平。对于开展国际服务外包业务，研究推广进口货物保税监管模式，创新检验检疫监管模式，引导企业使用人民币进行计价结算，为外籍中高端管理和技术人员提供出入境和居留便利。

四是发挥示范城市作用。支持示范城市开展体制机制创新，形成制度创新和政策创新的高地，做好示范城市建设的阶段性总结、经验复制和政策推广，出台示范城市动态调整办法。

五是提高公共服务能力。建设法治化国际化经商环境，营造有利于服务外包产业发展的氛围。建立服务外包企业信用记录和信用评价体系。加强中国服务外包研究中心等智库建设。

六是强化组织实施。将促进服务外包产业发展列入国务院服务贸易发展部际联席会议重要议题，着力破除制约产业发展的体制机制性障碍，协调解决工作推进中遇到的重大问题。

阅读分析

索尼公司 IT 外包案例研究

“做你做得最好的，其余的让别人去做。”——企业只关注自己的核心竞争业务，将生产和经营管理的一个或几个环节交给最擅长的企业去做，这已经成为全球企业重要的战略思想和经营管理模式。

1978 年，Sony 广播电视专业产品及家电产品开始进入中国市场，先后在北京(1980 年)、上海（1985 年）、广州（1994 年）等地设立了办事处和客户服务机构，并于 1995 年在成都设立了办事处。1996 年 10 月，索尼（中国）有限公司在北京成立。到 2001 年底，索尼（中国）有限公司在中国共设立了 20 家分公司及办事处。索尼的竞争优势主要体现在永不疲倦的创新精神和精益求精的制造工艺。这家全球化的、产品众多的跨国公司，如何证明能做得和成长过程一样好，除了继续发扬无可比拟的核心竞争力，还需适应新的变革时代。

现实中，IT 建设以高风险游弋在成功与失败之间。对于索尼这家大型跨国公司的高层管理者来说，IT 建设是达到最强的变革杠杆的支点，运用得当，可以提高劳动生产率，并且有助于推动新战略的实施。

信息化五年

索尼信息化的最初两年，花了大量精力投入在基础网络和硬件平台建设的准备工作上。后三年的数字化和信息化的建设中，应用了 ERP 系统，又称做 SAP 系统，处理索尼日常的销售、财务管理和库存管理。SAP 系统是一套单独的系统，硬件设备与其他的系统是分开的，由 SAP 中国公司负责管理；数据仓库系统，为决策层和市场部进行数据分析和决策，数据来源主要依靠 SAP 和其他的系统；供应链系统，主要建立上游供应链的管理以及市场的预测。

除了这三大系统以外，索尼还有一些 ERP 所不能覆盖的信息化系统，比如，办公用的 OA 系统，包括在全国 20 个地方通用的负责管理考勤、员工评估的 e-HR 系统、实现员工付款和公司部门费用管理的 e- ACCOUNTING 系统以及公司邮件系统。除此以外，还有电子商务系统。

经过五年的信息化建设，索尼信息化规模日益庞大，拥有 40 多条网络专线，40 多台 UNIX 的服务器（其中 80%都是 IBM 的产品），80 多台 NT 服务器。随着越来越多的应用项目的开展，索尼基础建设的规模开始面临越来越重的 IT 包袱。

相互渗透——两个国际巨头握手在中国

中国的开放政策，吸引了越来越多的外商来中国投资。尤其在华东地区和长江三角洲一带，其中最具吸引外资能力的是上海和江苏。外资来华投资的重点工业是制造业。无可厚非的是，日本的制造业无论是技术层面还是产品优化上都是亚洲第一。比较有趣的是，日资企业具有明显的地域群聚性，据了解，日资企业 70%的投入都在华中地区。

成功的企业是相似的，它们大都在完成了本土的扩张之后，开始走向国际化的路线。索尼和 IBM，制造业和 IT 业的精英，在跳出了本国的国门后，两家跨国公司在中国实现了握手。

在索尼信息化的五年中，IBM 的产品起到了关键的应用。IBM 作为一家处于国际领导地位的 IT 公司，与索尼一直在中国有着长期深入的合作。索尼在网络建设、网络安全及内部网与互联网的连接等方面，都用到了 IBM 的产品。在电子商务上，索尼自 1999 年以来陆续在中国推出了定位于公司信息和融合电子营销与时尚生活的网站—"Sony 在中国"（www. sony. com. cn）与 Sony style（www. sonystyle. com. cn）网站。前者可以使浏览者简单方便地获得关于索尼公司及其产品和服务支持的重要信息；后者则通过互联网在消费者中间普及索尼产品知识，推广索尼产品，并提供网上购物服务。因此，网络的信息安全非常的重要。索尼内网系统总用户数为 1 000 人左右，主要用户有 600 人。公司与工厂的网络分开，信息共享的内容也不一样。如何保持网络与客户资料的管理的安全性，索尼应用了防火墙及 IBM 的 NQ 等信息安全解决方案。NQ 服务器保证数据实时的交换、传输 100%的准确、保证数据加密、保护内网系统。

外包服务，索尼乐当"甩手掌柜"

和其他公司一样，索尼的业务在不同的时间对 IT 的需要体现不同。就像买房子，一般情况下三室两厅已经足够。但是如果这家主人喜欢周末招待朋友，就需要五室两厅的房子，这样就会需要更大的投入，更高的运行成本。IT 就有这种特性。"我们也在反省，也在考虑是不是要供那么多的设备。"唐明讲述了索尼对 IT 系统新的认识和需求。

如何保持公司是先进的公司，要各个方面达到先进。IT 设备更新很快，三年更新一次，而供这些庞大的 IT 系统成为索尼一个很大的负担。"我们开始了外包的探索，刚开始是简单的租用，后来考虑增加了 IT 专业服务。IT 设备的专业性，需要专人和专有的知识。产品的更新，技术也会更换，如果自己管理这些 IT 产品，人力成本很高，所以我们把租用加上服务，一起外包给一些专业公司去做。"

IBM 的 IDC 的基础建设以及蓝色快车的覆盖率，对网点实现 7×24 小时的监测，可以很好地为我们 IT 系统服务。日前索尼很多的站点都由 IBM 来做 7×24 小时的监测服务。唐明表示，索尼将继续与 IBM 签订硬件与应用的外包项目。另外，索尼现有的 14 个仓库，位置比较分散，也一同交给 IBM 的蓝色快车来负责。这样，索尼的客户端机器、网络与应用的维护，都由 IBM 的蓝色快车做现场的支持。把 IT 外包，索尼可以更专注于自己核心业务的发展。为自己的用户提供优质的产品和服务。索尼在华的售后服务，以"创造 21 世纪的服务新标准"为主题，通过建立更加完善、科学的售后服务网络、强化顾客咨询和互动的职能、创建新型顾客关系而不断提高服务水平。目前，索尼在中国建立了 3 家技术服务中心，30 多家特约维修站和 400 多家指定维修站及技术认定店，为遍布在全国的广大索尼用户提供高水平的维修服务。

在成本下降而质量没有降低的情况下，租的确是比买要好的方案，符合索尼的要求。另外，由于索尼的分公司比较多，可以有效结合 IBM 或是其他公司的基础建设和服务的资源。正是基于此，索尼现在正在考虑把公司的 PC 卖给 IBM，将来资产也归 IBM。IBM 按照一定的流程来更新，以 IBM 快速的响应减少服务的成本，使像索尼这样的公司规模发展的风险性降低。不仅仅是 PC，索尼把一些高端的机器也做了外包。因为这些高端机器的技术含量越来越高，管理它们要用到专业人的专业知识，否则很难运行不同的系统。从而索尼把机器和知识捆绑在一起租赁。

从以上角度分析和评估下来，外包是一个很好的解决方案。尝到甜头的索尼越来越注重发展外包。

IBM 在华的打包服务为索尼提供了信息化建设所需的软硬件产品、咨询及 IT 服务，并帮助其建立起一套针对自身应用的信息系统。该系统整合了索尼内部及上下游的信息流、资金流和物流，极大地提高了索尼的企业竞争力。

日资在华企业的 IT 需求，索尼是十分有代表性的。针对日资企业这片市场，IBM（上海）工商企业部的外资团队，特别成立了一支日资企业的团队，为来华的各行业各业的日资企业进行统筹服务。当时的 IBM 工商企业部华东和华中区总监认为，日资企业很早就到中国来发展，未来的投入将会更大。在过去 10~15 年中，它们只是看到了内销的市场，把日本已有的技术与中国的国营单位或是投资企业成立合资企业，针对中国的国内市场进行营销。这几年，日资企业带来了最新的技术，针对全世界做营销。

进入中国的日资企业都是日本在行业内有相当影响力的公司，以大中型企业为首，其上下游的公司和合作伙伴随同它们一起进入中国。为了降低经营风险，日资企业在基础设备方面不希望投入太大，大多租赁而不是购买。IBM 为此推出了针对日资企业的委外策略。

团队：IBM 在团队建设上不仅整合了 IBM 内部的团队，在外部团队上还拥有至少 5 家以上合作伙伴及经销伙伴。IBM 在全国有 3 000 名服务员工，分布在 16 个分支机构，再加上“蓝色快车”的服务团队，整个服务体系有将近 10 000 人。

打包服务：日资企业来华后最紧迫的问题是时间。针对日资企业的需要，IBM 对现有的品牌进行重新打包，对日资企业要用的办公设备以租赁的形式提供服务，以“快速”的打包服务解决了日资企业时间上的烦恼。据张少刚介绍，刚进中国的日资企业 IT 需求比较固定，需要小型服务、笔记本、电脑、办公自动化的软件及日文环境的支持。IBM 的打包服务能够让他们能够很快的上手，尽快开始正常的生产运作，在熟悉的环境下，快速进入市场。

运维外包服务：那些早进来的日资企业，分支机构越来越多，IT 系统没有整合，已经有所谓的 IT 包袱。IBM 的运维外包服务可以有效地解决这些越来越突出的问题。IBM 针对日资企业的贴心服务，仅去年一年已经有了 7 倍的成长。不过，日本企业到中国的发展是否顺风顺水，还要看自己独特的能力和长期的积累。

思考题

1. 试阐述国际服务外包的产生原因。
2. 国际服务外包的方式都有哪些？
3. 国际服务外包对一国经济产生什么影响？
4. 试述 20 世纪 90 年代以来国际服务外包的特征和发展趋势。
5. 简述我国发展服务外包的趋势。

第十一章　中国服务贸易

中国作为发展中国家，服务贸易发展起步较晚，相比于货物贸易，服务贸易的规模和国际地位相差甚远。但在改革开放以后，我国不但恢复了传统的服务行业，也拓展了其他新兴服务行业。在服务业发展的同时，服务贸易也得到了较快的发展，尤其是加入世界贸易组织以后，服务贸易领域不断扩宽，贸易结构也发生了很大的变化。同时随着中国经济结构的改革，服务贸易发展潜力巨大，并将成为推动未来中国对外贸易长期持续发展的重要力量。

第一节　中国服务贸易发展现状与影响因素

一、中国服务贸易发展现状及特点

改革开放以来，中国国内服务业和对外服务贸易获得了前所未有的快速发展，日益成为国民经济的重要组成部分。服务业在中国国内生产总值中的比重迅速提高，由1982年的22.6%上升到1991年的34.5%。与此同时，中国服务贸易也得以迅速发展，服务贸易规模由1982年的46亿美元增长至1991年的111亿美元。20世纪90年代初期，中国政府开始着手制定相应措施促进中国服务业的发展，并于1992年6月16日发布《中共中央、国务院关于加快发展第三产业的决定》，服务业占国内生产总值的比重在此期间得到进一步的提高，由1992年的35.6%上升到2000年的39.8%。中国服务贸易额也由1992年的186亿美元增加到2000年的664亿美元。2001年中国加入世界贸易组织，中国服务业对外开放程度进一步扩大。虽然在此期间中国服务业占国内生产总值的比重并没有太大的提高，但是服务贸易在此期间得到极大的发展。服务贸易规模由2001年的726亿美元增加到2008年的3 060亿美元。受金融危机影响，2009年中国服务贸易总额较2008年有所下滑，其服务贸易总额为2 884亿美元，但从世界贸易组织发布的数据看，中国服务进出口额占全球服务贸易总额的比重不仅没有降低，还从4.2%上升至4.4%。席卷全球的金融危机过后，各国经济渐渐复苏，中国服务贸易总额也由2010年的3 555亿美元稳步上升到2014年的5 738亿美元，在此期间，服务业占国内生产总值的比重也保持扩大状态。与此同时，中国服务业开放领域进一步拓宽，现阶段基本覆盖了《服务贸易总协定》160多个服务部门中的100多个。1982—2014年中国服务贸易发展情况详见表11.1。

表 11.1　　1982—2014 年中国服务贸易发展情况　　单位：亿美元

年份	进出口总额	出口额	进口额	贸易逆差	服务业占 GDP 比重（%）
1982	46	26	20	6	22.6
1983	46	26	20	6	23.2
1984	58	29	29	0	25.5
1985	56	31	25	6	29.4
1986	63	40	23	17	29.8
1987	69	44	25	19	30.4
1988	85	49	36	13	31.2
1989	85	46	39	7	32.9
1990	103	59	44	15	32.4
1991	111	70	41	29	34.5
1992	186	92	94	−2	35.6
1993	229	109	120	−11	34.5
1994	327	164	163	1	34.4
1995	443	191	252	−61	33.7
1996	432	206	226	−20	33.6
1997	526	246	280	−34	35.0
1998	506	239	267	−28	37.0
1999	578	262	316	−54	38.6
2000	664	304	360	−56	39.8
2001	726	333	393	−60	41.2
2002	862	397	465	−68	42.2
2003	1 021	468	553	−85	42.0
2004	1 376	649	727	−78	41.2
2005	1 584	744	840	−96	41.3
2006	1 928	920	1 008	−88	41.8
2007	2 523	1 222	1 301	−79	42.9
2008	3 060	1 471	1 589	−118	42.8
2009	2 884	1 295	1 589	−294	44.3
2010	3 555	1 622	1 933	−311	44.1
2011	4 337	1 860	2 477	−617	44.2
2012	4 726	1 914	2 812	−898	45.3
2013	5 365	2 060	3 305	−1 245	46.7
2014	5 738	1 909	3 829	−1 920	47.8

资料来源：整理外汇管理局中国国际收支平衡表以及历年《中国统计年鉴》得出。

尽管中国服务贸易获得稳步发展，贸易规模不断扩大，占世界服务贸易的比重越来越高，在世界服务贸易中的排位也有所上升，但由于中国服务业发展起步晚、底子薄，与发达国家相比还有很大的差距。因此，中国服务贸易依然处于初级阶段，存在相对规模较小、贸易结构失衡等问题，提升服务贸易发展水平仍然有相当广阔的空间。具体而言，我国服务贸易发展具有以下特点：

（一）服务贸易增长速度快，但相对规模仍较小

1. 中国服务贸易增长速度快，规模不断扩大

改革开放以来，我国的服务业得到了快速发展。服务贸易进出口总额从1990年的103亿美元增加到2014年的5 738亿美元，其中，出口额从1990年的59亿美元增加到2014年的1 920亿美元；进口额从1990年的44亿美元增加到2014年的3 829亿美元；服务贸易逆差1 920亿美元。

2. 中国服务贸易增长速度快于同期世界服务贸易增长速度

与世界各国相比，无论是相对于发达国家，还是相对于发展中国家，我国服务业年均10.8%的发展速度都是非常快的。在服务出口方面，20世纪80年代以来，除少数年份中国服务出口呈负增长以外，其余年份的增长率均高于世界服务出口增长率；在服务进口方面，同样除少数年份以外，其余年份的进口增长率均高于世界服务进口增长率。详见表11.2。

表11.2　中国服务贸易与世界服务贸易增长率比较　单位：亿美元

年份	世界出口	增长率	中国出口	增长率	世界进口	增长率	中国进口	增长率
1998	13 408	-1.45%	239	-2.55%	13 125	2.26%	265	-4.53%
1999	13 948	4.03%	261	9.57%	13 650	4.00%	310	17.00%
2000	14 813	6.20%	301	15.21%	14 542	6.53%	359	15.79%
2001	14 844	0.21%	329	9.14%	14 732	1.31%	390	8.85%
2002	15 964	7.55%	394	19.70%	15 604	5.92%	461	18.06%
2003	18 324	14.78%	464	17.76%	17 813	14.16%	549	19.04%
2004	22 207	21.19%	621	33.81%	21 194	18.98%	716	30.54%
2005	24 803	11.69%	739	19.10%	23 523	10.99%	832	16.16%
2006	28 169	13.57%	914	23.69%	26 276	11.70%	1 003	20.62%
2007	33 724	19.72%	1 217	33.07%	31 139	18.51%	1 293	28.83%
2008	37 779	12.02%	1 464	20.38%	34 892	12.05%	1 580	22.24%

资料来源：整理世界贸易组织《2009国际贸易统计》、世界贸易组织数据库得出。

3. 中国服务贸易规模仍然相对较小，与货物贸易大国地位不对称

虽然中国服务贸易迅速增长，但相对于发达国家的服务贸易额，中国服务贸易规模仍然相对较小。其主要表现在服务贸易的绝对数值上，与一些发达国家的差距没有显著缩小。以美国为例，根据世界贸易组织公布的数据，1990年中国与美国的服务出口额分别为57亿美元和1 330亿美元，绝对差额为1 273亿美元；而2007年中国和美

国的服务出口额分别为 1 267 亿美元和 4 544 亿美元，绝对差额为 3 277 亿美元。根据世界贸易组织《2009 国际贸易统计》的数据，1998 年世界货物出口总额为 55 010 亿美元，中国货物出口额为 1 837. 12 亿美元，占世界货物出口总额的比重为 3. 34%；2008 年世界货物出口总额为 160 700 亿美元，中国货物出口额为 14 283. 32 亿美元，占世界货物出口总额的比重上升至 8. 89%。同期，世界货物进口额由 56 830 亿美元上升到 164 220 亿美元，中国货物进口额由 1 402. 37 亿美元上升到 11 324. 88 亿美元，后者占前者的比重由 2. 47%上升至 6. 90%。虽然同期中国服务出口占世界服务出口的比重由 1. 78%上升到 3. 88%，中国服务进口占世界服务进口的比重由 2. 02%上升到 4. 53%，但与货币贸易相比，增长幅度显然较小。

（二）传统服务是拉动中国服务贸易增长的主要动力

运输、旅游等传统领域在中国服务进出口总额中的占比超过 50%，是促进服务贸易总量增长的主要动力。在遭受了国际金融危机的重创之后，2010 年全球运输市场回暖，运输服务贸易恢复较快增长，世界运输服务出口由 2009 年的下降 23%扭转为上升 14%。2010 年，中国运输服务进出口总额为 947. 7 亿美元，由 2009 年的下降 21%扭转为增长 39%，在中国服务进出口总额中的占比由 2009 年的 24. 5%上升到 26. 9%。2010 年，中国入境旅游市场逐步恢复，出境旅游市场再度升温。2013 年，在中国服务贸易进出口额中占比最大的是旅游服务贸易进口，中国出境游客人数再创新高。2013 年，中国内地居民出境共 9 000 万人次，同比增长超过 18%。较多人数内地居民出境前往的国家、地区分别是中国香港、中国澳门、中国台湾、韩国、泰国、日本、美国、越南等。运输服务进口是中国服务进口的第二大类，所占比重为 28. 67%。咨询服务进口和专有权利使用费和特许费进口，分别位列第三位、第四位，占比分别为 7. 17% 和 6. 39%。而各类现代服务贸易中，例如金融、保险、咨询、计算机及信息服务、广告宣传等知识密集型、技术密集型高附加值服务产业，发展速度相对缓慢，比重仍然很低。服务贸易顺差业主要集中在旅游和劳务输出两个领域。

2014 年中国服务出口依然以传统的旅游业为主，占比 29. 81%；其次是咨询服务，占比 22. 47%；再是运输服务，占比 20. 01%。自 20 世纪 90 年代末以来，随着中国服务贸易总量规模的快速增长，多数服务贸易部门的出口都呈现快速增长的趋势，其中以计算机和信息服务出口为代表的新型服务贸易增速最快。2014 年，咨询服务出口占到了 22. 47%，首次超过了其他商业服务；计算机和信息服务出口达到了 9. 64%。在电子商务和跨境服务贸易发展的助推下，高技术附加值服务产业快速发展。同时，部分新兴服务贸易部门助推中国服务出口迅速增长（见表 11. 3）。

表 11. 3　　**2014 年中国服务贸易结构**　　单位：亿美元

项目	差额	出口	比率（%）	进口	比率（%）
服务	−1 920	1 909	100. 00	3 829	100. 00
运输	−579	382	20. 01	962	25. 12
旅游	−1 079	569	29. 81	1 649	43. 07

表11.3(续)

项目	差额	出口	比率（%）	进口	比率（%）
通信服务	-5	18	0.94	23	0.60
建筑服务	105	154	8.07	49	1.28
保险服务	-179	46	2.41	225	5.88
金融服务	-4	45	2.36	49	1.28
计算机和信息服务	99	184	9.64	85	2.22
专有权利使用费和特许费	-219	7	0.37	226	5.90
咨询	164	429	22.47	264	6.89
广告、宣传	12	50	2.62	38	0.99
电影、音像	-7	2	0.10	9	0.24
其他商业服务	-217	14	0.73	231	6.03
别处未提及的政府服务	-10	11	0.58	20	0.52

资料来源：根据外汇管理局中国国际收支平衡表整理计算得出。

（三）服务贸易发展不平衡

1. 服务贸易市场结构不平衡

服务贸易市场结构是指服务贸易的国别构成，即一定时期其他国家或地区在本国对外服务贸易中的地位，通常以各自进口额、出口额、进出口总额在该国进口额、出口额、进出口总额中的比重加以衡量。根据商务部统计，2008 年中国服务进出口集中于中国香港地区、美国、欧盟、日本和东盟，共实现服务贸易进出口 2 082 亿美元，占中国服务贸易总额的 68.4%。其中，中国香港地区位列第一，进出口总额为 681.8 亿美元，占比 22.4%，其次是美国、欧盟、日本和东盟，占比分别为 15.2%、14.7%、8.2%和 7.7%。由此看出，我国服务进出口市场主要集中在发达国家和地区。

2. 服务贸易地区结构不平衡

由于服务贸易的特殊性，我国服务贸易主要集中在沿海发达地区，各地区发展非常不平衡。沿海发达地区由于优越的地理条件和较发达的现代服务业，在运输、保险、计算机和信息、咨询和广告宣传等领域较内陆地区具有明显的竞争优势，是目前中国服务贸易主要的出口地区。其中，北京、上海、广东、浙江和天津位列全国服务贸易出口的前列，根据商务部统计，2007 年上海、北京和广东的服务贸易总额分别以 610.9 亿美元、503.1 亿美元和 407.4 亿美元位居前三位，共实现服务进出口占服务贸易总额的 60.6%。

（四）服务贸易管理体制滞后、法律法规不健全

目前，中国服务贸易管理方面存在许多缺陷，宏观管理机构、部门协调机制、政策环境、法律体系、统计制度等仍有很大改革空间。由于历史原因，中国对服务业的定义、统计范畴以及划分标准与发达市场经济国家及国际惯例不完全一致，致使统计

数据尚有一定差距。目前，各个相关部门在服务贸易领域实行多头管理，容易造成责任不明确、交叉和条块分割、经营秩序混乱以及行业垄断，进而阻碍服务贸易的健康发展。

总体来说，目前中国服务贸易发展态势良好，虽然中国的服务贸易发展不处在领先地位，占外贸进出口总额的比重还比较低，服务贸易结构也有待进一步优化和改善，这也说明中国服务贸易的发展具有很大的潜力。中国应当好好把握当前服务业转移的机会，狠抓服务贸易的发展，将发展货物贸易时成功采取的鼓励政策同样应用于服务贸易的发展。

二、影响当前中国服务贸易发展的因素

（一）制约服务贸易发展的因素

1. 中国第三产业发展相对滞后

第三产业是国际服务贸易发展的基础。一国服务业发展水平可以用服务业产值占GDP 的比重来衡量。在 2006 年到 2013 年期间，中国服务业的增长速度高达 11.9%，在世界首屈一指，但与同期工业年均 12.1%的增速相比，仍然低 0.2 个百分点。可见，我国服务业发展慢不是自身速度慢，而是由于工业发展过快。这反映了中国过去长期以来鼓励发展国内制造业和积极推动贸易出口，带动了工业制造业和对外贸易出口的较快增长，部分资本和技术密集型服务行业的市场竞争力相对较弱。服务业总体上供给不足，服务水平低；传统服务业仍处于粗放式、低附加值的发展阶段；现代服务业起步较晚、竞争力较弱。总之，与发达国家和世界整体水平相比，中国服务业发展存在很大差距。

2. 服务贸易总体水平低，出口结构不合理

虽然我国服务贸易发展已经取得相当大的进展，然而和世界服务贸易的平均发展水平相比，明显存在总体水平较低、出口结构不合理等问题。例如，运输、旅游服务一直都是我国服务贸易的支柱部门，放眼全球这些劳动、资源密集型服务部门早已被金融、保险、咨询等技术、资本密集型服务部门超越。金融、保险、咨询、计算机和信息服务、广告宣传和电影音像属于技术密集型和知识密集型的高附加值服务行业，是国际服务贸易中发展较快和较集中的行业。中国在这些领域起步较晚，竞争力较弱，直接影响到市场份额的占有情况。部分服务行业在价格制定、产品设计以及服务提供等方面均经验不足。在我国加入 WTO，各项承诺不断履行，银行、保险、证券、电信、分销等服务贸易部门对外开放的过程中，高附加值行业竞争力需要逐渐调整并加以提高。

3. 专业人才储备相对匮乏

发展高附加值服务行业，需要充足的人才储备。因人才匮乏、知识老化带来知识含量和服务理念的差距，以及技术水平和创新能力的不足，影响了中国国际服务贸易竞争力的提高。尤其是在以高附加值以及资本、技术和知识密集型为特征的金融、咨询、计算机和信息服务等行业，相关高层次服务人才仍然相对缺乏，难以为这些服务

行业的发展提供有效的人力资源储备保障。

（二）有利于服务贸易发展的因素

1. 我国经济平稳、快速发展，为服务贸易发展奠定基础

改革开放以来，我国经济取得了长足的发展。当前我国正处在工业化的进程中，制造业的发展尤为突出。随着工业化的不断推进，服务业和服务贸易发展的基础也在提升。

2. 加入 WTO，有助于培养服务贸易市场竞争力

随着中国加入世界贸易组织各项承诺的履行，服务贸易领域开放力度加大，也会推动跨境服务贸易规模的扩大。在高附加值以及资本、技术和知识密集型银行、保险、证券、电信等服务贸易领域，对外资开放有助于中国服务贸易部门学习借鉴发达国家先进经验，打破部分行业垄断局面，并扩大服务贸易进出口规模。

3. 鼓励和促进服务贸易发展的政策、法律逐步完善

“十一五”规划明确提出服务贸易进出口发展目标，具有政策导向作用。2006 年下半年，中国修订《对外贸易法》，增加了对国际服务贸易的法律解释。近年来，《海商法》《商业银行法》《保险法》等涉及服务贸易相关子行业的法律、法规的颁布，使中国涉及服务贸易领域的立法面貌有所改观。不过，中国尚未出台有关服务贸易的一般性法律，部门领域法律仍然空白，完善服务贸易的政策法规体系任重道远。

第二节　中国入世服务贸易承诺及开放现状

一、中国有关服务贸易的入世承诺

2001 年 12 月 11 日，经过多年的谈判和努力，中国正式加入世界贸易组织，成为该组织第 143 位成员。中国有关服务贸易的重要承诺主要遵循《中华人民共和国入世议定书》及其 5 个附件（附件 1A、附件 4、附件 5A、附件 5B 和附件 9）以及《中国加入工作组报告书》。中国入世在服务贸易方面的承诺非常复杂，具体而言，主要包括以下几个方面：

（一）中国入世关于服务贸易的非歧视原则承诺

根据《中华人民共和国入世议定书》正文第二部分（总则）第三条，有关服务业非歧视原则的规定为：除非本议定书另有规定，应在下列方面给予外国个人和企业以及外商投资企业不低于给予其他个人和企业的待遇：

（1）生产所需投入物、货物和服务的采购，及其货物据以在国内市场或供出口而生产、营销或销售的条件；

（2）国家和地方各级主管机关以及公有或国有企业在包括运输、能源、基础电信，其他生产设施和要素等领域所供应的货物和服务的价格和可用性。

（二）中国入世关于服务贸易透明度方面的承诺

在中国入世议定书中第二条（C）中对透明度原则做出如下规定。

（1）中国承诺只执行已经公布的，且其他 WTO 成员、个人和企业可容易获得的有关或影响货物贸易、服务贸易、TRIPS 或外汇管制的法律、法规及其他措施。此外，在所有有关或影响货物贸易、服务贸易、TRIPS 或外汇管制的法律、法规及其他措施实施或执行前、应请求，中国应使 WTO 成员可获得此类措施。在紧急情况下，应使相关法律、法规及其他措施最迟在实施之时可获得。

（2）中国应设定或指定一官方刊物，用于公布所有有关或影响货物贸易、服务贸易、TRIPS 或外汇管制的法律、法规及其他措施，并且在其法律、法规或其他措施在该刊物上公布之后，应在此类措施实施前提供一段可向有关主管机关提出意见的合理时间，但涉及国家案例的法律、法规及其他措施，确定外汇汇率或货币政策的特定措施以及一旦公布则会妨碍法律实施的其他措施除外。中国应定期出版该刊物，并使个人和企业可容易获得该刊物各期。

（3）中国应设立或指定一咨询点，应任何个人、企业或 WTO 成员的请求，在咨询点可获得根据本议定书第二条（C）节第 1 款要求予以公布的措施有关的所有信息。对此类提供信息请求的答复一般应在收到请求后 30 天内作出。在例外情况下，可在收到请求后 45 天内作出答复。延迟的通知及其原因应以书面形式向有关当事人提供。向 WTO 成员作出的答复应全面，并应代表中国政府的权威观点。应向个人和企业提供准确和可靠的信息。

（三）中国入世关于服务贸易政府采购方面的承诺

在工作组报告第 337 段中，中国代表表示，为了促进中国的政府采购制度，财务部于 1998 年 4 月颁布了《政府采购管理暂行办法》。暂行办法是根据世界贸易组织《政府采购协议》的基本精神，依据联合国《货物、工程和服务采购示范法》的有关规定，并参考部分世界贸易组织成员的政府采购法律和法规制定的。其中规定的有关政府采购的政策和程序是与国际惯例相一致的。中国在进行政府采购时将遵循公开、公平、公正、有效及符合公共利益等基本原则。

在工作组报告第 338 段中，一些工作组成员表示，中国应成为《政府采购协议》的参加方，在加入《政府采购协议》之前，中国应以透明和非歧视的方式进行所有政府采购。这些成员指出，中国专门从事商业活动的公共实体将不从事政府采购，因此管理这些实体采购做法的法律、法规及其他措施将完全遵守世界贸易组织的要求。

在工作组报告第 339 段中，中国代表表示，中国有意成为《政府采购协议》的参加方，在此之前，中央和地方各级所有政府实体，以及专门从事商业活动以外的公共实体，将以透明的方式从事其采购，并按照最惠国待遇的原则，向所有外国供应商提供参与采购的平等机会，即如一项采购向外国供应商开放，则将向所有外国供应商提供参加该项采购的平等机会。此类实体的采购将只受遵守已公布且公众可获得的法律、法规、普遍适用的司法决定、行政决定以及程序的约束。

（四）中国入世关于服务贸易竞争政策的承诺

在工作组报告第65段中，中国代表指出，中国政府鼓励公平竞争，反对各种不正当的竞争行为。1993年9月2日制定并于同年12月1日实施的《中华人民共和国反不正当竞争法》，是中国现行的维护市场竞争秩序的基本法。此外，《价格法》《招标投标法》《刑法》及其他有关法律也包含了反垄断和反不正当竞争的规定。

（五）中国入世关于服务贸易定价政策的承诺

在工作组报告第50段中，一些工作组成员指出，中国曾经广泛使用价格控制。在该段中，一些成员要求中国就其国家定价制度做出具体承诺，特别是中国应允许每一部门交易的服务的价格由市场力量决定，对此类服务的多重定价做法应予取消。由于中国希望对议定书附件4所列服务保留国家定价，这些工作组成员表示，任何此类控制应符合《建立世界贸易组织协定》，特别是《1994年关税与贸易总协定》第三条的方式保留。这些工作组成员指出，除非在特殊情况下，并需通知世界贸易组织秘书处，否则中国不得对附件4所列服务以外的服务实行价格控制，且应尽最大努力减少和取消这些控制。他们还要求中国在有关的官方刊物上公布实行国家定价的服务的清单及其变更情况，以提高透明度。

（六）中国入世文件中关于国内规则的承诺

1. 贸易制度的统一实施

议定书第2条（A）节第1段指出，《建立世界贸易组织协定》和本议定书的规定应适用于中国的全部关税领土，包括边境贸易地区、民族自治地方、经济特区、沿海开放城市、经济技术开发区以及其他在关税、国内税和法规方面已建立特殊制度的地区（统称为“特殊经济区”）。

议定书第2条（A）节第2段指出，中国应以统一、公正和合理的方式适用和实施中央政府有关或影响服务贸易的所有法律、法规以及其他措施以及地方各级政府发布或适用的地方性法规、规章及其他措施。

议定书第2条（A）节第3段指出，中国地方各级政府的地方性法规、规章及其他措施应符合在《建立世界贸易组织协定》和本议定书中所承担的义务。

议定书第2条（A）节第4段规定，中国应建立一种机制，使个人和企业可据以提请国家主管机关注意贸易制度未统一适用的情况。

2. 司法审查

议定书第2条（D）节第1段指出，中国应设立或指定并维持审查庭、联络点和程序，以便迅速审查所有与《1994年关税与贸易总协定》第10条第1款、《服务贸易总协定》第6条和《与贸易有关的知识产权协定》相关规定所指的法律、法规、普遍适用的司法决定和行政决定的实施有关的所有行政行为。此类审查庭应是公正的，并独立于被授权进行行政执行的机关，且不应对审查事项的结果有任何实质利害关系。

议定书第2条（D）节第2段指出，审查程序应包括给予受须经审查的任何行政行为影响的个人和企业进行上诉的机会，且不因上诉而受到处罚。如初始上诉权需向行政机关提出，则在所有情况下应有选择向司法机关对决定提出上诉的机会。关于上诉的决定应通知上诉人，作出该决定的理由应以书面形式提供。上诉人还应被告知可进一步上诉的任何权利。

（七）中国入世文件中关于补贴的承诺

在中国入世议定书中第 10 条中关于补贴做出了以下规定：

（1）中国应向世界贸易组织通知所有包含在《补贴与反补贴措施协议》第 1 条含义之内的，授予或保持在其领土内的，针对具体产品实施的，包括《补贴与反补贴措施协议》第 3 条所定义的那些补贴在内的补贴。提供的信息应尽可能具体，满足《补贴与反补贴措施协议》第二十五条所规定的补贴问卷要求。

（2）为了适用《补贴与反补贴措施协议》第一条第二款和第二条，如果国有企业是该类补贴的最主要接受者或国有企业得到的该类补贴数量不成比例的多，则认为向国有企业提供补贴是明确的。

（3）中国应自加入起时取消属《补贴与反补贴措施协议》第三条范围内的所有补贴。

（八）中国入世文件中关于国际收支的承诺

在工作组报告第 37 段中，一些工作组成员表示，中国只能在《建立世界贸易组织协定》所规定的情况下方可实施国际收支平衡措施，并不得作为为其他保护主义目的而对进口实施限制的理由。这些成员表示，因国际收支原因而采取的措施所产生的贸易扭曲作用应尽可能最小，且应只限于临时性进口附加税、进口押金要求或其他等效价格机制贸易措施，这些措施不应用于对特定部门、产业或产品提供进口保护。

二、多边和区域服务贸易自由化对中国的影响

毫无疑问，多边和区域服务贸易自由化将对中国服务贸易发展产生正反两方面的影响。一方面，服务贸易自由化有利于中国服务提供者获得更广阔的市场；另一方面，服务贸易自由化导致外国服务提供者进入中国，从而加剧服务业和服务贸易竞争。

（一）积极影响

1. 促进竞争、提高效率

服务贸易自由化的必然要求之一就是有条件地开放国内服务业市场，这将导致大量外国服务企业进入我国，加剧企业间的竞争，促进国内服务业企业为应对国际竞争而转变经营机制、改善经营作风，加快技术进步和创新，强化企业的竞争意识、市场意识和人才意识，增进企业对人才和人力资本投资的重视，提高服务部门技术标准化、服务综合化和专业化水平。在此基础上，服务贸易自由化带动经济效益的提升主要体现在以下几个方面：①由于外国服务提供者进入，中国企业有更多机会选择质优价廉的服务，提高了企业的整体经济效益；②中国能够进口更多经济发展急需、本国不能满足的生产性服务，有利于解决生产发展与服务业落后的矛盾；③有助于中国发展自身具有比较优势的服务业，进口暂不具优势的服务，促进资源的有效配置，为服务出

口创造更多机会。

2. 加快服务业技术进步

由于服务产品不同于有形商品，具有无形性、不可储存性等特点，服务贸易经常通过外国直接投资完成，而伴随国内服务业开放程度的加深和服务贸易自由化水平的提升，外国服务提供者大量涌入国内，必将引进外国先进的资金、技术和管理经验，进而推动国内服务业的升级和创新。此外，由于服务业外国直接投资往往伴随国际技术转移，在服务竞争不断加剧的同时，国内服务业通过技术引进，缩短技术创新的前期成本，不断提高核心竞争力，由此带动其他相关部门的技术进步。

3. 促进服务企业走出去

外国服务业企业的进入为国内同领域的服务提供者提供了难得的学习机会，二者在竞争的同时，也能为国内了解其他国家有关服务业的立法和管理措施，快速获取全球服务贸易市场状况创造机会。此时，国内服务业优势得到进一步增强，尤其是在具有传统优势的服务部门，比如国际工程承包、海洋运输服务、旅游服务等方面形成较强的竞争能力。随着各国服务业的开放和服务贸易的发展，国内优势服务提供商的出口会进一步增加，未来极具潜力的服务部门将获得更多机会。

4. 协调服务业均衡增长

在不断开放的国内服务业市场中，先进的外国企业和大量国内企业并存的局面增加了服务业竞争压力，促使服务业扩大投资，创造出更多的就业机会。当然，服务经济规模扩大的同时也有助于优化三大产业结构。值得一提的是，外国的服务提供商较高的技术水平和管理能力有助于打破国内服务业的垄断，弥补国内缺乏竞争优势的服务部门的出口实绩，使国内的生产能力和资源得到充分利用，从而提高服务业和服务贸易发展的质量以及服务经济在国民经济中的比重。

(二) 消极影响

1. 阻碍国内服务业发展

外国服务提供商因服务业开放而不断抢占国内服务市场，我国服务业企业不得不面对更加激烈的竞争，其正常发展会遭遇较大冲击。况且，当前国内服务业在基础设施、人员素质、管理水平、信息交流等方面都较国外处于劣势，将难逃在竞争中被淘汰的命运。对于那些劳动密集程度较高的服务部门，服务市场的进一步开放和服务贸易自由化尤其会对其造成不利影响。

2. 扩大服务进出口逆差

外国技术、资本密集型服务业跨国公司凭借其在组织规模、管理水平及营销技术上的竞争优势，利用服务业开放和服务贸易自由化的契机夺取我国服务业企业的原有市场份额。这种状况的延续将使服务贸易逆差出现加剧态势。因为现代服务业多以技术、资本密集型为主，其所占比重远远高于劳动、资源密集型服务，而我国现在以传统服务业为主、技术资本密集型服务业落后的局面可能迫使服务出口的扩大低于进口。

3. 加剧服务业发展失衡

随着入世承诺的完全兑现，中国不仅已经取消服务贸易的地域限制，而且在服务贸易行业领域和部门上的限制业逐步取消。不过，现阶段外商直接投资普遍集中在回报率较高的沿海地区和部门，一定程度上加剧了我国服务业发展的不平衡。（1）从服务行业上看，投资集中于高附加值的部门，比如基础电信、金融、保险等；（2）从地区分布上来看，投资集中于经济比较发达的东南沿海和中心城市，在发展相对滞后的中西部地区和广大农村，投资仍然很小。所以，服务业开放和服务贸易自由化可能造成中东西部差距和城乡差距有所扩大。

4. 影响经济安全和风险

服务产品的特性决定了服务业的国际化必然依靠直接投资而非商品的进出口，开放的国内服务业市场会引起直接投资形式和大量外国法人实体的进入，在一定程度上影响了国内对于重要服务业的控制力。并且，不充分竞争会抑制国内现代服务业的发展，使部分高新技术产业形成对发达国家的较高依赖。此外，在服务业深入开放的进程中，不可避免地伴有外国文化的流入，无论是通过新闻、音像、娱乐、教育哪类服务部门，这些都将对我国传统的道德规范、意识形态和价值观念发生潜移默化的作用，由此可能会带来消极影响。

三、发展服务贸易自由化对中国的意义

（一）多边和区域服务贸易自由化有利于为国内经济发展提供稳定的外部环境

多边和区域服务贸易自由化已然成为当前全球服务贸易发展的主流。虽然理论界对于多边和区域服务贸易自由化存在分歧，但从实践中可以看出，越来越多的国家逃避多边谈判的困境，转而通过寻求区域贸易安排来发展对外服务贸易。例如，中国政府较以往更加重视发展多边和区域服务贸易，“十二五”规划明确提出“要引导和推动区域合作进程，加快实施自贸区战略”。为配合自贸区战略，商务部提出在2011年积极推进自贸区建设，除了推动现有的自贸区谈判，还将启动新的自贸区谈判。2015年3月28日，国家发改委、外交部、商务部联合发布了《推动共建丝绸之路经济带和21世纪海上丝绸之路的愿景与行动》，旨在开展更大范围、更高水平、更深层次的区域合作。

（二）多边和区域服务贸易自由化有利于促进中国与其他国家的合作与交流

中国签署的自由贸易协定中的服务贸易部分对中国服务进出口规模的扩大和质量的提升将起到关键性作用，而且能在有效保护本国重点服务业的前提下，通过对话和开放式谈判，为政府和国内企业在服务贸易领域的信息交流、技术转让等提供机会，从而客观地推动本国服务业和服务贸易的发展。

（三）多边和区域服务贸易自由化为更多国内服务业企业的发展壮大提供了契机，很多企业也因此走出国门

一方面，外国服务提供商的进入能帮助国内企业了解其他国家有关服务立法和管理措施；另一方面，服务贸易市场准入和国民待遇的相关条款可以有效地促进国内服务企业走出去，在公平、开放的环境中参与国际竞争。

四、中国主要服务部门对外开放现状

中国加入世界贸易组织后，有关服务贸易的开放承诺主要遵循 2001 年《中华人民共和国加入世界贸易组织议定书》附件 9——服务贸易具体承诺减让表。服务贸易减让表由服务贸易所在部门的普遍承诺和具体服务部门的承诺两部分构成。普遍承诺部分主要涉及企业或机构的形式、土地使用政策等内容，具体服务部门的承诺则是针对特定服务部门。

附件 9 对 11 大类服务部门的市场准入和国民待遇的具体承诺进行了规定。比如在市场准入承诺上，金融服务部门的证券服务业的市场准入承诺主要针对商业存在：自加入时起，外国证券机构在中国的代表处可以成为所有中国证券交易所的特别会员；自加入起时，允许外国服务提供者设立合资公司，从事国内证券投资基金管理业务，外资占比最多可达 33%。此外，附件 9 还具体规定了商业、通信、建筑、分销、教育、环境、金融、健康、旅游、娱乐、运输等服务部门的市场准入和国民待遇。下面根据附件 9，介绍我国加入 WTO 后服务业市场的开放情况。

（一）金融业

1. 银行服务

2006 年是中国银行业全面对外开放的关键一年。我国银行业对外开放坚持以下基本原则：

（1）必须符合国内经济不断发展的需要。

（2）着力提高我国银行业的整体竞争力。

（3）继续履行加入 WTO 时的承诺，为中、外资银行创造公平的竞争环境。

（4）着力维护我国的金融稳定。

截至 2006 年年底，我国已批准 9 家外资银行将其在我国境内的分支机构改制为法人机构；同时，简化外资银行分行的业务许可层级，适当降低营运资金要求；在保持现有业务范围的基础上，允许其吸收我国居民 100 万元以上的定期存款；进一步放宽吸收境内外汇资金的比例限制；取消所有非审慎性限制，对外资银行全面开放人民币业务，给予其国民待遇；符合条件的外资银行分行可申请转制为法人银行，经营全部外汇和人民币业务。

截至 2006 年年底，累计批准 15 家银行、134 亿美元境外代客理财购汇额度，15 家保险公司、51.74 亿美元境外投资额度，1 家基金管理公司、5 亿美元对外投资额度；进一步调整个人外汇管理政策，个人购汇、结汇实行年度总额管理，进一步便利和规范个人外汇收支；积极完善合格境外机构投资者 QFII 制度，支持国内资本市场的稳步开放和健康发展。截至 2006 年年底，中国共批准 44 家境外机构、90.45 亿美元额度。

2006 年 4 月 17 日，中国人民银行发布了《商业银行开办代客境外理财业务管理暂行办法》，进一步推进了人民币资本项目可兑换，满足了境内机构和个人对外金融投资和资产管理的合理要求，可以促进国际收支平衡。

2. 保险服务

（1）在跨境服务方面，除国际海运、航空、货运险和再保险，以及大型商业险和再保险经纪外，对其他不做承诺。

（2）在境外消费方面，除保险经纪不做承诺外，其他未做限制。

（3）在自然人流动方面，除跨行业的水平承诺（包括保险行业普遍承诺）外，对其他没有承诺。

（4）在商业存在方面，对企业形式、地域范围及业务范围的承诺如下：

① 我国加入 WTO 后，寿险允许在上海、广州、大连、深圳和佛山设立合资公司，外资比例不超过 50%；允许向外国人和我国公民提供个人寿险服务。对非寿险，允许外国非寿险公司在上海、广州、大连、深圳和佛山设立分公司或合资公司，外资比例可以达到 51%。

② 2003 年 12 月 11 日前，寿险开放地域扩大到北京、成都、重庆、福州、苏州、厦门、宁波、沈阳、武汉和天津；非寿险允许设立外资独资子公司，地域扩大到北京、成都、重庆、福州、苏州、厦门、宁波、沈阳、武汉和天津，允许向外国和国内客户提供全面的非寿险服务。

③ 2004 年 12 月 11 日前，寿险取消地域限制，允许合资寿险公司向外国人和我国公民提供健康险、团体险和养老金服务；非寿险取消地域限制。

3. 证券服务

我国加入 WTO 后，外国证券机构可以直接从事 B 股交易；外国证券机构驻华代表处可以成为所有我国证券交易所的特别会员；允许设立合资公司，从事国内证券投资基金业务，外资比例最多可达 33%。

2004 年 12 月 11 日前，从事国内证券投资基金管理业务的中外合资公司中，外资比例可以达到 49%；允许外国证券公司设立合资公司，外资比例不超过 1/3。合资公司可从事 A 股的承销、B 股和 H 股及政府和公司债券的承销和交易、基金的发起。中国金融服务部门进行经营的批准标准仅为审慎性的。

4. 其他金融服务

（二）电信业

1. 速递服务

承诺加入时，允许外国服务提供者设立合资企业，外资不得超过 49%。中国加入世贸组织后 1 年内，将允许外资拥有多数股权。中国加入世贸组织后 4 年内，将允许外国服务提供者设立外资独资子公司。

2. 增值电信服务

这类服务包括电子邮件、语音邮件、在线信息和数据检索、电子数据交换、增值传真服务、编码和规程转换、在线信息和数据处理。自我国加入世界贸易组织之日起，允许外国服务提供者在北京、上海、广州设立增值电信企业，无数量限制，合资企业中的外资比例不得超过 30%，并在这些城市内提供服务；2002 年 12 月 11 日，开放地域扩大到成都、重庆、大连、福州、杭州、南京、宁波、青岛、沈阳、深圳、厦门、西安、太原、武汉这14个城市，外资比例不超过49%；2003年12月11日前，取消地域限制，外资比例不得超过50%。

3. 移动语音和数据服务

自我国加入世界贸易组织之日起，允许外国服务提供者在上海、广州和北京设立中外合营企业无数量限制，合资企业中的外资比例不得超过25%，并在这些城市内及其之间提供服务；2002年12月11日前，地域扩大到上述成都等14个城市，并在这些城市内及其之间提供服务，外资比例不得超过35%；2004年12月11日前，外资不得超过49%；2006年12月11日前，取消地域限制。

4. 试听服务

对于录像的分销服务承诺自加入起，在不损害中国审查影像制品内容的权利的情况下，允许外国服务提供者与中国合资伙伴设立合作企业，从事除电影外的音像制品的分销，并承诺在不损害与中国有关电影管理的法规一致性的情况下，自加入起将允许以分账形式进口电影用于影院放映，此类进口的数量应为每年20部。对于电影院服务，承诺自加入时起，将允许外国服务提供者建设和改造电影院，外资不得超过49%。

（三）旅游业

1. 饭店（包括公寓楼）和餐馆服务

“入世”后1年内，外国服务提供者可以以合资企业形式在中国建设、改造和经营饭店和餐馆设施，允许外资拥有多数股权；2005年12月11日前，取消限制，允许设立外资独立子公司；允许与中国合资饭店和餐馆签订合同的外国经理、专家包括厨师和高级管理人员在中国提供服务。

2. 旅行社和旅游经营者

“入世”后1年内，满足下列条件的外国服务提供者可以以合资旅行社和旅游经营者的形式在中国政府指定的旅游度假区和北京、上海、广州和西安提供服务。

（1）全球收入超过4 000万美元。

（2）合资旅行社、旅游经营者的注册资本不得少于400万元人民币，2004年12月11日前，注册资本不得少于250万元人民币，允许外资拥有多数股权。

（3）2007年12月11日前，将允许设立外资独立子公司，取消地域限制。

（4）对于外资旅行社、旅游经营者的注册资本要求将与中国国内旅行社、旅游经营者的要求相同。

（5）不允许合资或独资旅行社和旅游经营者从事中国公民出境及赴中国香港、中国澳门和中国台湾的旅游业务。

（四）专业服务业

1. 法律服务

（1）“入世”后1年内，外国律师事务所只能在北京、上海、广州、深圳、海口、大连、青岛、宁波、烟台、天津、苏州、厦门、珠海、福州、武汉、成都、沈阳和昆明，以代表处的形式提供法律服务；代表处可以从事营利性活动；一个外国律师事务所在中国只能设有一个代表处。

（2）外国律师事务所在华代表处的所有代表在华居留时间每年不得少于6个月；不允许代表处雇佣中国国家注册律师。

（3）2002年12月11日前，取消地域限制和数量限制。

2. 会计服务

（1）“入世”后1年内，在国民待遇的基础上向那些通过中国注册会计师资格考试的外国人颁发执业许可证。

（2）只允许获得我国主管机关批发颁布的中国注册会计师执业许可的人在华设立合伙会计师事务所或有限责任会计师事务所。但现有的中外合作会计师事务所不限于中国主管机关批准的注册会计师。

（3）允许外国会计师事务所与中国会计师事务所结成联合所并与其他WTO成员中的联合所订立合作合同。

3. 广告服务

“入世”后1年内，只允许外国服务提供者在中国设立中外合资广告企业，外资比例不得超过49%；2003年12月11日前，允许外资控股；2005年12月11日前，允许设立外资独资子公司。

4. 建筑设计、工程、集中工程、城市规划服务（不包括城市总体规划服务）

“入世”后1年内，仅限于设立合资企业，允许拥有多数控股；2006年12月11日之前，允许设立外资独资企业；外国服务提供者应为在其本国从事建筑、工程、城市规划服务的注册建筑师、工程师或企业。

5. 教育服务

教育服务包括初等教育、中等教育、高等教育、成人教育及其他教育服务（不包括义务教育和特殊教育服务）。中国“入世”后，只允许合作办学，允许外方拥有多数控制权。外国个人教育服务提供者受中国学校和其他教育机构邀请或雇佣，可入境提供教育服务。但必须满足以下资格：具有学士或学士以上学位；具有相应的专业职称或证书，并具有2年专业工作经验。

6. 医疗服务

“入世”后1年内，允许设立中外合资医院或诊所，允许外方控股。合资医院或诊所的大多数医生和医务人员应具有中国国籍。根据中国的实际需要，没有数量限制。允许具有其本国颁发的专业证书的外国医生，在获得中国卫生部的许可后，在中国提供短期的医疗服务，期限为6个月，并可延长至1年。

（五）批发零售业

1. 批发服务和佣金代理服务（不包括盐和烟草）

“入世”后1年内，外国服务提供者可以设立合资企业，从事所有进口和国产品的佣金代理业务与批发业务。但下列产品除外，对于这些产品，将允许外国服务提供者在中国加入世贸组织后3年内，从事图书、报纸、杂志、药品、农药和农膜的分销，并在中国加入世贸组织后5年内，从事化肥、成品油和原油的分销。中国加入世贸组织后2年内，将允许外资拥有多数股权，取消地域或数量限制。中国加入世贸组织后3

年内，取消限制，但对于化肥、成品油和原油在加入世贸组织后5年内取消限制。

2. 零售服务（不包括盐和烟草）

外国服务提供者仅限于以合资企业形式在5个经济特区（深圳、珠海、汕头、厦门和海南）和6个城市（北京、上海、广州、天津、青岛和大连）提供服务。在北京和上海，允许的合资零售企业的总数各不超过4家。在其他每一城市，将允许的合资零售企业各不超过2家。将在北京设立的4家合资零售企业中的两家可在同一城市设立其分支机构。

（六）运输业

1. 铁路、公路运输服务

中国"入世"后，只允许设立合资企业，外资比例不得超过49%。对于铁路运输，2004年12月11日前，允许外资控股；2007年12月11日前，允许设立外资独资子公司。对于公路运输，"入世"后1年内，允许外资拥有多数股权；2004年12月11日前，允许设立外资独资子公司。

2. 国际运输服务（货运和客运，不包括沿海和内水运输）

中国"入世"后，允许设立注册公司，经营悬挂中华人民共和国国旗的船队；允许外国服务提供者在华设立合资船运公司，外资比例不得超过49%。

3. 货运运输代理服务

中国"入世"后，允许有至少连续3年经验的外国货运代理在我国设立合资货运代理企业，外资比例不得超过49%；"入世"后1年内，允许外资拥有多数股权；2005年2月11日前，允许设立外资独资子公司。

第三节　中国服务贸易发展政策

一、中国服务贸易开放的基本原则

（一）统筹规划、渐进有序原则

中国对服务贸易自由化应持积极态度。中国货物贸易的开放和其他发展中国家贸易开放的实践表明，在全球经济日益信息化的时代，服务贸易的发展将为本国经济的长足进步创造条件。但服务贸易的开放应以本国经济发展状况为基础，加强服务网络一体化，提高行业进入成本，积极实施产业重组，提高市场竞争强度，以保证国内服务业在市场中占有一定的份额。产业之间应加强协调，互相合作，以降低成本、提高竞争力。应充分发挥行业组织的作用并加强在国际市场中的斡旋能力，实行渐进式开放和逐步的自由化。

（二）部门不平衡原则

由于社会属性、自身特点和发展程度等方面的差异，服务贸易自由化在各部门的进度不可能完全一致，而应根据条件分批进行。自由化在部门间的进程应着重考虑以下方面：在国民经济与社会发展中的地位和作用、国内供应的稀缺程度、国内服务提供者竞争力的高低与国家安全的关联度等。对于可能危害到国家经济安全的服务部分，严禁开放；对于尚不具备在国际市场竞争的条件的幼稚服务部门应谨慎开放；对于国内刚刚发展起来的服务产业，可以通过引进外资或技术，鼓励发展；对于已经具备一定竞争优势的服务产业，应加大扶持力度，特别是对于一些具有战略意义、对相关产业具有辅助和带动作用的服务产业给予重点扶持和鼓励。

（三）地区不平衡原则

由于经济基础水平的差异，服务业和服务贸易在地区之间也出现不均衡发展势头，应充分认识服务贸易开放对内陆地区服务业发展、经济增长和减缓地区经济不平衡的意义，本着地区公平和均衡的原则给予内陆地区同等的机会。同时，由于不同地区经济发展水平的差异，各服务产业部分也具有不同特点，应形成梯度发展规则，即在东部沿海经济较发达的地区，应鼓励资本和技术密集型服务产的发展；对于中西部经济欠发达地区，则鼓励劳动密集型产业发展，建立良好的产业结构以利于未来其服务产业升级。

二、中国发展服务贸易的政策选择

《关于加快发展服务业的若干意见》明确了我国服务贸易发展的总体目标。在当前全球服务业加快转移重组和国内大力发展服务业和服务贸易的背景下，中国服务贸易发展同时面临机遇和挑战。面对来自发达国家、新兴经济体和发展中国家日趋激烈的竞争，加之自身总体发展水平较低、统计体系不健全、管理体制落后、部门结构不平衡、地区分布过于集中等诸多问题，中国发展服务贸易应在充分利用各方面有利因素的基础上，抓住机遇、用好政策，推动中国服务贸易快速、健康和可持续发展。

（一）完善管理体制，促进行业组织发展

首先，要明确对外服务贸易的管理机构，加强服务业和服务贸易各管理部门间的协调，建立以服务贸易主管部门为核心，各有关部门密切配合的部际联系工作机制。主管部门应根据需要，抓紧完善服务贸易发展指导目录，进一步明确行业发展重点及支持方向。其次，要遵循市场经济规律，加快培育社会化、专业化、规范化的全国性服务贸易管理组织，整合行业资源、加强对外宣传，提升行业形象，充当政府和企业之间沟通的桥梁。对服务业的管理并非通过政府经济或行政手段直接干预服务业市场，而是在相关政策引导下进行法制化管理，利用半官方和非官方的行业协会或同业组织引导进行自我约束和管理。最后，与此同时，还应根据不同地区服务贸易的发展特点和优势，以长三角、珠三角、环渤海地区和中西部地区重点城市为依托，建设国家级“服务贸易示范区”，培育服务出口主体和增长带，借其辐射作用引导和促进中国服务贸易快速发展。

（二）健全服务贸易统计，构建出口促进体系

是否具备符合国际通行准则的服务贸易统计体系，进而科学有效地开展服务贸易

统计，是服务贸易政策效果能否显现的重要条件。第一，应该加快建立统一、全面、协调的服务贸易统计调查制度和信息管理制度，完善服务贸易统计调查方法和指标体系，构建政府统计、行业统计、企业统计和社会抽样调查互为补充的服务贸易统计调查体系，健全服务贸易统计信息发布制度。第二，应该加强对服务贸易结构变化及其对国民经济影响的分析，不定期发布服务进出口报告、行业报告和国别市场报告等。与此同时，政府应构建服务出口促进体系。例如，政府应及时发布政策法规、行业资讯、企业动向、市场动态、贸易机会、统计数据、研究分析等信息，也可以通过设立服务出口促进机构、举办国内服务业综合性展会、加强与经外服务贸易促进机构的合作等，积极推动国内服务业企业“走出去”。

（三）加快服务业立法和服务贸易的法规建设

加快服务业立法，建立系统的服务贸易法规体系至少涉及以下几个方面的内容：①建立健全既符合本国经济发展目标又不违背国际通行准则的法律法规；②在立法方面为涉外服务经济提供透明、便利和公平的法律环境，比如提高政法服务水平、提升办事效率、简化审批环节、转变政府职能、强化对商会及行业协会的管理等；③立法应为服务预警和防范安全提供保障，比如建立情报检测系统、完善反不正当竞争法和反垄断法；④在立法上保障服务业海外投资的权益，使企业快速“走出去”并获得收益；⑤以法律法规对服务市场准入、服务贸易税收、服务业投资等相关领域形成条款，增加服务贸易管理的透明度。

（四）注重服务人才培养，加速企业自主创新

第一，需要造就一批精通业务、熟悉规则、掌握外语、涉外工作能力强的服务贸易复合型人才。在人才培养方面，应鼓励和引导高等院校建立与发展服务贸易相适应的学科专业，支持高等院校、职业院校、科研院所和有条件的服务业企业建立服务贸易实习培训基地，鼓励创建服务人才培养基地。可以考虑对符合条件的服务出口企业聘用的中国籍人员，按规定给予商务赴港澳、赴国外的便利。第二，通过对现有人员的短期培训，使之尽快熟悉《服务贸易总协定》及中国发展服务贸易面临的机遇和挑战。第三，鼓励教育、科技、人事和劳动保障等部门按照服务贸易发展的需要，调整、完善以及规范职业资格和职称制度。第四，应落实各项吸引和培养服务出口人才的政策措施，建立健全激励机制，加大力度引进金融、保险、信息、中介等行业急需人才。与此同时，还应为服务业企业进行自主创新给予扶持，增加服务业研发和基础设施的投入。政府应积极引导企业参与全球服务业竞争，继续开放服务业市场，有效利用外资，有序承接现代服务业转移，改进外汇与资本流动管理，支持服务业企业到境外投资。

（五）夯实服务业基础，提升服务业发展水平

对外服务贸易的基础是国内服务业，各国服务贸易的竞争实际上是服务业的竞争，服务业发展对服务贸易竞争力具有决定性作用。随着服务业在各国国民经济中逐渐取代其他经济部门而居于主导地位，国际服务贸易顺势蓬勃发展起来。当然，发展服务

贸易反过来又会推动国内服务业进步。服务业和服务贸易相互影响、协同发展。服务业发展对国民经济的拉动作用越来越明显，比如服务业对就业的影响不仅表现在增加就业岗位上，而且能够提升就业质量、改善就业结构。近些年来，服务业在吸纳一、二产业劳动力转移上发挥了突出作用，服务业增加值占 GDP 的比重每增加 1 个百分点，可以为 48.2 万人提供就业机会。

（六）提升服务贸易内外开放水平，兑现承诺

一般而言，服务贸易对内全面开放，自由化有利于国内服务提供商短时间内迅速发展起来，而对于外国服务提供商应有条件兑现承诺并加以适当限制。当前贸易自由化趋势使制定和实施促进服务业发展政策的空间越来越小，但政府仍可在许多方面影响服务业发展，比如税收和市场准入管制、基础设施规划和管理、服务提供和购买限制等。坚持服务业开放和服务贸易自由化并不是无条件的，应注重在开放中逐步培育和增强自身竞争力。在此过程中，需要坚持服务贸易政策透明，同时运用多种手段和渠道为国内服务出口企业和海外进口商提供全方位的信息服务。

（七）出台配套支持服务贸易发展的政策措施

第一，借鉴高新技术产业税收优惠政策，采取适用于服务贸易的税收鼓励措施，比如可将企业实际发生的研究开发费用按有关规定享受所得税抵扣优惠。第二，实行有利于服务业发展的土地政策，在制定城市和土地规划时，应给予服务贸易发展以政策偏向，比如在年度土地供应上适当考虑服务贸易发展需求等。第三，鼓励各类金融机构在不影响信贷风险的前提下，利用金融支持手段帮助服务贸易企业，比如保险公司可在国家出口信用保险政策范围内为服务出口项目提供保险支持等。第四，整合服务领域的财政扶持资金，综合运用贷款利息、经费补助和奖励等多种方式促进服务贸易发展，比如鼓励外国资本、民间资本和社会资本进入服务贸易领域，拓宽服务业企业融资渠道，多方筹集服务贸易发展资金。第五，刺激服务业企业的技术创新，推动有竞争力的企业形成一批拥有自主知识产权并具有较强竞争力的大型服务贸易企业或企业集团。

第四节　中国服务贸易立法

一、中国服务贸易立法现状

目前，我国服务贸易法律框架雏形是以《对外贸易法》为基本支柱，以《商业银行法》等服务行业性法律为主体，以《中华人民共和国外资金融机构管理条例》等行业性行政法规、规章和地方性法规为补充，依托《中华人民共和国反不正当竞争法》等跨行业的有关法律、行政法规共同构建而成的。

具体而言，《对外贸易法》位于最高层次；其次是我国服务贸易的主体框架，即各服务行业的基本法律，如《商业银行法》《保险法》《证券法》《海商法》《中华人民共

和国注册会计师法》《中华人民共和国律师法》《民用航空法》《中华人民共和国广告法》等；再次是作为行业基本法律重要补充的行政法规、规章和地方性法规等，如《外资金融机构管理条例》《保险经纪人管理规定（试行）》等；最后，与服务行业有关的法律、行政法规等是构建服务行业法律框架的不可或缺的组成部分，主要有《中华人民共和国公司法》《中华人民共和国合伙企业法》《反不正当竞争法》《中华人民共和国消费者权益保护法》《中华人民共和国合同法》等。

与国际货物贸易不同，国际服务贸易无法通过关税，只能通过国内法律法规加以保护。发达国家服务贸易的发展与政策选择，无不以服务贸易立法为最终支撑。因此，随着中国加入 WTO，特别是 GATS 的规定，中国在服务贸易领域完善立法的呼声越来越高，建立健全服务贸易法规框架成为必然。而当前我国服务贸易立法主要存在以下问题。

（一）内容上有缺陷

（1）缺乏一部统领性的基本法律。目前我国调整涉外服务贸易的基本法是《对外贸易法》，但其并不是一部专门调整服务贸易的法律。在国内服务贸易法律领域也未有统领全局性的法律规范，而是由国家政策的制定代替行使这一只能。

（2）大量服务部门没有配套的专项行业性基本法律。虽然我国先后颁布了如《商业银行法》《保险法》《海商法》等一些服务贸易的重要法律法规，但仍有很多其他重要部门，如旅游、通信、医疗、教育等方面缺乏这种规范。

（3）目前正在使用的服务贸易领域的法律法规也存在法律真空，针对性不强、操作性不强、规定之间相互冲突、与 WTO 规定不符等许多问题。一些服务贸易领域缺乏相关法律规范，取而代之的是行业或企业内部政策等。有的领域如证券部门、商业银行部门，虽然有行业基本法，但有的规定操作性不强。

（二）法律渊源上不足

目前我国服务贸易领域立法层次较低，形式上以行政法规居多，还存在大量的部门规章、地方性法规以及各种“通知”“批复”等，不仅不能体现这一重要贸易领域的立法权威，降低了法规实施的效力，另外也与 GATS 规定的服务贸易制度稳定、透明的要求相去甚远。

（三）管理体制上有问题

我国缺乏促进服务贸易发展的协调管理部门，存在管理不顺、职责不明的现象。当前，我国仅《对外贸易法》第二十五条规定了“国务院对外贸易主管部门和国务院其他有关部门，依照本法和其他有关法律、行政法规的规定，对国际服务贸易进行管理”。其中“主管部门”和“有关部门”具体含义不明确，管辖职权的内容和分工业不清楚，管辖权的行使也很模糊。此外，对于国内服务贸易领域的管辖问题，法律上也没有规定。

二、中国服务贸易立法对策

（一）制定一部统一的服务贸易基本法

从服务贸易的发展趋势和多边服务贸易规则的形成来看，各国需要制定统一的服务贸易国内法，以与 GATS 相协调。从以往的服务贸易立法中吸取经验，为制定基本法创造条件。另外，在确定立法目标时，也不应对该部法律求全责备，可以先制定原则性规范，以后必要时再通过修订或司法解释予以完善。

（二）以行政法规为主

在加入世贸组织后相当长的一段时间里，我国服务贸易仍将处于快速发展时期，急需大量立法，仅靠全国人大及其常委会的立法显然不够，行政法规、规章仍然有必要作为我们服务贸易立法的主要形式，并在法律体系中居主要地位。

（三）与 GATS 接轨

（1）将自《中华人民共和国中外合资经营企业法》以来我国制定的涉及服务贸易的立法，按照 GATS 的规定和我国已经做出的承诺，进行全面清理，对其进行修改和补充，与 GATS 规则保持一致。

（2）对我国一些发展态势良好但立法滞后的服务部门，如旅游、电信、国际工程承包、卫星发射等服务领域，应优先考虑立法。此外，对当前服务业发展急需的行业开放法、商业组织法、劳务输出法、来华服务人员法宜尽早予以考虑。

（3）一个重要的环节是增加法律的透明度。国务院有必要建立有关对外服务贸易法律、法规和政策的信息服务中心，及时公开适用于对外服务贸易的法律、法规和政策，加强法律、法规和政策的权威性编纂，使我国的法律、法规和政策具有系统性、协调性、透明性、可操作性和可预测性。

思考题

1. 试述当前中国服务贸易发展的特点。
2. 简述中国服务贸易的对外开放情况。
3. 多边和区域服务贸易自由化对中国服务贸易发展有何影响？
4. 思考中国服务贸易发展存在的主要问题及对策思路。
5. 思考如何提升中国服务贸易的国际地位。

参考文献

[1] 刘东升. 国际服务贸易概论 [M]. 北京：北京大学出版社，2014.

[2] 王绍媛，蓝天. 国际服务贸易 [M]. 大连：东北财经大学出版社，2013.

[3] 谭小芬. 中国服务贸易竞争力的国际比较 [J]. 经济评论，2003 (2).

[4] 张玥. 多边贸易体系与国际服务贸易的发展 [J]. 黑龙江对外经贸，2006 (7).

[5] 中华人民共和国商务部. 中国服务贸易统计 [M]. 北京：中国商务出版社，2014.

[6] 中华人民共和国商务部. 中国服务贸易发展报告 [M]. 北京：中国商务出版社，2006.

[7] 贾丽，陈军. 国际服务贸易 [M]. 北京：中国人民大学出版社，2016.

[8] 魏巍. 国际服务贸易 [M]. 大连：东北财经大学出版社，2016.

[9] 海闻，P. 林德特，王新奎. 国际贸易 [M]. 上海：格致出版社，2012.

[10] 迈克尔·波特. 竞争战略 [M]. 北京：华夏出版社，1997.

[11] 洪银兴. 从比较优势到竞争优势——兼论国际贸易的比较利益理论的缺陷 [J]. 经济研究，1997 (6).

[12] 陈宪. 国际服务贸易——原理、政策、产业 [M]. 上海：立信会计出版社，2000.

[13] 戴超平. 国际服务贸易概论 [M]. 北京：中国金融出版社，2000.

[14] 詹姆斯·A. 菲茨西蒙斯. 服务管理——运营、战略与信息技术（中文版）[M]. 北京：机械工业出版社，1998.

[15] 罗余才. 国际服务贸易 [M]. 北京：中国财政经济出版社，1999.

[16] 卢进勇. 国际服务贸易与跨国公司 [M]. 北京：对外经济贸易大学出版社，2001.

[17] 汪素芹. 国际服务贸易 [M]. 北京：机械工业出版社，2016.

[18] 黄建忠，刘莉. 国际服务贸易教程 [M]. 北京：对外经济贸易大学出版社，2016.

[19] 李杨，蔡春林. 国际服务贸易 [M]. 北京：人民邮电出版社，2011.

[20] 王佃凯. 国际服务贸易 [M]. 北京：首都经济贸易大学出版社，2015.

[21] 海闻，P. 林德特，王新奎. 国际贸易 [M]. 上海：格致出版社，2012.

[22] 王佃凯. 国际服务贸易 [M]. 北京：首都经济贸易大学出版社，2015.

[23] 贾丽，陈军. 国际服务贸易 [M]. 北京：中国人民大学出版社，2016.

[24] 魏巍. 国际服务贸易 [M]. 大连：东北财经大学出版社，2016.

[25] 黄建忠，刘莉. 国际服务贸易教程 [M]. 北京：对外经济贸易大学出版社，2016.